新课改理念下“有为·领航”课程建设与实施

郭建文　主编

中国文联出版社

图书在版编目（C I P）数据

新课改理念下“有为·领航”课程建设与实施 / 郭建文主编. -- 北京 : 中国文联出版社, 2024.4
ISBN 978-7-5190-5514-1

Ⅰ. ①新… Ⅱ. ①郭… Ⅲ. ①课程建设－教学研究－小学 Ⅳ. ①G622.3

中国国家版本馆 CIP 数据核字(2024)第 088264 号

主　　编　郭建文
责任编辑　付劲草
责任校对　秀点校对
装帧设计　王俊梅

出版发行　中国文联出版社有限公司
社　　址　北京市朝阳区农展馆南里 10 号　　邮编　100125
电　　话　010-85923025（发行部）　010-85923091（总编室）
经　　销　全国新华书店等
印　　刷　德富泰（唐山）印务有限公司

开　　本　710 毫米 x 1000 毫米　1/16
印　　张　23.5
字　　数　300 千字
版　　次　2024 年 4 月第 1 版第 1 次印刷
定　　价　72.00 元

编委会人员名单

序

“古之所谓正心而诚意者，将以有为也。”海港小学自建校以来始终怀揣一颗赤诚之心，不懈思考着“何以有为”这个问题。作为一所毗邻深圳前海经济开发区、环境幽静雅致、充满朝气的区属公办小学，它以“五育并举”为思想引领，以新课程方案为指导方向，以整体育人为原则，逐步建构起适合儿童发展的“有为·领航”课程体系，积极探索新时代人才培养路径。

“专注六年，幸福一生”这看似简单的八个字发出了海港小学的教育强音。这不仅体现了海港人对办学发展与教学改革的晨兢夕厉，更是他们对学生发展的坚定承诺与美好希冀。海港小学自建校以来，基于对国家、省、市、区各级教育方针政策的解读，努力创设适切的教育环境和氛围，在扎实、有效、创新的实践探索中构建了独具特色的“有为·领航”课程体系，并将其理论与实践可视化，形成了《新课改理念下“有为·领航”课程建设与实施》一书。

本书不同于以往的课程体系研究，以海港小学的原生课程理念——“有为·领航”为切入点，采取理论联系实践的方法，形成学校团队研究合力，从建设背景、建构理念、课程实施、课程评价、机制建设、课程计划、建设样例七个方面开展研究，全方位、多角度、深层次地探索了“有为·领航”课程理念，让这一课程理念得以落地生根，形成课程体系。全书不仅理论性强，实践性更佳。“有为·领航”看似一则口号，实则操作性极强。《新课改理念下“有为·领航”课程建设与实施》一书让我们真切地感受到如何在教育教学中做到人人勇为、人人智为、人人善为、人人美为。

首先，理论基础研究深厚，价值追求定位准确。一是清晰梳理课程建设发展脉络。新时代、新形势、新任务下的教育改革迫切需要有为之师。海港小学充分领会国家出台的一系列教育方针政策，并结合“双区”工作精神要求与自身发展条件，建设整合了三级课程资源，统筹课程目标、结构、内容、实施路径和评价方式，促进学校课程体系的不断完善。但是学校在实践探索中逐渐发现，原有的课程体系建设存在着无中心化、碎片化、割裂化、低效化的问题，学校课程改革迫在眉睫。二是课程理念精准定位“有为·领航”。“有为”是指人人应该有所作为，体现了学校的办学理念，培养“有为少年”是教育目标的具体彰显；“领航”寓意海港小学对全面育人的解读，体现了敢为人先、勇于示范的深圳精神。“有为·领航”课程体系建设始终坚守“坚持以儿童发展为中心、树立大课程观、构建完整课程体系、建立全学科育人路径”的价值定位，培养具有社会责任感、科学精神和动手实践能力的“有为少年”，细化为“四为”品质、“八有”标准，让课程为每一位学生的发展领航。

其次，追求教学评一体化，课程理念孕育其中。一是开发“有为·领航”理念指引下的校本课程。“有为·领航”课程体系涵盖“德育与养成”“运动与健康”“人文与科创”“艺术与审美”四大领域，依据课程功能分设奠基课程、拓展课程、自选课程、综合课程四大类型课程，并在研究合力中开发出四大实施路径：以“学科宣言”凸显课程育人目标，以“学科地图”提供课程指引，以“学科整合”加强育人合力，以“全学科阅读”打破学科壁垒，以思辨理念下的大单元教学打造有为课堂。二是建设“动态化”“全过程”课程评价体系。海港小学以“有为少年综合素质增值评价体系”为载体，依托“海港小学有为少年成长积分系统”，构建课程评价体系。评价体系坚持发展性、多元性、过程性，建立了以学生为中心的PE评价、以结果为导向的KPI评价、以奋斗者为本的赋能评价，对学生综合素养进行动态评价，从而全面客观记录、评价学生课内外学习和活动的全过程和结果。

最后，健全协同育人机制，建设有为教师队伍。一是健全海港小学家校协同育人机制。家庭的良好氛围和学校的专业知识在潜移默化中影响着学生成长，健康的家校关系能够为孩子提供一个全面发展的教育环境。海港小学协同育人机制通过学校积极主导、家庭主动尽责、社会有效支持等方式，进一步提升教师和家长的育人理念，开展各类专题培训和家校协同育人活动，创设家校交流平台，增强过程性监督，完善机制运行。二是大力发展建设有为教师队伍。为了确保“有为·领航”课程有效落地，海港小学构建了《海港小学“2+5”教研机制》《海港小学“有为”教师发展机制》《海港小学“有为”教师培训机制》《海港小学U—G—S教师培养机制》和《海港小学家校协同育人机制》。完善的机制建设旨在激发教师的教育教学热情，提升教育教学质量，推动有为教育高质量发展。机制中明确规定了教师发展的四个阶段，分别是“启航教师—引航教师—领航教师—远航教师”，并对相应级别教师的基本条件、教学业绩、示范引领、教科研成果等做出严格要求。

课程是学校特色之根，是办学发展的核心竞争力。在与海港小学的交流合作中，我被其科学合理的办学章程、深入人心的办学理念、行之有效的教学改革等深深震撼。“有为·领航”理念正以一种无言却震撼的方式穿透学校的每一处角落，用切实有效的行动影响着师生的心灵、情感和行为，深深地植根于师生的思想意识和精神世界，引领着海港小学的高质量、可持续发展。《新课改理念下“有为·领航”课程建设与实施》一书不仅向我们展示了海港小学的课程建设之路，也能为学校课程体系研究提供启示与借鉴。最后，真诚祝愿海港小学在今后的发展中将“有为·领航”理念深植教育沃土，继续用行动福泽教育！

东北师范大学

李　广

目　录

第一章

“有为·领航”课程建设背景

海港小学创建于2013年9月，至今已有十年。基于对国家、省、市、区各级教育方针政策的解读，学校确立了以“我能贡献什么”为精神引领，以“专注六年 幸福一生”为办学理念，形成了“博闻强识、有为善行”的校风，“今日之思、明日之师”的教风，“今日之我胜于昨日”的学风，努力创设适切的教育环境和氛围，扎实、有效、创新地探索“有为”教育实验，做到人人勇为、人人智为、人人善为、人人美为，构建了独具特色的“有为·领航”课程体系。

第一节　国家课程改革的战略背景

新中国成立以来，我国的课程改革先后经历了五个阶段，分别为改造和引进期（1949—1957）、曲折探索期（1958—1965）、停滞期（1966—

1976）、恢复期（1977—1985）和深化改革期（1986—现在），在这期间共经历了八次课程改革。

新中国成立以来，基础教育课程领域经历了8次重大的改革。首次课程改革在1950—1952年，以1941年的《六年制中学各科课程标准草案》为蓝本，进行了中学课程的修改并实施。紧接着的第二次课程改革是在1956年颁布了新中国成立后的中学各科教学大纲，人民教育出版社出版了完全自编的第一套12年制中小学教材，使我国的课程实现了国家的高度统一。

然后是曲折探索期的第三次课程改革，发生在1958—1965年“大跃进”时期，学制被缩短，课程被精简。此后的课程改革还包括1978年的第四次课程改革、1984年的第五次课程改革、1986年的第六次课程改革、1990年的第七次课程改革以及2001年至今的第八次课程改革。

其中，第八次课程改革是新中国成立以来最全面、最系统、最贯通的一次改革，前后历经了几次重要的转折。2001年5月29日国务院发布《关于基础教育改革与发展的决定》和2001年6月8日教育部出台《基础教育课程改革纲要（试行）》，首次明确提出“构建符合素质教育要求的新的基础教育课程体系”，“实行国家、地方、学校三级课程管理”，改革考试评价和招生选拔制度，“国家课程标准是教材编写、教学、评估和考试命题的依据，是国家管理和评价课程的基础”等等诸多新要求。特别是将课程改革具体目标聚焦为“改变课程过于注重知识传授的倾向”“改变课程结构过于强调学科本位、科目过多和缺乏整合的现状”“改变课程内容‘繁、难、偏、旧’和过于注重书本知识的现状”“改变课程实施过于强调接受学习、死记硬背、机械训练的现状”“改变课程评价过分强调甄别与选拔的功能”“改变课程管理过于集中的状况”等“六个改变”。

2010年4月27日，教育部出台《关于深化基础教育课程改革　进一步推进素质教育的意见》，明确指出，落实素质教育的主阵地在于课程内涵的变化，要求“进一步完善基础教育课程体系”“全面落实基础教育课程方案”“大力推进教学改革”“健全和完善考试评价制度”等等。

同时，2010年7月29日，《国家中长期教育改革和发展规划纲要（2010—2020年）》颁布，明确要求要适应新时期全面实施素质教育的要求，深化基础教育课程改革，提高教育质量。

2014年3月30日，教育部颁发《关于全面深化课程改革落实立德树人根本任务的意见》，提出落实“素质教育”不仅要体现在课程“三维目标”上，而且要体现在通过“统筹小学、初中、高中、本专科、研究生等学段（包括职业院校）”；“统筹各学科，特别是德育、语文、历史、体育、艺术等学科”；“统筹课标、教材、教学、评价、考试等环节”；“统筹一线教师、管理干部、教研人员、专家学者、社会人士等力量”；“统筹课堂、校园、社团、家庭、社会等阵地”的“五个统筹”来培养学生的“核心素养”。

在党的十八大特别是十九大后明确进入新时代后，在聚焦“两个一百年”奋斗目标、发展素质教育、着力培养担当民族复兴大任时代新人的前提下，2019年2月23日，中共中央、国务院印发的《中国教育现代化2035》中指出：“更加注重全面发展。大力发展素质教育，促进德育、智育、体育、美育和劳动教育有机融合，全面提升学生意志品质、思维能力、创新精神等综合素质，提高身心健康发展水平，培育担当民族复兴大任的时代新人。”2019年6月23日，中共中央、国务院出台《关于深化教育教学改革全面提高义务教育质量的意见》，明确指出要“严格按照国家课程方案和课程标准实施教学，确保学生达到国家规定学业质量标准”；“坚持教学相长，注重启发式、互动式、探究式教学”；“开齐开足开好国家规定课程，不得随意增减课时、改变难度、调整进度；严格按课程标准零起点教学，小学一年级设置过渡性活动课程，注重做好幼小衔接”；“考试内容要符合课程标准、联系学生生活实际”；等等，是首次以党和国家最高名义对持续20多年的第八次课程改革在新时代更加明确的具体要求提了出来。

2019 年 6 月 23 日，中共中央、国务院《关于深化义务教育教学改革全面提高义务教育质量的意见》再次重申了“五育并举”的指导思想。

2021 年 3 月 12 日发布的《中华人民共和国国民经济和社会发展第十四个五年规划和 2035 年远景目标纲要》中强调：坚持立德树人，增强学生文明素养、社会责任意识、实践本领，培养德智体美劳全面发展的社会主义建设者和接班人。

2022 年 4 月 21 日，教育部印发了教育课程方案和各学科课程标准，深化了课程改革，强化了课程育人功能，育人目标更加系统明确，课程一体化设计理念进一步加强，创新性和实践性进一步凸显，课程实施指导进一步强化。

这一系列的教育方针政策，都是海港小学制定、落实课程建设的有力依据。我们在深思：构建怎样的课程体系才能使国家课程、地方课程、校本课程有机融合？创设怎样的实施路径，才能让新课程、新理念与儿童的成长有效链接，赋能学生的发展？

第二节　深圳区域社会发展背景

2019 年，国务院先后颁布了《粤港澳大湾区发展规划纲要》和《关于支持深圳建设中国特色社会主义先行示范区的意见》，明确了深圳的“双区”核心地位，进一步提升了深圳在湾区、国家的核心和引领作用，同时，“双区”建设也对深圳的教育提出了新的要求与挑战。

（一）建设国际教育示范区

“双区”工作精神要求深圳建设国际教育示范区，支持深圳在教育体制改革方面先行先试，高标准办好学前教育，扩大中小学教育规模，高质量普及高中阶段教育，引进世界知名大学和特色学院，推进世界一流大学和一流学科建设等。这对深圳教育提出了国际化、高端化的要求，需要加强与国际先进教育体系的交流与合作，提高教育质量和水平。

（二）扩大优质教育资源供给

“双区”工作精神提出要加强学校建设，扩大学位供给，进一步完善跨区域就业人员随迁子女就学政策，推动实现平等接受学前教育、义务教育和高中阶段教育。这对深圳教育提出了扩大规模、提高质量的要求，需要增加优质教育资源供给，满足市民日益增长的教育需求。

（三）推动教育合作发展

“双区”工作精神提出支持各级各类教育人才培训交流，支持大湾区建立国家级人力资源服务产业园，建立紧缺人才清单制度，定期发布紧缺人才需求，拓宽国际人才招揽渠道。这对深圳教育提出了深化合作、协同发展的要求，需要加强与港澳以及其他城市的合作与交流，共同推动大湾区教育的高质量发展。

全面建设社会主义现代化强国和实现中华民族伟大复兴，对教育提出了新的更高的要求；特别是2023年深圳教育提出AI课程进课堂后，社会新技术发展对人才培养也提出了新的要求，对教育教学形态构成了新的塑造。

“十四五”时期，是深圳抢抓粤港澳大湾区和中国特色社会主义先行示范区建设的“双区”驱动战略机遇期，是深圳教育实现先行示范的关键时期，也是宝安争当深圳建设中国特色社会主义先行示范区标杆城区的关键时期。而海港小学正处于核心中的核心，这样的地理时代大背景，将从教育创新、政策导向、技术引领、师资培养等方面为海港小学的发展带来机遇和挑战。

第三节　学校发展背景

海港小学创建于 2013 年 9 月，是一所阳光向上、充满朝气的区属公办小学。学校坐落于宝安西乡碧海片区，四周林木荫翳，环境幽静雅致。学校占地面积 23159.5 平方米，建筑面积 15257.94 平方米，校园建筑错落有致，校园功能分布合理。

一、学生发展背景

我校毗邻前海自贸区，地处大铲湾港区，是粤港澳大湾区核心的核心。大多数家长学历高，见识广，就职或创业于高科技信息技术公司，站在各行各业的前端；其中有一部分家长毕业于清华、北大，是深圳市、区高层次引进人才，家长特别重视教育，对学校教育的期望值非常高。在这样教育氛围浓厚的家庭环境中，孩子们从小耳濡目染，对信息接收得又快又多，思想既开放又前卫，入学前大部分孩子就已经具备了一定的知识基础和学习能力。面对这样的家长、学生及社会现状，海港人沉思：我们应该办什么样的教育才能满足家长、学生对优质教育的需求？

二、教师发展背景

海港小学在创校初期，就建立了严格的选拔制度，从全市调入优秀的中青年骨干教师。目前，专任教师 109 人，教师平均年龄 34 岁，硕士研究生学历 17 人，本科学历及以上 107 人，教师学历达标率 100%；核定教职工编制总额为93个，现使用编制86个；1位省级骨干教师培养对象，1个区级名师工作室，4位区级小学名师，3位区级兼职教研员，2个区级特色教研工作室，6位“薪火计划”骨干教师，84位区级认定骨干教师，占教师人数总比77%。年轻、积极的海港人，在教育教学工作中，具有深圳人勇于拼搏、吃苦耐劳的精神，积极钻研教学教法，善于学习，敢于创新，为海港小学课程体系建构与实施积蓄了能量。

三、学校原有课程面临的挑战

学校课程建设整合了三级课程资源，统筹课程目标、结构、内容、实施路径和评价方式，促进学校课程体系不断完善的系统工程。在实践中，海港小学发现学校原有的课程体系建设存在着以下四个突出问题：

（一）**无中心化**。学校的课程多而杂乱，课程建设不是基于育人目标的实现，课程研发者心中没有育人意识、育人目标，实践中更是缺乏育人主线，导致育人目标与课程目标不能很好地对接。

（二）**碎片化**。学校大多数学科在课程研发上随意性极强，经常是东拼西凑，看似包罗万象，实则缺乏系统性和逻辑性。

（三）**割裂化**。由于各科课程都是按本学科的课程目标及知识逻辑体系编写，学科之间缺乏沟通、串联，形成了严重的学科壁垒，导致课程的整体性被割裂，整体育人的效率大大降低。

（四）**低效化**。课程在运行过程中，凸显出两个主要问题：一是学科内部结构和内容缺乏有序的整合，导致各年级之间各自独立、效率低下；二是跨学科间缺乏有效的沟通，课程实施方式传统且单一，浪费了大量珍贵的教育资源。

为贯彻落实“五育并举”的教育思想和新课程方案，推动深圳“双区”

背景下教育向高质量快速发展，满足人民群众对优质教育的需求，海港小学积极探索新时代人才培养路径，以“五育并举”为思想引领，以新课程方案为指导方向，以整体育人为原则，逐步建构起适切儿童发展的“有为·领航”课程体系。

第二章

“有为·领航”课程体系建构理念

海港小学创建于 2013 年 9 月，至今已有十年。创校初期，在中国教育科学研究院陈如平先生的指导下，建构了海港小学“专注六年 幸福一生”的办学理念和“有为”课程体系。2020 年 12 月，海港小学有幸成为“宝安区人民政府与中国教育学会共建教育现代化学校课程发展项目”实验校之一。在宝安区人民政府、宝安区教育局、宝安区教育科学研究院、中国教育学会以及东北师范大学等多部门的协同下，在东北师范大学唐丽芳、李广两位教授的多轮细心指导下，结合海港小学的办学理念、实际校情，将海港小学原有的“有为”课程体系，进一步迭代完善为“有为 · 领航”课程体系。“有为 · 领航”课程体系从课程建构理念、课程内涵、课程目标、课程结构、课程实施路径等方面，更加具备科学性、严谨性、逻辑性，体现了课程体系的完整性，同时也更具有时代的标识性，突出了海港小学的办学理念，彰显了海港小学办学特色，促进了“五育并举”指导思想的有效落地。

第一节 “有为·领航”课程内涵解读

一、内涵解读

课程是践行社会主义核心价值观，培养德智体美劳全面发展的社会主义建设者和接班人的重要途径。海港小学关注到了国家对于新时代人才的需求，顺应课程建构的前沿动态，对国家课程、地方课程和校本课程进行融通整合，充分挖掘并利用校内外优质教育资源，在课程体系建构中从课程目标、课程实施、课程管理与课程评价等多方面层层落实、螺旋并进，坚持以全学科育人为导向，构建了独具特色的“有为 · 领航”课程体系。

“有为”体现学校的办学理念——人人应该有所作为，培养“有为少年”是教育目标的具体彰显；“领航”寓意海港小学对全面育人的解读，体现了敢为人先、勇于示范的深圳精神。[1]将“有为 · 领航”作为课程名称是海港人的庄严承诺：积极建构良好的教育环境和氛围，让每一位学生都成为拥有社会责任感、科学精神和动手实践能力的“有为少年”，让课程为每一位学生的发展领航。

二、价值定位

（一）坚持以儿童发展为中心

始终坚持课程要最大可能地培养学生健全的人格、鲜明的社会责任感、

[1] 阮瑜．“五育”并举　全面发展 ——海港小学“有为 · 领航”课程体系的实践与探索 [J]. 现代中小学教育 , 2022, 38(11).

创新精神、实践能力，以及终身学习的愿望和能力等，坚持以儿童发展为中心，坚持全面育人。

（二）树立大课程观

做到“一事一物皆教育、时时处处有课程”，将课程的触角从学科课程延伸至生活的各个方面，从学校延伸至家庭和社会，有效整合、开发校内外一切可以利用的教育资源，促进学生全面发展。

（三）构建完整课程体系

坚守“赢在系统”，将课程目标、课程内容、课程实施、课程评价、课程研究等经过校本化的解读后，形成有梯度、有序列的系统，使课程育人形成点面结合、纵横交错的科学架构。

（四）建立全学科育人路径

注重“小立课程，大作功夫”，从微观上对每一个项目点、每一课、每一个知识点、每一个能力训练点、每一个问题点进行剖析和实践，做到“点点落地、点点相连”，从而构建起了一种新型的学科育人路径。

第二节 “有为·领航”课程目标

课程目标是课程本身要实现的具体目标和意图，它是确定课程内容、教学目标和教学路径的基础。

一、总体目标

2022年4月颁布的新课程方案提出：“义务教育要在坚定理想信念、厚植爱国主义情怀、加强品德修养、增长知识见识、培养奋斗精神、增强综合素质上下功夫，使学生有理想、有本领、有担当，培养德智体美劳全面发展的社会主义建设者和接班人。”基于当前的社会背景分析，对国家课程目标的解读以及本校学生的实际情况，海港小学“有为 · 领航”课程体系总体目标设定为“培育有为少年”，其细化为“四为”品质、“八有”标准（见图 2–1）。

勇为即培养学生具有勇敢、坚强、敢作敢当的品质，强调“勇为”的学生有体魄、有担当；智为即培养学生有智慧、有谋略，强调“智为”的学生有智慧、有创新；善为即培养学生善良、有爱心，强调“善为”的学生有善心、有善行；美为即培养学生具有发现美、欣赏美、创造美的素养，强调“美为”的学生有志趣、有才艺。

图 2–1 “有为 · 领航”总体育人目标

二、具体目标

依据 21 世纪对人才培养的要求，依托国家发展及课程改革的大背景，结合海港小学办学的实际情况，具体目标设定为：培养具有社会责任感、科学精神和动手实践能力的“有为少年”。

1. 社会责任感：顾炎武说：“天下兴亡，匹夫有责。”何为责任？对孩子们的现在和未来来说，责任就是对自己负责，对家庭负责，对他人负责，对集体负责，对国家、社会负责，对人类生存环境负责。我们培养出的人只有有责任意识，生活才会有真正的含义和灵魂，才能站在人类命运共同体的立场上“为天地立心，为生民立命，为往圣继绝学，为万世开太平”。

2. 科学精神：“中国学生发展核心素养”中“文化基础”的主要表现有：人文底蕴、科学精神。其中“科学精神”有三层内涵。其一，理性思维：崇尚真知，能理解和掌握基本的科学原理和方法；尊重事实和证据，有实证意识和严谨的求知态度；逻辑清晰，能运用科学的思维方式认识事物、解决问题、指导行为等。其二，批判质疑：具有问题意识；能独立思考、独立判断；思维缜密，能多角度、辩证地分析问题，做出选择和决定等。其三，勇于探究：具有好奇心和想象力；能不畏困难，有坚持不懈的探索精神；能大胆尝试，积极寻求有效的问题解决方法等。

3. 动手能力：苏联教育家苏霍姆林斯基说过：“儿童的智慧在他的手指尖上。”我国著名教育家陶行知也提出了“六大解放”：解放他的头脑，使他能想；解放他的双手，使他能干；解放他的眼睛，使他能看；解放他的嘴，使他能谈；解放他的空间，使他能到大自然大社会中取得更丰富的学问；解放他的时间，使他做自己喜欢做的事。其中“动手能力”是“六大解放”中的重要方面，因为手和脑之间有着千丝万缕的联系，这些联系使脑得到发展，使它更加明智；使手得到发展，使它变成创造的、聪明的器官。

三、学段目标

根据“有为·领航”课程建设的总体目标和具体目标，依据学生年龄特点、思维发展品质，将课程育人目标细化为各学段目标（见表 2–1）。

表 2-1 “有为少年”各学段培养目标

培养目标	四为品质	八大标准	低段	中段	高段
有为少年	勇为	有体魄	喜欢参加户外运动，喜欢锻炼身体	能够坚持参加自己喜爱的体育活动，各项体育素质检测达标	热爱体育运动，能够积极参加各类体育活动，团结协作，各项体育素质检测达标
		有担当	学会对自己负责	学会对家庭、班集体负责	学会对社会、对国家负责
	智为	有智慧	能够自己独立面对问题，遇到问题能够自己独立或寻求他人帮助解决问题	能够初步分析问题，并尝试运用自己的智慧解决问题	遇到问题能够运用发散思维，从多角度考虑问题，想办法解决问题
		有创新	对世界产生好奇，好奇心强，对身边的事物产生疑问，喜欢问问题	愿意尝试探究、摸索，能产生奇思妙想，并愿意尝试去实践	能够充分发挥想象力，尝试运用多种方法解决问题，解决问题的角度新颖
	善为	有善心	能够友好对待身边的人、事、物，对这个世界充满喜爱之情	学会关心身边的人、事、物，与周围的人和环境友好相处	能够产生同理心，站在不同角度考虑问题，能够为他人着想
		有善行	能够爱护身边的人和物	能够主动关心身边的人、事、物，做一个热心肠的人	遇到有困难的人，能够主动伸出援助之手，不会冷眼旁观，具有公正之心
	美为	有才艺	对艺术活动产生兴趣	喜爱一两项艺术活动，并愿意积极参与其中	能够欣赏艺术活动，享受艺术活动带来的乐趣
		有情趣	能够发现生活中的美，并对此产生喜爱之情	能够欣赏生活中的美，培养爱美之情，产生愉悦的情感体验	对生活充满热爱，能够用艺术装扮生活，感受艺术给生活带来的情趣

第三节 “有为·领航”课程结构体系

课程结构是课程目标转化为教育成果的纽带，是课程实施活动顺利开展的依据。课程结构是课程各部分的配合和组织，它是课程体系的骨架，主要涵盖了课程图谱、课程领域、课程功能、课程类型等要素，体现出一定的课程理念和课程设置的价值取向。

一、课程图谱

大海航行靠舵手，学校发展靠课程。经多方论证、反复研讨后，海港小学确立了“有为·领航”课程体系图谱（见图 2–2）。该图谱形似大船之舵，契合“海港”校名，与“有为·领航”课程一脉相承。课程图谱以“立德树人”为基础，寓意着立德树人是中国特色教育事业的根本任务，“有为·领航”课程体系也坚持把立德树人作为根本任务。

图谱的舵盘呈同心圆造型，将“有为少年”这一培养目标置于圆心位置，围绕这一目标衍生出“勇为、智为、善为、美为”四为品质，“有体魄、有担当、有智慧、有创新、有善心、有善行、有情趣、有才艺”八有标准，及与之对应的四大领域与培养目标，外围四圈从里至外依次是奠基课程、拓展课程、自选课程和综合课程，其中综合课程被设计为船舵的八个把手，“四季八节”分布嵌于其中。

课程图谱的构建，实为一种课程图形化的呈现，而其设计中，对课程系统各组成部分之间的相互关联与组织，将从宏观、中观及微观三个层次上进行全面、深入的思考与安排。“有为·领航”课程图谱结构清晰化、架构系统化，既能凸显课程体系的内在逻辑，构建课程之间的紧密关联，对“立德树人”这一根本任务和“有为少年”这一培养目标的实现具有举足轻重的影响力，生动呈现了海港小学在学校课程的设计理念与精巧构思，堪称一幅完备的学校课程生态全景图，同样也是学校课程体系的导航 GPS。

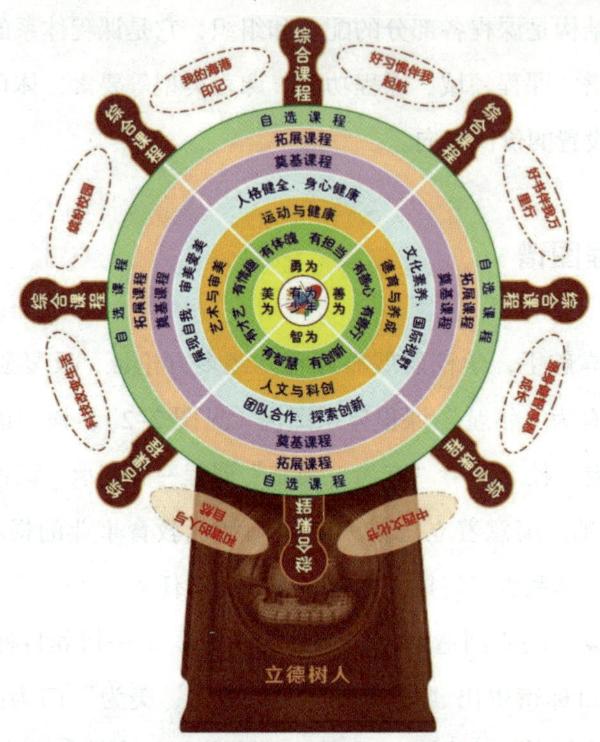

图 2-2 “有为 · 领航”课程图谱

二、课程内容

课程内容是由符合课程目标要求的一系列比较规范的间接经验和直接经验组成的用以构成学校课程的文化知识体系。“有为 · 领航”课程内容从课程领域和课程类型两大方面进一步详细阐述其内涵。

（一）课程领域

依据课程建设目标，围绕核心素养，“有为·领航”课程体系涵盖“德育与养成”“运动与健康”“人文与科创”“艺术与审美”四大领域（见表2–2）。“德育与养成”领域旨在培养学生的家国情怀、责任担当和自我管理能力；“运动与健康”领域旨在培养学生人格健全、身心健康的素养；“人文与科创”领域旨在培养学生的文化意识、国际视野以及探索、创新的素养；“艺术与审美”领域旨在培养学生发现美、欣赏美、创造美的素养。

表2–2 “有为·领航”四大课程领域

序号	课程领域	培养目标
1	德育与养成	培养学生的家国情怀、责任担当和自我管理能力
2	运动与健康	培养学生人格健全、身心健康的素养
3	人文与科创	培养学生的文化意识、国际视野以及探索、创新的素养
4	艺术与审美	培养学生发现美、欣赏美、创造美的素养

（二）课程类型

依据课程功能，课程体系分设为奠基课程、拓展课程、自选课程、综合课程四大类型（见图2–3）。[1]

[1] 阮瑜．“五育”并举 全面发展——海港小学“有为·领航”课程体系的实践与探索[J]. 现代中小学教育，2022, 38(11).

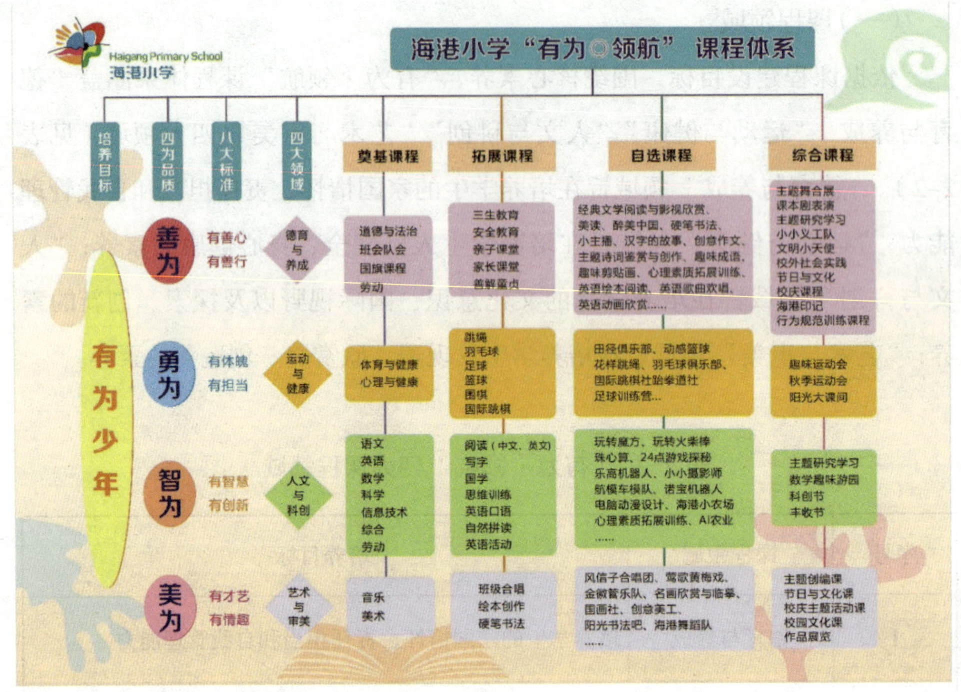

图 2-3 “有为 · 领航”课程体系平面图

1. 聚焦化的奠基课程

奠基课程是指每个学生都需要掌握的课程，即国家规定的课程。海港小学以“基于思辨理念下的大单元教学”为教学主张，从课程的角度研究教学，打破教材的编排顺序，在开足开齐国家课程的前提下，对其内容进行有机整合并落实于课堂。

2022 版义务教育各学科课程标准突显了思辨与大单元教学，如语文新课标将核心素养定为：文化自信，语言运用，审美创造，思维能力，进一步明确培养学生思维品质的重要性；数学新课标则强调对教学内容进行结构化整合，突出大单元教学的重要性。而海港小学已先行先试，走在了新课标的前面。

2. 多元化的拓展课程

拓展课程指每一个学生都要体验的提高性课程。作为奠基课程的延伸，拓展课程旨在激发学生的学习兴趣，培养学生的核心素养及学科素养，提升教师教研能力，促进学校特色发展。目前，学校将6个学科的14门拓展课程纳入课时计划，部分拓展课程还编写了配套的课程学习资源包。这14门课程涵盖“艺术与审美”“运动与健康”“人文与科创”三大领域，覆盖一到六全部年级（见表2–3）。

主题情境识字课程——人人都是识字大王。主题情境识字是指教师根据课文内容，设置一个识字主题，联结课堂内外，围绕这个主题创设一个或多个相关联的情境，在这个情境中开展与主题相关的识字活动。主题情境识字具有综合性、实践性、趣味性的特点，通过多学科融合，使各学科教学在知识层面、思维能力、审美创造等方面对语文学习进行补充，使语文课更生动、更有内涵，更能培养学生的核心素养和语文能力。一般采取字理识字、韵脚识字、字串识字等方法，充分发挥学习共同体的作用，一年下来识字量达传统教学的3.6倍，学生可提前三年进入整本书阅读。

“数学思维训练”课程——人人都是思考者。结合国家课程教学内容，数学科组自主研发了拓展课程——“小学数学思维训练课程”。此课程作为国家课程的补充，它具有实践性强、趣味性浓、思考性深等特点，涵盖了小学一至六年级全学段，借助七巧板、谢龙方块、多彩扣条、六形六色、阿基多面体、柏拉图多面体等数学学具，为学生搭建实践操作的平台，在动手操作、动眼观察、动耳倾听、动嘴表达、动脑思考多种感官共同参与学习的过程中，激活学生的学习兴趣，培养学生的思维品质，培育学生的核心素养，使得人人都成为思考者。

自然拼读、分级阅读课程——人人都是拼读高手。英语学科深挖“自然拼读课程”，利用音素意识、掌握拼读规律，利用高频词、解码书等搭建自主阅读桥梁。在三年级时，95% 以上的学生能够“见词就读，听音能写”。攀登英语分级阅读课程整合阅读教学与持续默读，培养终身阅读者，从低年级的全支撑阅读、中年级的半支撑阅读到高年级的自主阅读。六年下来，孩子们可精读 10 本、泛读 20 本以上英语读本。

美术“立体绘本特色课程”——人人都是美的创造者。立体绘本跳出平面书的限制，通过绘、折、剪、贴等多种美术技巧，创造三维空间，螺旋上升的课程目标让不同年龄段的孩子都能有所突破。六年下来，98% 的学生能够独立完成独立创作属于自己的立体绘本。

表 2-3 “有为 · 领航”课程体系之 14 门拓展课程

课程领域	序号	课程名称	开设年级
艺术与审美	1	硬笔书法	一至六年级
	2	绘本创作	一至六年级
	3	班级合唱	一至六年级
运动与健康	4	花样跳绳	一至二年级
	5	动感足球	三至四年级
	6	悦动篮球	五至六年级
	7	心理健康	一至六年级
人文与科创	8	主题情境识字	一至二年级
	9	1+N 读写课程	一至六年级
	10	国学	一至六年级
	11	玩创思维训练	一至六年级
	12	攀登语音	一至三年级
	13	攀登阅读	一至六年级
	14	英文口语训练	一至二年级

3. 个性化的自选课程

自选课程是指每个学生根据自己的兴趣爱好选择的课程。[1] 走班制、生活化、真实化与趣味化的自选课程基本满足了孩子们的个性需求。它分为两类：一是个性化课程，学生可根据自己的兴趣爱好，选择自己喜欢的课程。目前海港小学共有 63 门自选课程（见图 2–4），于每周二下午四点半到五点半开展。

二是精品社团课程。涵盖语、英、科、音、体、美、信息技术等 7 个学科的 27 个社团，如合唱团、朗诵社、英语模联、田径队、足球俱乐部、羽毛球、跆拳道等，深受学生喜爱。

课程领域	序号	课程名称	开设年级
艺术与审美	1	有声绘本	二至六年级
	2	立体绘本	三、四、六年级
	3	趣味国画	三、五、六年级
	4	创意美术	三、五、六年级
	5	阳光书法	二至六年级
	6	笔阵软笔书法	二至六年级
	7	风信子合唱团1团	四至六年级
	8	风信子合唱团2团	三四年级
	9	管乐团	三至六年级
	10	黄梅戏社	三至六年级
	11	海港舞蹈队	二至六年级
	12	笔阵软笔书法	二至六年级
	13	风信子预备团	一二年级
运动与健康	14	羽毛球	二至六年级
	15	足球中高段	三至六年级
	16	七彩跳绳	三至六年级
	17	跆拳道	二至六年级
	18	田径	三至六年级
	19	篮球男队	二至六年级
	20	篮球女队	二至五年级
	21	足球低段	二至三年级
	22	国际象棋	三至五年级
	23	团体心理素质训练	五年级
人文与科创	24	硬笔书法（高段）	五六年级
	25	硬笔书法（低段）	二三年级
	26	绘本悦读	二三年级
	27	画里有话	二年级
	28	硬笔书法（中段）	四年级
	29	趣味冷知识	四至六年级
	30	书海拾贝	五六年级
	31	经典文学与图画书导读	二三年级

课程领域	序号	课程名称	开设年级
人文与科创	32	唐诗欣赏（中高段）	四至六年级
	33	唐宋人生	三四年级
	34	故事趣味剪贴画	二年级
	35	演讲与口才	四至六年级
	36	一年级国际象棋	一年级
	37	一年级国际象棋	一年级
	38	一年级国际象棋	一年级
	39	一年级书法	一年级
	40	一年级书法	一年级
	41	一年级书法	一年级
	42	英语书法（中段）	三至四年级
	43	英语国际音标（高段）	五至六年级
	44	英语书法（低段）	一至二年级
	45	趣学英语	二至三年级
	46	英语绘本阅读(中段)	三至四年级
	47	文学社	四至六年级
	48	朗诵社基础班	四至六年级
	49	朗诵社启蒙班	二三年级
	50	英语模联（演讲班）	三四年级
	51	英语模联（辩论班）	五六年级
	52	二年级数学拓展训练营	二年级
	53	五年级思维训练	五年级
	54	四年级趣味数独	四年级
	55	三年级中阶数独	三年级
	56	三年级思维训练	三年级
	57	海港集邮社	四五年级
	58	六年级思维训练	六年级
	59	国艺	四至六年级
	60	科学实验校队1	四至六年级
	61	科学实验校队2	四至六年级
	62	小小创客(高段)	五六年级
	63	小小创客(低段)	三四年级

图 2–4 “有为 · 领航”课程体系之 63 门自选课程

[1] 阮瑜 .“五育”并举 全面发展 ——海港小学“有为 · 领航”课程体系的实践与探索 [J]. 现代中小学教育 , 2022, 38(11).

4. 全员化的综合课程

《新课程方案》强调：加强综合课程建设，完善综合课程科目设置，注重培养学生在真实情境中综合运用知识解决问题的能力。开展跨学科主题教学，强化课程协同育人功能。

综合课程是奠基课程、拓展课程、自选课程融合后的表现形式，它体现全员化，提倡人人参与，人人都是主角。主要包括校园节日课程、传统节日课程和综合实践课程（见图 2–5）。[1]

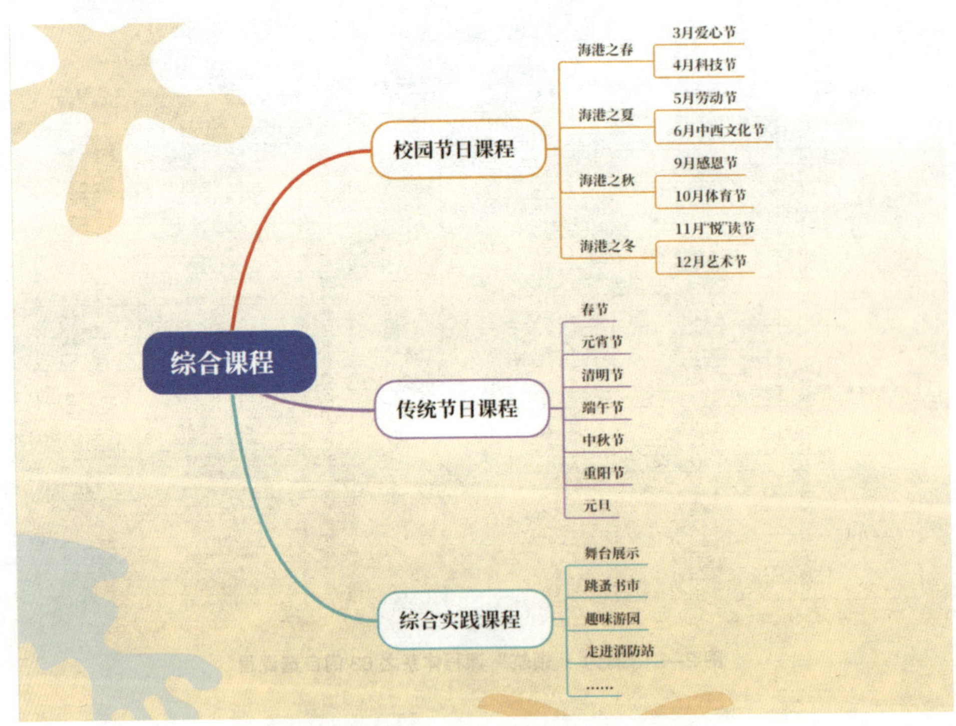

图 2–5 “有为·领航”课程体系之综合课程

---

[1] 阮瑜．“五育”并举 全面发展——海港小学“有为·领航”课程体系的实践与探索 [J]. 现代中小学教育 , 2022, 38(11).

学校把一学年的八个学月分设了八个不同的主题：和谐的人与自然、科技改变生活、缤纷校园、我的海港印记、好习惯伴我启航、好书伴我万里行、强身健智感恩成长和中西文化节。

校园节日课程就紧紧围绕这八大月主题展开，做到主题鲜明、内容丰富、形式多样，形成了富有海港特色的“四季八节”，即海港之春 3 月爱心节、4 月科技节，海港之夏 5 月劳动节、6 月中西文化节，海港之秋 9 月感恩节、10 月体育节，海港之冬 11 月“悦”读节、12 月艺术节。

传统节日课程主要是结合中华民族的传统节日开设的主题系列活动课程，如端午节、中秋节、重阳节、元旦、春节、元宵节等。

综合实践课程有舞台展示、跳蚤书市、趣味游园、体育节、走进消防站等。[1]

---

[1] 阮瑜．“五育”并举 全面发展 ——海港小学“有为·领航”课程体系的实践与探索 [J]. 现代中小学教育 , 2022, 38(11).

第三章

“有为·领航”课程体系实施

第一节　实施原则

课程，是学校特色之根、文化之源，更是学校教育改革的关键要素。面对新时代、新机遇、新发展，学校必须要学会将课程放在社会大环境和教改大背景中去思考，但同时也必须坚守初心。学校在研究国家各项教育方针政策及2022年新课程标准的基础上，提出：“有为·领航”课程必须坚持“育人为核心”，将“立德树人”“五育并举”作为课程的指导纲领和根本任务；必须以“儿童为中心”，把儿童的立场、体验、收获作为一切工作的出发点和归宿，秉承“凡是对儿童有积极影响的元素都是课程”这一课程视野，最大限度地彰显课程的个性化与人性化特质，充分体现课程的生动性与儿童生活性的和谐统一，做到：由“育分”向“育人”转变，由“教”向“学”转变，由“学科素养”向“核心素养”转变，由关注短期收益向关注长期价值转变。

一、以育人为核心

党的十八大以来，教育事业就确立了“立德树人”的根本任务，也为新时代中小学教育与课程建设指明了方向。《左传》有云：“太上有立德，其次有功，其次有立言，虽久不废，此之谓不朽。”《管子》曰：“一年之计，莫如树谷；十年之计，莫如树木；终身之计，莫如树人。”在中国的传统教育理念中，立德树人的观念拥有深厚的历史底蕴，代表着对教育理论的深度思考与不懈探求。在不同历史时期，它都以独特的现实面貌，为教育理论的发展提供了丰富的实例和参考。

课程实施以育人为核心，不仅注重知识的传授，更要注重培养学生的能力和素质，培养学生的创新精神、实践能力和社会责任感，使其成为具有综合素质的人才。

1. 知识传授。课程实施应该注重知识的传授，让学生掌握基本的知识和技能，为未来的发展打下坚实的基础。

2. 能力培养。课程实施应该注重培养学生的能力，包括创新能力、实践能力、自主学习能力、团队合作能力等，让学生在学习过程中不断提高自己的能力和素质。

3. 价值观塑造。课程实施应该注重塑造学生的价值观，引导学生树立正确的世界观、人生观和价值观，培养学生的社会责任感和公民意识。

此外，我们也要关注学生的情感需求和情感发展，培养学生的情感表达能力和情感素养。

二、以儿童为中心

课程实施应该以儿童为中心，尊重儿童的主体地位，关注儿童的需求和特点，设计符合儿童身心发展和学习规律的课程，激发儿童的学习兴趣和主动性，促进儿童的身心发展。

1. 兴趣引导。课程实施应该注重兴趣引导，根据学生的兴趣爱好和特点，设计有趣味性和探究性的课程内容，激发学生对学习的兴趣和主动性。

2. 情感支持。课程实施应该注重情感支持，关注学生在学习过程中的情感变化和反馈，及时给予支持和鼓励，让学生在学习过程中感受到关怀和支持。

3. 探究学习。课程实施应该注重探究学习，通过探究性的学习活动和教学方式，引导学生主动参与学习过程，让学生在探究中不断提高自己的能力和素质。

三、以发展为重心

课程实施应该注重学生的全面发展，关注学生的身体、心理、社会和情感等方面的发展需求，注重学生个性和特长的发挥，关注学生在学习过程中的成长和进步。

1. 阶段化发展。课程实施应该关注学生的阶段化发展，根据学生的认知水平和能力特点，设计符合学生成长规律的课程内容和教学目标及教学方法，让学生在每个阶段都能获得适当的挑战和发展。

2. 多元化发展。课程实施应该注重多元化发展，尊重学生的个性差异和特长发挥，设计多样化的课程内容和教学策略，满足不同学生的发展需求和潜力。

3. 终身化发展。课程实施应该注重终身学习，培养学生的自主学习能力和终身学习的意识，让学生在学习过程中形成良好的学习习惯和学习能力，为未来的学习和成长奠定坚实的基础。

总之，在课程实施过程中，我们需要以育人为核心、以儿童为中心、以发展为重心，注重知识传授、能力培养、价值观塑造、情感教育等方面的整合与平衡。通过科学合理的课程设计、有效的教学方法和全面的评价体系，为学生提供丰富、多样、有深度的教育体验，培养具备综合素质和高素质人才的重要途径。

第二节 “有为·领航”课程实施路径

在教学过程中，教师和学生按照一定的步骤和方法完成课程目标的过程即为课程实施路径，它对教学的顺利进行和教学效果的提高具有重要的意义。

“有为·领航”课程实施的五大路径——以“学科宣言”凸显课程育人目标，以“学科地图”提供课程指引，以“学科整合”加强育人合力，以“全学科阅读”打破学科壁垒，以思辨理念下的大单元教学打造有为课堂。

一、以“学科宣言”凸显课程育人目标

学科是育人的重要载体，没有学科，育人就成为无源之水、无本之木，而学科课程目标无疑是精准落实学科育人的“定海神针”。“学科宣言”是对国家课程标准的学科素养校本化表达，是学科育人目标的凝练，是学科教学的出发点。“学科宣言”有助于教师统一教学思想，带着理念去上课，让

教师从学科本位出发，立体地俯瞰整个学科，并能更好地观照到其他学科，更有利于学生在学习中明确方向。[1]

目前，学校各个学科组在系统研读党的教育方针、教育部下发的各类文件、21 世纪学生发展的核心素养、国家课程及课程标准等，充分对接学校的培养目标、对国家课程标准做全面、简洁、富有个性的表达，形成了不同学科的学科宣言（见表 3–1）。

表 3–1　各学科教学宣言

学科	学科素养	学科宣言	内涵解读
道法	政治认同、道德修养、法制观念、健全人格、责任意识	提高法治意识、增强社会责任、开拓国际视野、深化理性思辨	提高法治意识：形成规则意识，知道法律能够保护自己的生活，养成遵纪守法的行为习惯，具备自我保护意识和初步的自我保护能力； 增强社会责任：学会对自己负责、对集体负责、对国家负责，树立维护民族团结、祖国统一和国家安全的责任意识； 开拓国际视野：树立世界眼光、拓展国际视野，引导学生讲好中国故事、传递好时代声音； 深化理性思辨：面对人生复杂选择，学会从多个身份、多个角度去理解，从而找到问题的答案
语文	文化自信、语言应用、思维能力、审美创造	悦读、博闻、善言、抒写	悦读：欣于读书，享读书之乐之美； 博闻：见闻广博，通过经典的学习提高学生修养，传承国学经典文化； 善言：善言终美，善于言谈，自信表达； 抒写：抒写纯真的童心，自然舒展的书面表达，自然流畅的书写习惯

[1] 阮瑜 . 由“分”到“合”的嬗变——基于国家课程的学科整体育人路径探索 [J]. 未来教育家，2021(11):61–63.

续表

学科	学科素养	学科宣言	内涵解读
数学	会用数学的眼光观察现实世界、会用数学的思维思考现实世界、会用数学的语言表达现实世界	研学、善思、精算、活用	研学：以学生为中心，让学生主动提出问题（引思）主动探究（促思、研思）、主动总结（汇思）、主动学习的思辨式学习过程； 善思：学会用数学抽象的方式思考并解决问题，学会有逻辑地思考问题，形成有条理、合乎逻辑的思维品质，学会迁移、创造性地解决问题； 精算：在明晰运算对象的基础上，依据运算法则解决数学问题的素养，发展运算能力； 活用：即灵活运用数学，会用数学的眼光观察世界，会用数学的思维思考现实世界，会用数学的语言表达现实世界
英语	语言能力、文化意识、思维品质、学习能力	多元体验、思辨学习、自信表达	多元体验：通过听、说、读、看等方式，以歌曲、童谣、图片、视频、绘本故事等多元的体验方式，实现学习理解的目标； 思辨学习：通过设计问题链、可视化思维组织图的辅助，引导学生进行有意义的思辨学习； 自信表达：根据语用任务，实现自信表达，同时了解不同国家的文化内涵，比较异同，汲取精华，尊重差异，实现文化自信
科学	科学观念、科学思维、探究实践、态度责任	乐学、深究、求真、创新	乐学：培养学生具有积极的科学探究和学习兴趣； 深究：引导学生对科学的关注从表面的现象继续深入其中蕴含的因果逻辑和理论层次，让科学的学习从表面走向深入的探究和实践； 求真：学生能形成基于实事求是的科学态度，具有基于证据和推理发表自己见解的意识，同时还需要乐于倾听不同的意见和理解他人的想法，不迷信教师、课本、权威，更能勇于基于证据修正和完善自己的观点； 创新：能够充分运用已知的信息，对事物或产品提出新颖、独到且恰当的观点，不局限于固有的想法和认知

续表

学科	学科素养	学科宣言	内涵解读
信息科技	信息意识、计算思维、数字化学习与创新、信息社会责任	有意识、勤思考、善创新、重责任	有意识：关注人文价值，让信息科技课堂有温情意识；关注创造力培养，让信息科技课堂有创造意识； 勤思考：深入探索技术原理，让信息科技课堂有深度思考意识；通过不断提问和解答，培养学生的批判性思维和问题解决能力； 善创新：鼓励实践与实验，让信息科技课堂有创新意识；通过项目驱动的学习方式，激发学生的创新精神和实践能力，培养他们将理论知识转化为实际应用的能力； 重责任：强调伦理与法规教育，让信息科技课堂有责任意识；教育学生在使用科技时考虑其对社会和环境的影响，培养他们成为负责任的数字公民
体育	掌握体育知识、习得体育技能、了解体育文化、培养良好的体育运动习惯及相关意志品质	会运动、养习惯、常锻炼、树意识	会运动：促使学生掌握体育知识、体育技能、了解体育文化、人体生理常识； 养习惯：提高身体和心理素质，坚持练习常识、勤锻炼的计划 常锻炼：培养良好的体育运动习惯以及相关的意志品质；
音乐	审美感知、艺术表现、创意实践、文化理解	有情趣、有才艺、有表现力	有情趣：培养学生的审美感知素养，有助于学生发现美、感知美，丰富审美体验，提升审美情趣，形成正确的历史观、民族观、国家观、文化观，能理解艺术作品所反映的文化内涵，领会艺术与文化之间的联系； 有才艺：培养学生掌握艺术表现的技能，认识艺术与生活的广泛联系； 有表现力：愿意用自己喜爱的艺术表现方式表达对生活的喜爱之情

续表

学科	学科素养	学科宣言	内涵解读
美术	审美感知、艺术表现、创意实践、文化理解	会感知、会表现、会审美、会传承	会感知：学生对自然世界、社会生活和艺术作品中美的特征及其意义与作用的发现、感受、认识和反应能力； 会表现：艺术表现的培育，就是让学生掌握艺术表现的技能，认识艺术与生活的广泛联系，增强形象思维能力，涵养热爱生命和生活的态度； 会审美：审美的培育，让学生发现美、感知美，丰富审美体验，提升审美情趣； 会传承：传承和弘扬中华优秀传统文化、革命文化、社会主义先进文化，坚定文化自信，铸牢中华民族共同意识
劳动	劳动观念、劳动能力、劳动习惯和品质、劳动精神	立德、笃行、培能	劳动学科是帮助我们了解和学习如何通过劳动来创造美好生活的课程。它教会我们如何动手做事，如何与他人合作，以及如何尊重劳动和劳动者。它不仅仅是一门课程，它更是一种生活态度和价值观的培养。通过劳动，我们可以更好地理解生活，更好地服务于社会。

二、以“学科地图”提供课程指引

“学科地图”是各学科课程实施的“导航系统”，它可以清晰地显示出各学科、各学段、各知识点、各能力要素点之间的联系，现海港小学已形成电子化图谱，可放大缩小，可点击搜索，极大地为教师的教和学生的学提供了精准的导航服务和内容支撑（见图 3–1）。[1]

---

[1] 阮瑜 . 由“分”到“合”的嬗变——基于国家课程的学科整体育人路径探索 [J]. 未来教育家，2021(11):61–63.

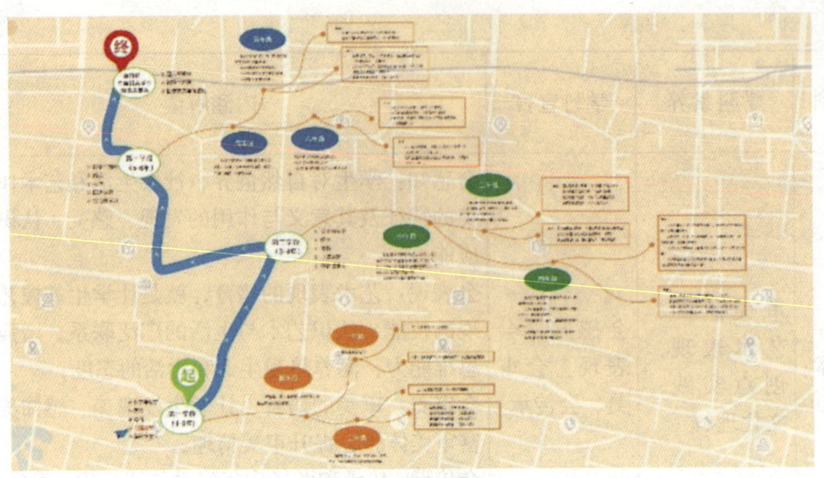

图 3–1　语文学科地图

实施中，从各学科“课程标准”的总目标出发，按“学科—学段—分册—单元—课（节）—要素点（知识点、能力点）”的顺序分别进行内容整合及描述，并特别关注同一要素点的循序渐进，使课程能够准确、有效地落地。[1]

作为学科体系的可视化表达，学科地图可以将一个学科的知识点、概念、原理等元素，以及它们之间的关系以图形化的方式呈现出来。这个图形化表示应该要清晰、准确地反映出学科体系的全貌，以及各元素之间的关系。

（一）学段和年级

学科地图还可以根据学段和年级来划分。在一个学科地图中，可以根据不同的学段和年级，将知识点进行分类和组织，以适应不同阶段学生的学习需求。例如，在数学学科的地图中，可以按照低、中、高的不同学段，将数学知识分为低、中、高三个层次。每个层次的知识点可以根据不同的主题进行分类，如算术、图形、代数、统计等。这样，教师可以根据学生的学段和

[1] 阮瑜．由“分”到“合”的嬗变——基于国家课程的学科整体育人路径探索 [J]. 未来教育家，2021(11):61–63.

数学基础，选择适合的层次和知识点进行教学。

（二）知识点和能力要素

学科地图还可以将知识点和能力要素进行关联。每个知识点可以对应不同的能力要素，如记忆、理解、应用、分析、创新等。通过将知识点和能力要素进行关联，教师可以根据学生的能力情况，选择合适的教学方法和资源，有针对性地培养学生的能力。例如，在语文学科的地图中，可以将阅读理解能力与不同的阅读材料进行关联。教师可以选择适合学生年级和阅读能力的阅读材料，通过引导学生阅读和理解这些材料，培养他们的阅读能力和阅读兴趣。

（三）问题点和任务

学科地图还可以将问题点和任务与知识点进行关联。每个知识点可以对应不同的问题点和任务，如科学学科的案例分析、实验操作、研究报告等。通过将问题点和任务与知识点进行关联，教师可以引导学生通过解决实际问题来理解和应用知识点。

三、以“学科整合”加强育人合力

《新课程方案》强调：加强课程内容与学生经验、社会生活的联系，强化学科内知识整合。

长期以来，学校在学科育人及学科间育人方面缺乏整体性、连续性、协同性和一致性，学生较难在某一学科的学习中一以贯之地提升素养，更难以在多学科交融中打破学科壁垒，形成多学科育人的合力，从而使“培养德智体美劳全面发展的社会主义建设者和接班人”这一根本任务不能有效地落实。而“学科整合”恰恰解决了这一关键性问题。“学科整合”即以国家课程为核心，运用“学科+”的理念，倡导多学科全面育人、综合育人，注重育人路径的多样性、灵活性和实效性。[1]

（一）学科内整合突出“纵贯”

“纵贯”即强调学科内课程要做到“横向到边、纵向到底、上下对应、前后衔接”。“学科内整合”以“能力训练点”为核心，将一门学科各个学段所对应的同一能力训练点进行纵向梳理，依据学生实际的学习能力，描绘出“学科地图”，形成主题式学习模块的优化组合，确立层层推进的学科课程规划，形成最佳的学科课程解决方案。[2]

自然单元的重组。即在教材自然单元的基础上进行整合、增删等，使其教学主题更鲜明，教学流程更合理，教学效果更突出。例如：语文学科中五年级上册以“民间故事”为主题的第三单元，共有《猎人海力布》《牛郎织女（一）》《牛郎织女（二）》三篇课文，一个“讲民间故事”的口语交际，一篇以缩写故事为训练点的习作，一个语文园地，一个快乐读书吧，正常来说需要 12 课时才能完成授课任务。海港小学教师以“创造性地复述故事”为本单元的任务群驱动主线，以“聚焦思辨 落实读写”为本单元的整合线索，将口语交际中的“讲民间故事”与《猎人海力布》一课进行整合，多角度复述故事；将园地中的“词句段运用”和“牛郎织女初次见面的情节说得更具体”这两个训练点，与《牛郎织女（一）》《牛郎织女（二）》两篇课文进行训练点整合，并把园地的交流平台的单元总结、快乐读书吧整本书阅读和单元习作共同整合，共 5 课时，即可完成本单元的教学任务。

不同学段的单元重组。同一学科内，不同的学段，相同教学主题内容可进行适度重组。例如：数学学科中二年级《认识角》与四年级的《旋转与角》

[1] 阮瑜 . 由“分”到“合”的嬗变——基于国家课程的学科整体育人路径探索 [J]. 未来教育家，2021(11):61–63.

[2] 阮瑜 . 由“分”到“合”的嬗变——基于国家课程的学科整体育人路径探索 [J]. 未来教育家，2021(11):61–63.

可重新组合新的单元进行教学。

（二）学科间整合突出“横联”

“学科间整合”通过整顿、协调、优化，找到相关学科在教学方法、教学内容、思维方式、知识背景等方面的切合点，并运用各学科课程之间的“勾联”，横向重组课程内容，从课程全员育人的大目标出发，使繁杂的多学科课程变成最简洁、最易操作、学生最易理解和运用的课程资源，以达到课程育人的效益最大化。[1]

不同学科间具有相同教学理念、教学主题、学习任务时，可进行重组。例如：“足球节”项目式学习活动中，语文、体育、美术等学科结合“足球节”这一主题，从各自学科出发，开展写足球、踢足球、画足球等相关活动。

（三）学科外整合突出“融通”

“融通”，意味着学科的融通、知识的融通、时空的融通、角色的融通、生活的融通，强调“课堂小天地，生活大课堂”，努力开发“学科+生活”课程，让学生带着问题、带着思考、带着概念走向生活。如数学学科可让学生走进古城、古庙、书室，了解古代建筑中的“对称美”；音乐学科可让学生去聆听广东的“粤剧”之“客家山歌”，了解民间音乐的魅力；美术学科可走进“美术馆”，探究中外艺术的异同；科学学科可让学生走进腾讯、华为、大疆公司，去了解高科技的飞速发展。为了更好地突出“五育并举”，我们还重点加强了“道德与法治”的学科外整合，建构起了与之相关联的课程群。学生在学科内课程学习的基础上，通过一年级开展的“好习惯伴我行”，进一步加强学生的养成教育；二年级开展的“护蛋”游戏，感受母爱的伟大；三年级开展的“‘盲人’的40分钟”，

[1] 阮瑜.由“分”到“合”的嬗变——基于国家课程的学科整体育人路径探索[J].未来教育家，2021(11):61–63.

感受盲人世界的黑暗与无助，激发起对他人的爱与理解；四年级开展的“祖国版图我来拼”，感受祖国的博大与壮美；五年级开展的“我与‘蚕宝宝’共成长”“听大树说悄悄话”，感受大自然的神奇与可爱；六年级开展的“我与历史名人对话”“我与艺术大师对话”“我与未来世界对话”，进一步感受中华民族历史的悠久、艺术殿堂的博大精深、未来世界的多元与变化。[1]

四、以“全学科阅读”打破学科壁垒

阅读力就是学习力。“全学科阅读”意味着要超越阅读只从属于某一学科的狭隘观念，真正站在孩子终身学习、终身发展的高度来重新审视阅读的价值和意义，强调阅读要从文学类文本阅读转向实用类文本阅读，从单一的视角转向更加多元、更加丰富的阅读视域，从一个学科的阅读活动转向多个学科的任务群式的研究型阅读。[2]

（一）以问题或任务为驱动，确立阅读目标

强调阅读不是终极目的，而是学习的一种途径。现已确立了 6 个年级 12 个全学科阅读任务群。如一年级“有趣的启蒙”，二年级“大自然，你好”，三年级“我的想象飞起来”，四年级“我的童年不是梦”，五年级“飞跃地球村”，六年级“悄悄是别离的笙箫”等。[3]

---

[1] 阮瑜 . 由“分”到“合”的嬗变——基于国家课程的学科整体育人路径探索 [J]. 未来教育家，2021(11):61–63.

[2] 阮瑜 . 由“分”到“合”的嬗变——基于国家课程的学科整体育人路径探索 [J]. 未来教育家，2021(11):61–63.

[3] 阮瑜 . 由“分”到“合”的嬗变——基于国家课程的学科整体育人路径探索 [J]. 未来教育家，2021(11):61–63.

（二）以解决真实问题为导向，提升阅读兴趣

通过阅读来推动“项目式学习”“综合性学习”“问题式学习”“探究性学习”，鼓励学生通过阅读、写作、绘图、小组讨论、实验等，探究和解决真实复杂的问题，并从中获得知识和技能。如：五年级“基于探秘未来世界”为主题的全学科阅读（见表3–2），旨在“让学生通过阅读，了解未来世界在文学、数学、科学、艺术等方面的变化，指引学生从多个角度认识未来世界，让他们将课本中所学的知识同现实相结合，永远保持好奇心，不断思考、不断探索、不断去拥抱未来”。而各学科的阅读计划为：语文学科阅读《怪男孩——爱因斯坦》《三体》《果壳中的宇宙》，数学学科阅读《走进奇妙的数学世界（全3册）》《数字博物馆：从零到无穷的故事》，英语学科阅读*Art That Changed the World*，科学学科阅读《身边的科学》《重生吧，垃圾！》《一本稀奇古怪的科学书》，信息科技阅读《科学新知系列：可怕的科学·神奇的互联网》《太空先锋：机器人太空飞船》，美术学科阅读《伟大的博物馆（1–16卷）》，音乐学科阅读《玩转科学的“艺术家”》。阅读时间为一学期。在阅读中，通过“推介课”来激发学生的阅读兴趣，通过“推进课”来跟踪阅读进度，解决阅读中遇到

表3–2 五年级全学科阅读书目

项目主题	探究年级	语文	数学	英语	科学	信息科技	美术	音乐
探秘未来世界	五年级	《怪男孩——爱因斯坦》《三体》《果壳中的宇宙》	《走进奇妙的数学世界（全3册）》《数字博物馆：从零到无穷的故事》	*Art That Changed the World*	《身边的科学》《重生吧，垃圾！》《一本稀奇古怪的科学书》	《科学新知系列：可怕的科学·神奇的互联网》《太空先锋机器人太空飞船》	《伟大的博物馆（1—16卷）》	《玩转科学的“艺术家”》

的各种问题。[1]

（三）以可视化为呈现方式，彰显阅读成果

做好分享交流，让阅读成果可视化、最大化。从学生对世界、生活、课程的理解角度出发，用阅读使他们自身达成对学科课程的深度融合，并利用校内“分享课”、画展、舞台剧表演或社区内的各种活动，促进个体素养的提升。[2]

五、以思辨理念的大单元教学打造有为课堂

思辨理念下的大单元教学站在“全面育人”的高度，运用统整思维，形成教学的大理念、大概念、大视野、大主题、大行动，并在创建的意义单元的教学实施中，建立起立体的知识网络，通过引思、促思、研思、汇思四个环节，借助前测单、研思单、后测单、小研究报告等思辨工具，结合十大思辨策略，构建适合学生思维水平和认知结构的教学活动，培养学生的思维品质，提升学生的核心素养，培育有为少年。

（一）内涵解读

1. 关于思辨

何为思辨？思，即思考；辨，即辨析、辨别、明辨。《中庸》中提道：“博学之，审问之，慎思之，明辨之，笃行之。”“慎思”“明辨”便是思辨，即在思考中进行辨析。亚里士多德、柏拉图、杜威、陶行知、佐藤学等教育名家都反复强调“思辨”的重要性，放眼当今全球教育，正在从

[1] 阮瑜.由“分”到“合”的嬗变——基于国家课程的学科整体育人路径探索[J].未来教育家，2021(11):61–63.

[2] 阮瑜.由“分”到“合”的嬗变——基于国家课程的学科整体育人路径探索[J].未来教育家，2021(11):61–63.

“记忆型教学文化”转变为“思维型教学文化”，而教育最重要的任务之一是发展学习者的申辩式思维能力。著名教育学者顾明远先生说：“教育的本质是培养思维，培养思维的最好场所是课堂。”教育部教材局局长田慧生也反复强调：“什么时候当教师真正不再捆绑学生的思维，我们课堂就有希望。”由此可见，课堂除了传授知识之外，最重要的是培养学生的思辨能力。

2. 关于大单元

“大单元”是在教材自然单元基础上提出的新定义。“自然单元”，即教材中已经划分好的单元内容。在此基础上，我们可以适度改变传统的线性课程形态，以提炼、萃取、关联、整合等方式，把课程、师生、学习时空、学习技术等核心元素有效地统合起来，凝练成一个个儿童成长中所必需的主题、问题、话题，形成大的意义单元，并采用项目学习、体验学习、探究学习、合作学习、深度学习等方式来丰富儿童的认知，提升儿童的思辨素养。具体可分为以下几种类型单元。

（1）自然单元的重组。即在教材自然单元的基础上进行整合、增删等，使其教学主题更鲜明，教学流程更合理，教学效果更突出。

（2）不同学段的单元重组。同一学科内，不同的学段，相同教学主题内容可进行适度重组。例如：数学学科中二年级《认识角》与四年级的《旋转与角》可重新组合新的单元进行教学。

（3）跨学科的单元重组。不同学科间具有相同教学理念、教学主题、学习任务时，可进行重组。例如：“足球节”项目式学习活动中，语文、体育、美术等学科结合“足球节”这一主题，从各自学科出发，开展写足球、踢足球、画足球等相关活动。

（4）学习与生活间的单元重组。将校园内的学习活动与学生日常生活紧密结合在一起形成的单元教学内容。例如：“垃圾分类我能行”活动，从校园内理解垃圾分类的必要性和重要性，延伸到每个家庭用实际行动开展垃圾分类活动。

（二）基于思辨理念的大单元教学“三要素”

基于思辨理念下的大单元教学三要素包括情境、问题和学习方式。

1. 情境。2022 版新课标强调：注重发挥情境设计与问题提出对学生主动参与教学活动的促进作用，使学生在活动中逐步发展核心素养。我们强调课堂教学创设完整的教学情境，在特定情境中，引发学习，引发学生思考。

2. 问题。2022 版新课标强调：问题提出应引发学生认知冲突，激发学生学习动机，促进学生积极探究。课堂教学创设核心问题，围绕核心问题激发学生的思考，从而培养学生思维品质，走向深度学习。

3. 学习方式。教学过程中，应注重启发式、参与式、互动式等教学方式。通过丰富的教学方式，让学生在实践、探究、体验、反思、合作、交流等学习过程中感悟基本思想、积累基本活动经验，发挥每一种教学方式的育人价值，促进学生核心素养发展。

采取导学、自学、研学、互学、展学、拓学六种学习方式（见图 3–2）。

个体自学：培养学生独立解决问题的能力，养成“专注、思考、主动”的习惯。[1]

同伴互学：小组内互相学习，形成优势互补，养成在组内贡献自己智慧的习惯。[2]

教师导学：教师抓住关键点、疑难点巧妙“导学”，做到“不愤不启，

[1] 阮瑜 . 由“分”到“合”的嬗变——基于国家课程的学科整体育人路径探索 [J]. 未来教育家，2021(11):61–63.

[2] 阮瑜 . 由“分”到“合”的嬗变——基于国家课程的学科整体育人路径探索 [J]. 未来教育家，2021(11):61–63.

图 3-2 “六学”结构图

不悱不发”。[1]

小组研学：小组成员根据研究专题，展开讨论，并得出结论。使学生学会尊重他人，尊重真理，广纳他人意见，共研共进。[2]

集体展学：小组集体在班级内展示学习过程、学习成果，培养学生不断突破自我设限，勇于展示自己的精神。[3]

延展拓学：通过课外拓学，超越教材，超越自我，突破学校教育局限。

（三）基于思辨理念下的大单元教学四环节

包括创设情境，引发思辨；实践探究，促进思辨；应用迁移，发展思辨；总结梳理，提升思辨（见图 3-3）。

---

[1] 阮瑜．由“分”到“合”的嬗变——基于国家课程的学科整体育人路径探索 [J]. 未来教育家，2021(11):61-63.

[2] 阮瑜．由“分”到“合”的嬗变——基于国家课程的学科整体育人路径探索 [J]. 未来教育家，2021(11):61-63.

[3] 阮瑜．由“分”到“合”的嬗变——基于国家课程的学科整体育人路径探索 [J]. 未来教育家，2021(11):61-63.

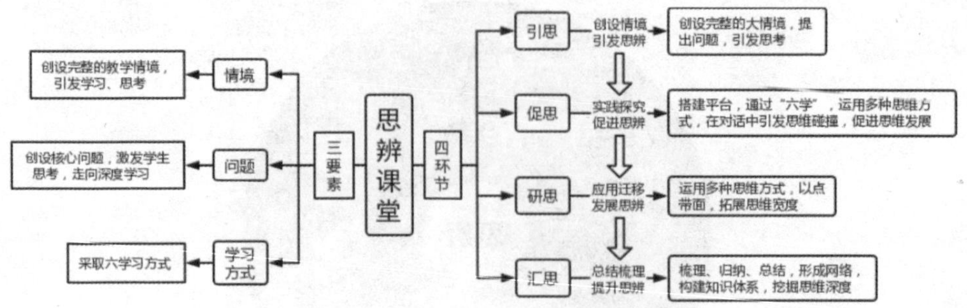

图 3-3　思辨课堂模型

1. 创设情境，引发思辨（引思）。创设完整的大情境，提出问题，引发思考。

2. 实践探究，促进思辨（促思）。搭建探究学习平台，通过自学、互学、研学、展学等学习方式，运用观察、比较、分析、判断、推理、发散、联想、抽象、概括、综合等思维方式，在师生对话、生生对话过程中，引发思维碰撞，促进思维发展。

3. 应用迁移，发展思辨（研思）。运用类比、迁移、推理、归纳、分析、综合等思维方式，以点带面，拓展思维宽度。

4. 总结梳理，提升思辨（汇思）。将所学内容进行梳理、归纳、总结，与前后所学的知识形成网络，构建完整的知识体系，挖掘思维深度。

（四）基于思辨理念下的大单元教学的思维方式

基于思辨理念下的大单元教学一般采取观察、比较、分类、分析、综合、抽象、概括、类比、推理、归纳、迁移、联想、想象、重组、发散、定式、辩证思维等思维方式展开教学。例如：在《圆的周长》一课，借助观察、分析、抽象等思维活动，通过创设量一量、算一算等操作，让学生以小组为单位，用自己能够想到的办法测量大小不同的 3 个圆的周长，并计算出圆的周长除以直径的商，从而类比、推理、归纳、概括得到：圆的周长除以直径总是 3 倍多一点，这个值在数学里被称为圆周率。

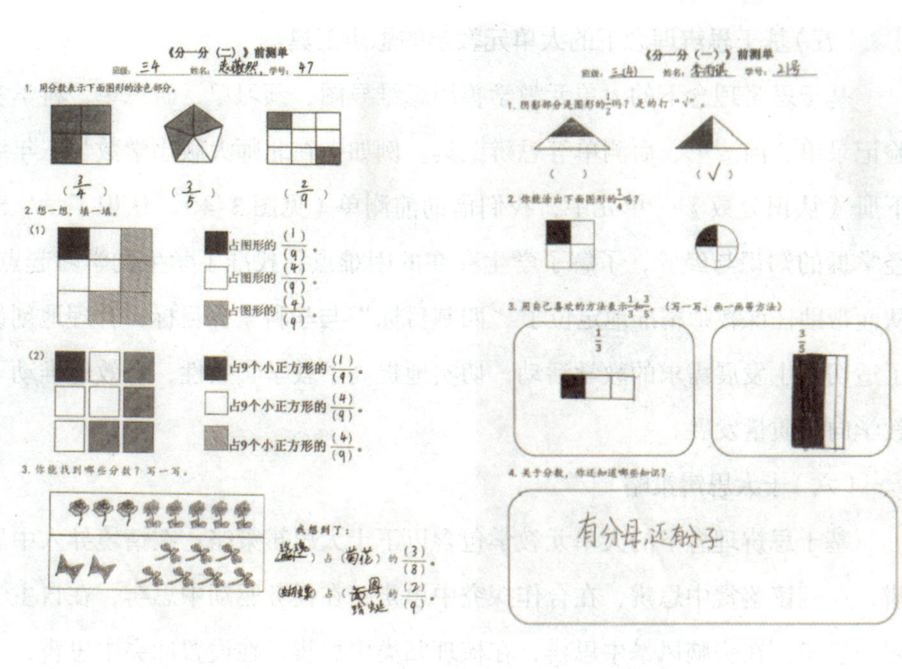

《分一分（二）》前测单

班级：三4 姓名： 学号：47

1. 用分数表示下面图形的涂色部分。

（3/4） （3/5） （2/9）

2. 想一想，填一填。

（1） 占图形的 (1)/(9)。 占图形的 (4)/(9)。 占图形的 (4)/(9)。

（2） 占9个小正方形的 (1)/(9)。 占9个小正方形的 (4)/(9)。 占9个小正方形的 (4)/(9)。

3. 你能找到哪些分数？写一写。

我想到了：

（玫瑰）占（菊花）的 (3)/(8)。

（蝴蝶）占（ ）的 (2)/(9)。

《分一分（一）》前测单

班级：三(4) 姓名： 学号：21号

1. 阴影部分是图形的 $\frac{1}{2}$ 吗？是的打“√”。

（ ） （√）

2. 你能涂出下面图形的 $\frac{1}{4}$ 吗？

3. 用自己喜欢的方法表示 $\frac{1}{3}$ 和 $\frac{3}{5}$。（写一写、画一画等方法）

$\frac{1}{3}$ $\frac{3}{5}$

4. 关于分数，你还知道哪些知识？

有分母，还有分子

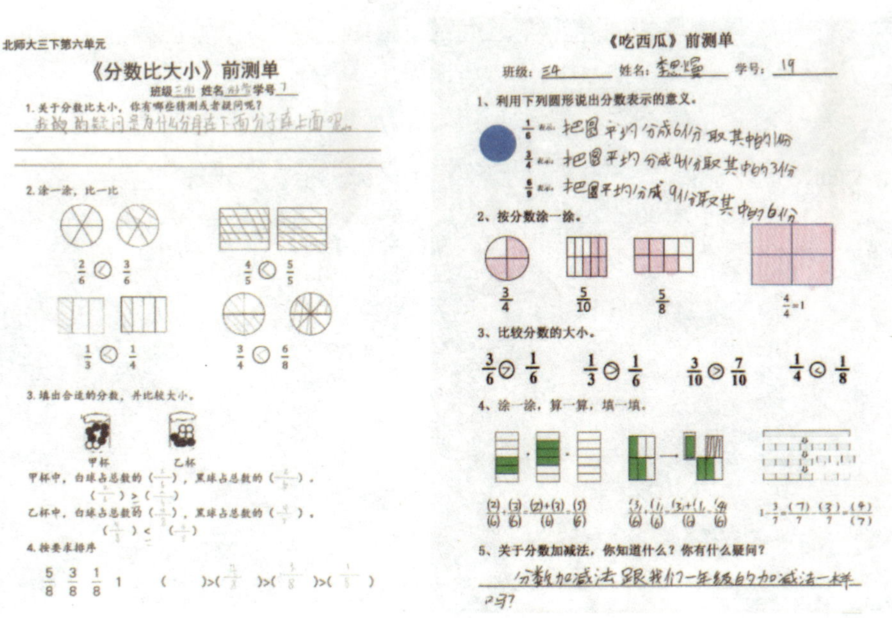

北师大三下第六单元

《分数比大小》前测单

班级 姓名 学号7

1. 关于分数比大小，你有哪些猜测或者疑问呢？

我的的疑问是为什么分母在下面分子在上面呢。

2. 涂一涂，比一比

$\frac{2}{6}$ ＜ $\frac{3}{6}$ $\frac{4}{5}$ ＜ $\frac{5}{5}$

$\frac{1}{3}$ ＜ $\frac{1}{4}$ $\frac{3}{4}$ ＜ $\frac{6}{8}$

3. 填出合适的分数，并比较大小。

甲杯 乙杯

甲杯中，白球占总数的（ ），黑球占总数的（ ）。

（ ）＞（ ）

乙杯中，白球占总数的（ ），黑球占总数的（ ）。

（ ）＜（ ）

4. 按要求排序

$\frac{5}{8}$ $\frac{3}{8}$ $\frac{1}{8}$ 1 （ ）＞（ ）＞（ ）＞（ ）

《吃西瓜》前测单

班级：三4 姓名： 学号：19

1、利用下列圆形说出分数表示的意义。

$\frac{1}{6}$ 表示：把圆平均分成6份取其中的1份

$\frac{3}{4}$ 表示：把圆平均分成4份取其中的3份

$\frac{6}{9}$ 表示：把圆平均分成9份取其中的6份

2、按分数涂一涂。

$\frac{3}{4}$ $\frac{5}{10}$ $\frac{5}{8}$ $\frac{4}{4}=1$

3、比较分数的大小。

$\frac{3}{6}$ ＞ $\frac{1}{6}$ $\frac{1}{3}$ ＞ $\frac{1}{6}$ $\frac{3}{10}$ ＞ $\frac{7}{10}$ $\frac{1}{4}$ ＜ $\frac{1}{8}$

4、涂一涂，算一算，填一填。

$\frac{(2)}{(6)}+\frac{(3)}{(6)}=\frac{(2)+(3)}{(6)}=\frac{(5)}{(6)}$ $\frac{(3)}{(6)}+\frac{(1)}{(6)}=\frac{(3)+(1)}{(6)}=\frac{(4)}{(6)}$ $1-\frac{3}{7}=\frac{(7)}{7}-\frac{(3)}{7}=\frac{(4)}{(7)}$

5、关于分数加减法，你知道什么？你有什么疑问？

分数加减法跟我们一年级的加减法一样吗？

图 3-4

（五）基于思辨理念下的大单元教学的思辨工具

基于思辨理念下的大单元教学善用思维导图、预习单、研思单、科学实验记录单、前测单、后测单等思辨工具。例如：在北师大版小学数学三年级下册《认识分数》一单元中，我们借助前测单（见图 3–4），认识了学生已经掌握的知识与经验，了解了学生存在的困难点，找准了学生的学习起点，从而帮助任课教师精准地定位了“四基目标”与学科素养目标，合理地创设了适切学生发展需求的教学活动，切实地提高了教学实效性，有效地推动了教学向高质量发展。

（六）十大思辨策略

基于思辨理念下的大单元教学包含以下十大思辨策略：在情境导入中思辨，在阅读鉴赏中思辨，在合作探究中思辨，在任务驱动中思辨，在自主学习中思辨，在头脑风暴中思辨，在梳理归类中思辨，在设置冲突中思辨，在拓展延伸中思辨，在活动竞争中思辨。

第四章

“有为·领航”课程评价体系

海港小学以大数据为媒介，在“有为·领航”课程体系框架下，以“有为少年综合素质增值评价体系”为载体，依托“海港小学有为少年成长积分系统”，构建海港小学课程评价体系，对学生综合素养进行动态评价，从而全面客观记录、评价学生课内外学习和活动的全过程和结果。

第一节 评价原则

学科评价要发挥引导、诊断、改进、激励功能，让评价不断促进学生品德发展、学业发展、身心发展、审美素养及劳动与社会实践能力的提升。不仅告诉学生“是什么样的人”，而是要引导他们“成为什么样的人”，从评价的定量、定性向评价的赋能转变，从“趋同化”向“个性化”转变，将学生的学习状态从“要我学”转向“我要学”。[1]

（一）坚持发展性

学校特别注重学生进阶式的成长，关注学生纵向发展，鼓励学生自定目标、自主发展、自我激励，做到“今日之我胜于昨日”。评价的发展性突出学生的主体地位，以折线图清晰地反映学生每个阶段的成长情况，教师和家长能明确学生阶段性的发展趋势，有效发挥引导、诊断、激励功能，用发展的眼光来客观评价学生的发展，助力为学生构建个性差异获得尊重的评价体系，重视评价方式多元化、评价内容多样化、评价过程动态化及评价主体互动化。

（二）坚持多元性

在评价中我们遵循“多元化”原则，既讲究评价主体多元和评价内容多元，又注重评价方式多元；既注重学生在学习过程中的表现，又关注学生的学习效果，旨在让每一个学生的成长都能被看见。

1. 重视评价主体的多元

评价不再是教师“一锤定音”，而是教师、学生、家长、社会多方参与的全方位综合性评价。学校成立了教师、学生、家长、社区“四位一体”的协同评价队伍，让每个学生都能在多元评价中绽放别样的精彩。

2. 强调评价内容的多元

学校以“学生终身发展”为出发点，把德智体美劳全要素作为评价的内容，贯通学生的文明礼仪、习惯养成、情感态度、课堂表现、作业表现、参与活动等，把教学评价和德育评价融为一体，关注“评价 + 成长”，关注增值性评价，增设了学业发展水平的综合评价内容。

---

[1] 阮瑜 . 由“分”到“合”的嬗变——基于国家课程的学科整体育人路径探索 [J]. 未来教育家，2021(11):61–63.

3. 注重评价方式的多元

我们将定性评价与定量评价、过程性评价与结果性评价、发展性评价与增值性评价、形成性评价与终结性评价、纸笔测试与表现性评价相结合，综合采取多种方式方法，致力让评价结果更精准、更科学，让有效的评价在真实情景中及时将每个学生的动态成长信息、成果等全过程、全要素地加以展示和存留，从而更好地发挥评价的育人功效，促进学生全面发展。

（三）坚持过程性

海港小学课程评价秉持过程性原则，采取目标与过程并重的价值取向，与教学过程相互整合，关注学生智能发展的过程性成果，更关注动态的学习表现，强调“促进”，强化过程评价，聚焦学生的成长过程，着眼于学生核心素养的涵养，从评价改革入手落实立德树人的根本任务。重点围绕学校“有为·领航”课程确定评价要素，涵盖“德、智、体、美、劳”五个方面，综合根据基础课程、拓展课程、自选课程、综合课程四个领域分级出各学科评价指标，兼顾核心素养和学科素养的评估，其中过程性评价占比80%，包括日常学习活动表现评价和作业及作品设计与制作评价等内容，力求全面、动态地监测学生的素养发展。

第二节　评价方法

（一）建立以学生为中心的PE评价

“PE评价”原是企业绩效考核的常用指标（见图4-1），我们将其引入学生学业的过程性评价中，用来全面监测学生在课程学习中各个要素指标的

道法	语文	数学	英语	科学	信息	体育	音乐	美术	劳动
知	听	写	听	观	做	身体概况	唱	绘画习惯	知
思	说	展	说	说	创	跑	看	色彩搭配	行
研	读	做	读	做	说	跳	听	欣赏评述	展
品	背	说	写	思	思	投	演	创作表现	悟
	写		做			身体素质			
	演		演						

图 4-1　PE 评价

达成度，进而反馈学生在课程学习中的综合表现。[1] 除了书面测验，学校设置了“综合”测评方式，以多项、灵活的方式呈现。在二年级“趣味综合”测评中，教师根据学科课标要求，设计形式多样的测评项目。如语文学科的“诗词大会”“小小朗读者”“识字大王”“小小书法家”等活动，数学学科的“口算小达人”“数独大闯关”“趣味二十四点”等，这些项目从不同层面测评学生在本学期学业发展水平方面的综合表现以及个人纵向发展状况，更加全面地对学生在知识技能、学科思想方法、实践能力、创新意识、情感态度价值观等关键性指标进行全方位评价。

（二）建立以结果为导向的 KPI 评价

“KPI 评价”即通过对关键数据进行设置、取样、计算、分析，衡量学生在学科学习中的具体表现，形成雷达分析图（见图 4-2），并与过程性评价结合，立体地呈现学生的成长轨迹。[2] 坚持科技赋能，以评价撬动教学方

[1] 阮瑜．由“分”到“合”的嬗变——基于国家课程的学科整体育人路径探索 [J]. 未来教育家，2021(11):61-63.

[2] 阮瑜．由“分”到“合”的嬗变——基于国家课程的学科整体育人路径探索 [J]. 未来教育家，2021(11):61-63.

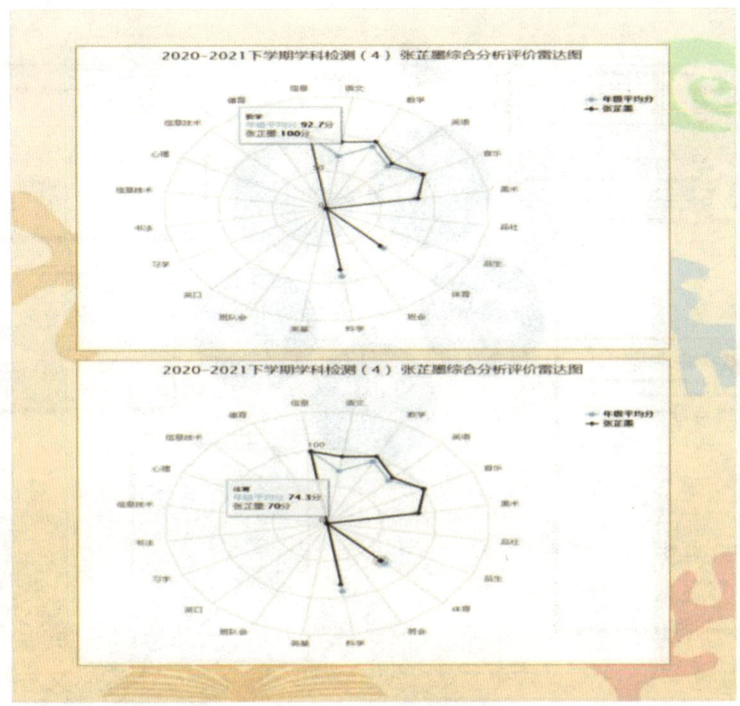

图 4-2 学生评价雷达图

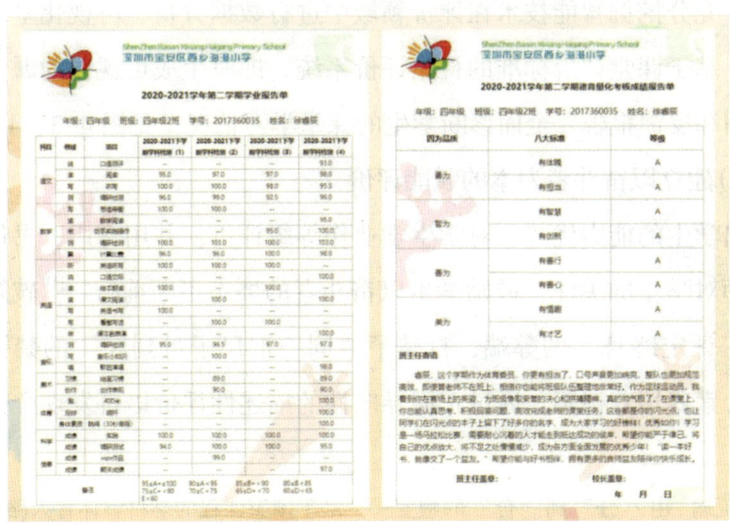

ShenZhen Baoan Xixiang Haigang Primary School
深圳市宝安区西乡海港小学

2020-2021学年第二学期学业报告单

年级：四年级 班级：四年级2班 学号：2017360035 姓名：[illegible]

科目	领域	项目	2020-2021下学期学科检测（1）	2020-2021下学期学科检测（2）	2020-2021下学期学科检测（3）	2020-2021下学期学科检测（4）
语文	说	口语测评	—	—	—	93.0
	读	阅读	95.0	97.0	97.0	98.0
	写	习作	100.0	100.0	98.0	95.5
	测	调研检测	96.0	99.0	92.5	96.0
数学	写	[illegible]	100.0	100.0	—	—
	读	数学阅读	—	—	—	95.0
	做	动手实践操作	—	—	95.0	100.0
	测	调研检测	100.0	100.0	100.0	100.0
	算	计算比赛	96.0	96.0	100.0	98.0
英语	听	英语听写	100.0	100.0	100.0	—
	说	口语交际	—	—	—	100.0
	读	绘本阅读	100.0	—	100.0	—
	读	课文阅读	—	100.0	—	100.0
	写	英语书写	100.0	—	—	—
	写	看图写话	—	100.0	100.0	—
	演	[illegible]	—	—	—	100.0
	测	调研检测	95.0	96.5	97.0	97.0
音乐	写	音乐小知识	—	100.0	—	—
	唱	歌曲演唱	—	—	—	98.0
美术	习惯	绘画习惯	—	89.0	—	89.0
	创作	创作表现	—	90.0	—	90.0
体育	跑	400米	—	—	—	100.0
	[illegible]	[illegible]	—	—	—	100.0
	身体素质	跳绳（30秒单摇）	—	—	—	100.0
科学	成绩	实验	100.0	100.0	100.0	100.0
	成绩	调研测试	94.0	100.0	100.0	95.0
信息	成绩	wps作品	—	99.0	—	—
	成绩	期末成绩	—	—	—	97.0
备注			95≤A+≤100 75≤C+<80 E<60	90≤A<95 70≤C<75	85≤B+<90 65≤D+<70	80≤B<85 60≤D<65

ShenZhen Baoan Xixiang Haigang Primary School
深圳市宝安区西乡海港小学

2020-2021学年第二学期德育量化考核成绩报告单

年级：四年级 班级：四年级2班 学号：2017360035 姓名：[illegible]

四为品质	八大标准	等级
勇为	有体魄	A
	有担当	A
智为	有智慧	A
	有创新	A
善为	有善行	A
	有善心	A
美为	有情趣	A
	有才艺	A

班主任寄语

[illegible]

班主任盖章： 校长盖章：

年 月 日

图 4-3 学生学业素养报告单

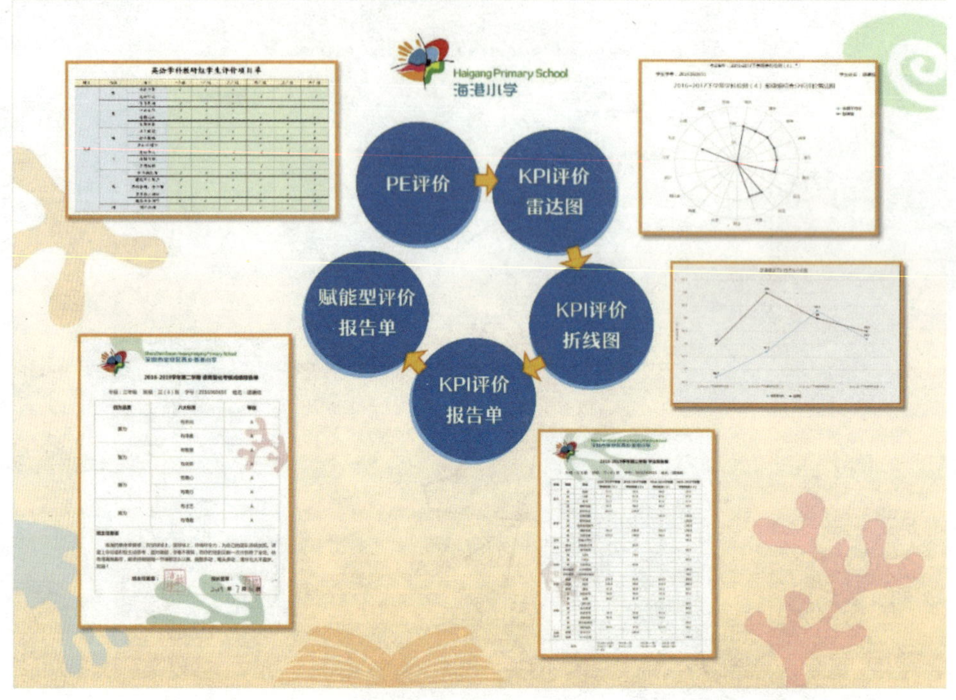

图 4–4　学生评价体系图

式改革。充分挖掘智能技术在评价领域中进行数据分析、可视化呈现等方面的优势，基于课堂评价标准的智慧评价系统，即时生成可视化的课堂教学情况雷达图和反馈报告，全面诊断学生的课堂学习情况（见图 4–3、4–4）。

（三）建立以奋斗者为本的赋能评价

突出学生的能力优势，对学生学业作等级评价，并用寄语、书信等形式传达教师对学生的关注，鼓励学生以奋斗者的姿态不断前行，[1] 破解了静态评价“一评定终身”的弊端，打破了“同一把尺子量到底”的禁锢，建立学生综合素养培养档案，通过正面导向性的描述性评价语言发现个体发展需

[1] 阮瑜 . 由“分”到“合”的嬗变——基于国家课程的学科整体育人路径探索 [J]. 未来教育家，2021(11):61–63.

要，激发学生内在发展动力。在海港小学劳动教育评价中，注重特色推动，让劳动日志评价直抵学生内心，学生自我记录劳动时间、地点、参加人员、过程描述、新奇发现、心得体会、自我评价等，形成劳动日志，让学生把内心中他人“看不见”的变化转化成文字、图表等，[1]为教育评价注入强劲动力。

海港小学评价体系坚持做到从定量、定性向赋能转变，从“趋同化”向“个性化”转变，实现多元评价对学生学习过程的全域观照，注重生成性结果的判断描述。

[1] 阮瑜．立德、笃行、培能的劳动教育评价体系建构与实施[J]．人民教育，2022(12):54.

第五章

“有为·领航”课程机制建设

校本教研是基础教育五级教研工作体系的基础环节，是中小学教师专业发展的关键路径，是深化基础教育课程改革的重要抓手。为了确保“有为·领航”课程有效落地，我们构建了《海港小学“2+5”教研机制》《海港小学“有为教师”发展机制》《海港小学“有为教师”培训机制》《海港小学U—G—S教师培养机制》和《海港小学家校协同育人机制》。

第一节 海港小学“2+5”教研机制

一、产生背景

（一）顺应时代发展形势

自2020年春疫情暴发至今，我们已经历过几轮线上教学和线下教学交替。面对反复无常的疫情，线上教学与线下教学自然切换已是常态。那么如何有效切实做好线上教学与线下教学的教研活动，保障教学质量是我们亟须解决的课题。

（二）顺应学校发展方向

面对变幻莫测的疫情形势，以及教育发展的多元化态势，学校教育发展将重新思考“办什么样的教育才能适合时代的要求，才能为未来社会发展培养合格的公民？”单纯的线下教研活动已无法满足目前的教育态势。

（三）顺应教师成长需求

新时代教师的发展指向教师专业成长七度——定位要有高度，专业要有厚度，教学要有精度，学识要有广度，育人要有温度，落实要有力度，成长要有梯度。目前，粗犷式的教研方式已无法满足教师发展的需求，教研活动需要进一步精化、细化、强化、深化，才能更有效地促进教师专业成长，提高教育教学质量。

二、“2+5”教研机制内涵

特级教师任学宝强调：“教研是中国基础教育的‘秘密武器’，是保障基础教育质量的重要支撑。”

为促进教师专业发展，提升教学水平，提高教育质量，海港小学确定“2+5”教研机制，2 即“线上教研 + 线下教研”；5 即教研活动中的 5 个环节，包括“教前研，教中研，教后研，研后思，思后文”（见图 5-1）。

教前研：教师站在大单元角度个人备课后，以教研组为单位，通过讲座、交流、说课、单元整体备课等方式，再次研课；通过课前测，依据数据，确定教学路径。

教中研：教学过程中，科组内教师从“教学环节及时间”“提问次

图 5-1 2+5 教研结构图

数”“教师说话时间”“回答问题学生点状分布”4 个维度观课，用数据反映课堂表现，查找问题。

教后研：通过观课的数据，以及课堂后测，分析学生存在问题的原因，调整课堂教学路径和策略。

研后思：教师结合课堂教学实况及学生各项表现数据，进行自我反思，总结经验，梳理做法。

思后文：将自己所思、所想、所做撰写成文，投稿发表。

三、实施策略

（一）以备课组为单位，优化成长共同体

“一个人走得快，一群人走得远”，“一根筷子易折断，十根筷子坚如铁”……现在是一个合作共赢的时代，只有“抱团”才能“取暖”。教研

活动中，我们以备课组为单位，发挥备课组中每位老师的优势，大家分工合作（查找资料，教材分析，学情分析，前后测设置，整理分析使用数据，课堂教学，课后反思，撰写文章等），人尽其才，共同成长。

（二）以单元整体教学为导向，强化网络体系

2022 版新课标强调“结构化”“任务群”，教师需站在“大格局、大情境、大概念、大问题”的角度树立科学备课观，以单元整体教学为导向，将零散的知识点构建成知识网络，培养专家型思维。

（三）以思辨课堂为模型，深化核心素养

由教学三要素、教学四环节、多元表征方式、多种思维方式、十大思辨策略和 N 种思辨工具构成的思辨课堂教学范式，注重培养学生发现问题、提出问题、分析问题、解决问题的能力，注重学生思维能力的培养，思想方法的渗透，活动经验的积累，从而进一步培育学生的核心素养，促进学生全面发展。

第二节 海港小学“有为教师”发展机制

为进一步深化“有为教育”的实施，健全“有为教师”发展机制，彰显先进性、树立楷模、提升队伍素质，激发教师工作积极性，推动教师专业发展，以及提升学校教育教学质量，海港小学根据教师专业发展规律及相关政策文件要求，结合本校特色，构建了系统化、阶梯化的教师发展机制。

一、“有为教师”评选体系

（一）“有为教师”四阶段

“有为教师”教师评选是学校教师发展机制的重要组成部分，旨在激发

教师的教育教学热情，提升教育教学质量，推动有为教育高质量发展。该机制明确规定了四个阶段，分别是“启航教师—引航教师—领航教师—远航教师”，涵盖教育教学、班级管理、人才培养和学校（学科）发展等方面。并对相应级别教师的基本条件、教学业绩、示范引领、教科研成果和职业年资做出严格要求。

1. 启航教师阶段。主要考察教师的教育教学基本功，包括教育教学能力、班级管理能力、人才培养能力等。在这个阶段，教师需入职1—4年，每学年承担校级以上公开课不少于5次，获得区级以上奖项1次，每学期听课不少于20节，在校级以上刊物发表文章不少于2篇，参与校级以上课题1项，同时具备一定的教育教学知识和技能，能够有效地组织和实施教育教学活动，具有良好的班级管理能力。

2. 引航教师阶段。要求教师在教育教学、班级管理、人才培养等方面有出色的表现，同时具备一定的教科研成果。在这个阶段，教师需入职5—8年，承担区级以上公开课不少于2次，获得区级以上奖项5次，每学期听课不少于25节，在区级以上刊物发表文章不少于2篇，主持校级以上课题1项或参与区级课题1项，具备扎实的教育教学经验，能够创新教育教学方法，有较强的教育教学影响力。

3. 领航教师阶段。要求教师在教育教学、班级管理、人才培养等方面具有引领示范作用，具备丰富的教科研成果。在这个阶段，教师需入职9—12年，承担区级以上公开课（或讲座）不少于5次，获得区级以上奖项8次，每学期听课不少于20节，在国内各级刊物发表文章不少于2篇，主持区级课题1项或参与市级以上课题1项，指导1—3位青年教师获得区级奖项，具备较高的教育教学水平，能够引领和推动教育教学改革，对教育教学有重要贡献。

4. 远航教师阶段。要求教师在教育教学、班级管理、人才培养等方面具有卓越的表现，具备丰富的教科研成果，并对学校（学科）发展有重要贡献。在这个阶段，教师需入职13年以上，承担区级以上公开课（或讲座）不少于10次，获得区级以上奖项10次，每学期听课不少于30节，在国内各级刊物发表文章不少于4篇，主持市级课题1项或参与省级以上课题1项，指导4—6位青年教师获得区级奖项，具备深厚的教育教学素养，能够推动学校（学科）的发展。

（二）“有为教师”评选方法

“有为教师”评审制度每两年进行一次，教师可以通过自荐或他人推荐的方式进行申报。在申报过程中，需要提交一份完整的申报表和一篇1500字的介绍材料。在介绍材料中，教师需要围绕“有为教师”的评选条件，详细阐述个人的教育工作经历、教育思想理念、专业发展情况、教书育人成果以及论文、论著等相关证明材料。

经过公众认可度调查和资料评审后，确定候选人名单。随后，校长办公室对该名单进行进一步的审定，并公布入围对象名单。经过公示审查后，对审定通过的教师，学校将授予其相应称号，颁发相应证书，并给予奖励。

“有为教师”评选，有助于提升学校教师队伍的整体素质。四个阶段的设置，使得教师能够在职业生涯的不同阶段得到有针对性的培养和提升，从而更好地发挥其在教育教学中的作用。此外，进阶式评审机制的设立，有效激发了教师的教育教学热情，进一步提升了教育教学质量。

二、校级名师工作室

为贯彻落实上级部门“科教兴区”战略和“人才强区”战略，适应我区基础教育事业发展的需要，充分发挥名师的示范、引领、指导作用，促进海港小学科研成果引领教学成长、促进学校教育教学质量提高、推进课程改革和课堂教学改革、打造学校教育教学品牌，学校积极开展校级名师队伍建设。

（一）名师工作室的性质与宗旨

校级名师工作室是由具备校级名师（名班主任、名中队辅导员）资格的教师领衔主持，以学科为纽带，以先进的教育思想为指导，由同一学科领域内的骨干教师和青年教师组成的教师成长共同体。集教学、科研、培训等职能于一体，旨在搭建促进中青年教师专业成长以及名师自我提升的发展平台，打造一支在教育教学领域中有成就、有影响的高层次教师团队。同时，名师工作室也逐步成为全校优秀教师的孵化器、教师队伍建设的助推器、学校教育改革发展的加速器，为学校教育高质量发展作出贡献。

（二）名师工作室的组成

名师工作室根据学科进行分类设立，各学科的设立人数有所限制（如语文学科不超过 3 个，数学、英语和体育学科不超过 2 个，其他学科设立 1 个；班主任工作室和中队辅导员工作室均不超过 3 个）。其培养周期为两年一轮，以学科团队为依托，致力于教学研一体化的发展。

名师工作室由一名主持人及成员组成，主持人即名师，由荣获区级或以上级别的名师、骨干教师、教坛新秀、教学能手、学科带头人、兼职教研员等荣誉的教师担任。符合条件且有意愿的教师可自行申报，或通过学校推荐、填写相关资料，经学校教学处组织专家评审组进行初步选拔，最终报宝安区教科院备案。

工作室成员的选拔应遵循以下程序：符合条件的教师个人需向学校提交申请，并获得学校的推荐。在获得学校同意后，申请人的申请材料应提交给工作室主持人。工作室主持人将对申请人进行资质确认，确保其符合工作室的选拔标准。关于工作室成员的人数，原则上应在 5—8 名，且不得超过所在学校成员总数的五分之一，以确保选拔过程的公正性和合理性。

(三)名师工作室的职责任务

1. 培养、培训优秀教师

作为导师，工作室主持人承担着制定工作室及成员发展规划的重任，其中包括但不限于工作计划、培训目标、内容、形式、研究专题以及考核标准等。其职责在于引领和协助工作室成员在规定的工作周期内实现培养目标。基础培养目标要求工作室成员在优秀教师成长序列中实现等级提升，或成为特定领域内的专业人才，以期构建一支师德高尚、理论深厚、业务精湛，具有较强创新意识和实践能力，在校内外有一定知名度的骨干教师队伍。

2. 开展课题研究

名师工作室立足于主持人专长，汇聚工作室成员的集体智慧，针对教育教学实践中的重难点开展课题研究。在工作周期内，至少完成一个区级或以上的研究课题，并取得相应的研究成果。同时，撰写一定数量的高质量论文或专著，以推动学科教学的理论发展。

3. 推广学科教育教学成果

名师工作室应集中关注课堂教学，强化创新理念，探讨符合学校特色的教育改革路径。其教育教学研究成果应以论文、专著、讲座、公开课、研讨会等形式进行宣传和推广。在工作周期内，工作室主持人应指导工作室成员开展一定数量的区级及以上公开课、培训讲座或教学论坛。

第三节 海港小学“有为教师”培训机制

高质量教师是高质量教育发展的中坚力量。为贯彻落实《中共中央 国务院关于全面深化新时代教师队伍建设改革的意见》，按照《中华人民共和国国民经济和社会发展第十四个五年规划和二〇三五年远景目标纲要》要求，着力推动教师教育振兴发展，努力造就新时代高素质专业化创新型中小学（含幼儿园、特殊教育，下同）教师队伍，为加快实现基础教育现代化提供强有力的师资保障，2022 年教育部等八部门制定了《新时代基础教育强师计划》。

计划指出，培训作为强师工程具体措施之一，要深化精准培训改革。聚焦基础教育课程改革的理念、要求和教育教学方法变革，以中西部欠发达地区农村教师校长培训为重点，充分发挥名师名校长辐射带动作用，实施五年一周期的“国培计划”，示范引领各地教师全员培训开展。发挥国家教师发展协同创新实验基地建设的示范作用，通过建立标准、项目拉动、转型改制等举措，推动各地构建完善省域内教师发展机构体系，建强县级教师发展机构及培训者、教研员队伍。优化培训内容、打造高水平课程资源，建立完善自主选学机制和精准帮扶机制，创新线上线下混合式研修模式，提升中小学教师的信息技术应用能力和科学素养。

作为一线教育阵地的学校，应建立完善的培训机制，助力培养一支进阶式、持续发展的“四有”好教师队伍，在海港小学培训制度的整体统筹下，构建“三位一体”培训机制，以市级培训、区级培训、校本培训三个层面构建立体式的培训网络。

一、海港小学教师培训目标

（一）不断更新全体教师的教育观念，更新教师的知识结构和能力结构。

（二）进一步发展教师个性特长，使之具有鲜明的教育、教学个性，并创造出自己的教育教学风格特色。

（三）提高教师对新课改的研究、探索能力，提高教师的科研水平。

（四）建立本校的教师培训机制，使教师培训工作科学化、规范化、制度化。

二、海港小学教师培训方式

（一）设立海港小学“有为讲坛”，完善校本教研机制

随着教育改革的深入，校本教研成为提升学校教学质量、教师专业成长的重要途径。海港小学为了加强教师之间的交流与合作，提高教研活动的针对性和实效性，决定设立“有为讲坛”，进一步完善校本教研机制。

“有为讲坛”旨在为海港教师搭建展示自我、分享交流、提升职业素养的平台，引导教师们自我充实，开阔视野，与时俱进。讲坛以邀请校外专家做主题讲座，结合本校教师分享教育教学中的有效做法分享，以提高教师自主学习、自我反思、自我改进的能力，逐步实现教师教育教学能力的提升与完善，着力打造一批师德高尚、结构合理、业务精湛，既专业又敬业的有为教师团队。

1. 活动目的

（1）提升教师的专业水平，力求每次讲坛都有收获，每次收获都能运用到实际教育教学工作中去。

（2）讲坛集专题培训、教师的读书心得分享、教育故事分享、教育教学主张经验分享以及专题培训于一体，融入多种元素，既提升教师的理论化水平，又提升教师的实践能力。

2. 实施原则

（1）理论性与实践性相结合的原则。分享的内容既涵盖理论，又有现实的案例分析，以期教师能够学以致用，以免流于形式。

（2）整合与互补原则。要将“有为讲坛”与学校各类教育活动相互补充，与家庭、社会教育共同完善，综合利用各种资源，以整合和新建相结合的方式逐步推进。

（3）全体性与主体性原则。一是要求全体教师参与讲坛；二是积极发动

教师主动参与登上讲坛，把自己的专长发挥出来，让全校教师受益。

3. 讲坛内容

（1）读书心得分享：向同伴介绍你喜欢的教育家或者喜欢的一本书（与教育教学相关），简述书的主要内容或自己从书中得到的启示。

（2）教育教学主张：分享学科专业教学成长路上的收获，含课堂教学经验、专业成长故事、教学主张、教学学习心得等，重要阐述如何根据学校的培养目标、学科的学科宣言以及自身的教学方法去开展相关的工作。

（3）教育故事分享：分享教书育人的经验，含班级管理经验、与家长沟通的经验等等。重在阐述如何根据自己的教育理想、教育追求去开展教书育人这项艰巨而又有意义的工作。

（4）专题培训：教师外出学习或培训归来对全校教师进行二次培训；校内有特长的老师对全校教师进行技能性培训；外请专家、名师到校传经送宝。

4. 活动时间

周一下午教师例会 5：00—6：30

5. 活动要求

（1）时间：读书心得分享、教育教学主张、教育故事分享发言时间不超过 20 分钟；专题培训不超过 60 分钟。

（2）形式：我的读书分享、我的教学主张、我的教育故事、校级主题培训、点评环节。

（3）发言者：负责发言的汇报资料（文稿、PPT 等），并上交教学处。

设立“有为讲坛”，为教师提供一个展示研究成果、分享教学经验的平台；定期举办讲座与研讨会：邀请教育专家、优秀教师进行主题分享，加强校际间的交流与合作。因此，通过制订详细的教研计划，明确教研活动的目标、内容与方式，完善校本教研机制。

6. 预期成果

（1）教师教育教学水平得到提高，教学质量得到显著提升。

（2）教师之间的交流与合作更加紧密，形成积极向上的教研氛围。

（3）校本教研机制得到进一步完善，为学校的持续发展奠定坚实基础。

（二）落实“青蓝结对”工程，助力青年教师成长

青年教师是学校的新鲜血液，他们的成长关系到学校的未来发展。为了加速青年教师的成长，提高教育教学质量，海港小学决定落实“青蓝结对”工程，通过资深教师与青年教师结对帮扶，助力青年教师快速成长。

为加快青年教师培养，促进专业成长，优化师资结构，提高师资素质，发挥骨干教师的示范和辐射作用，力争形成互助互学、共同提高的长效助推机制，结合学校实际，特制订本方案。

1. 培养目标

通过师徒结对活动使青年教师“一年入门，两年合格，三年成骨干，五年挑大梁”。

（1）一年参加工作的青年教师，需用较短的时间了解学校教育教学的基本情况，并能熟悉教材，做到备课认真，教学设计完整，注意课堂知识的准确性、科学性、合理性，恰当运用教学方法及信息手段，注意学生能力的培养，作业适中，批改及时。在指导教师的帮助下，能担任班主任，管理好班级。

（2）参加工作两年的青年教师，要在各方面基本成形，掌握基本的教学方法，能运用计算机等现代化手段辅助教学，新授课、复习课、讲评课、实验课全部达标。不但要备好教材，还要备好学生，能在课堂教学中注重培养学生的能力，教学目标明确、知识准确、步骤合理、效果良好，能独立担任班主任、管理好班级。

（3）参加工作满三年的青年教师，各方面要达到合格。课堂教学能够达到生动性、趣味性、针对性等较高要求，在课堂教学中形成自己的独特风

格。能独立承担各年级教学任务，能胜任班主任工作并较好地做好班级管理工作。在全校有较好的教育教学成绩，达到校级教学能手或校骨干教师水平，具有较高的教科研能力，在学生中有较高威信。

（4）参加工作满五年的青年教师，各方面已经拥有较好的成绩与教学风格。教师能够独立承担各级部门各种场合的教学展示活动，展现科组以及学校风采。

2. 工作安排

（1）导师人选

导师必须是思想作风正派、教学作风严谨、工作踏实负责，具有较强事业心、较丰富教学实践经验和热心教改的骨干教师。由个人申报，学校直接聘任，聘期 1 年 1 次。

（2）导师职责

导思想。热情关心徒弟的思想进步，勉励他们热爱教育事业，热爱学校，热爱学生。导师应在思想作风、师德风范上做出表率。

带业务。导师应主动热情无私地传授教育、教学经验，对课内外教育、教学活动的组织经常给予具体指导，对教学业务上的疑难问题积极与学徒开展讨论，并善于挖掘徒弟的长处，鼓励他们在工作中改革、创新。

传作风。要言传身教。引导他们严于执教、勤于学习、勤于工作，做到工作实、作风实、教学效果实，逐步使学徒确立“严谨、扎实、灵活、创新”的教风。

3. 具体方法

（1）宣传发动阶段

①组织教师认真学习开展“启航工程”活动的有关精神，明确开展“启航工程”的重要性、必要性和紧迫性。

②成立学校“启航工程”领导小组

组长：郭建文

副组长：廖永忠、曾颂玲

组员：全体行政

③制订实施方案

④确定指导教师和徒弟（附表）

（2）专业组“启航工程”师徒职责

①师父（蓝方）职责

指导徒弟认真学习“学科课程标准”和“教学行为规范”，对学科教学任务有较全面的认识。

指导徒弟钻研教材，熟悉教材，做好备课工作，重要章节的教案要审核、提出修改意见。每月至少两次对徒弟进行单元教材分析，使徒弟能明确单元所必须掌握的知识点，尤其是如何抓住重点、化解难点，指导写出教案。

指导徒弟掌握教学常规，尽可能安排徒弟听自己的课。同时，每周听课或上课不少于 1 节，并对每一节课都要有详细的评讲。

指导徒弟认真做好学生课外作业的布置、批改和评讲工作。每月检查徒弟一项作业，督促徒弟按时完成教学进度，指导作业批改规范。

指导徒弟编写好单元练习等，做好试卷的批改、评讲工作，期中、期末要做好教学总结。

每学期至少指导徒弟上 4 节科组内或以上级别的公开课。指导徒弟积极参加教学科研活动，认真撰写好教学小结和小论文。

对徒弟在师徒结对期间的表现做出书面鉴定。

每学期应结合教学实际，指导徒弟研读一本教育教学理论书籍。

指导徒弟结合教改实际，开展校本行动研究，一学期完成一篇高质量的教育教学论文。

认真总结师徒活动，每学期上交师徒结对工作总结，包括开展的工作、取得的成绩、存在的问题及改进措施等方面。

②徒弟（青方）职责

主动自觉地向师父虚心求教，努力学习师父的敬业奉献精神和先进的教学方法。与师父之间构建相互探讨与协作、共同提高与进步的融洽关系。

认真完成教学基本功的训练，包括：粉笔字、简笔画、普通话的基本功；备课、上课、出卷、质量分析的基本功；信息技术基本功；课程开发与课程实施基本功；教学评价基本功；教学科研基本功。

提前两周备课，备课教案提交师父审查。按师父修改后的教案上课，课后进行有效反思。

有计划地听师父的示范课（每周听课不少于 1 节），并写好听课心得。

主动邀请师父审核自己的教案以及听自己的课。

善于发现师父专长，每个学期能学到一项专长。

每次测验完毕，主动和师父沟通，对学生掌握不足共性之处虚心向师父请教，拟定整改方案和措施。

每学期至少在校内上 4 次科组内或以上级别的汇报课。

每学期研读 1 本教育教学理论书籍，撰写读书心得。结合自身教学实际，进行校本行动研究，一学期完成一篇质量较高的论文。

每学期有全面的学习与工作小结，对重要的教学活动作剖析，反思过程、分析问题、总结得失，并提出今后的学习与工作设想。

（3）班主任组“启航工程”师徒职责

结对的徒弟要虚心向师父学习，师父要真诚地指导、帮助徒弟做好有关班主任工作。

①指导工作内容

指导徒弟做好各类计划与总结；

规范的班级组织管理，对学生的思想教育、行为规范教育与训练；

如何上好班队活动课；

小干部培养与管理；

组织班级开展各项活动；

家访、与家长联系的形式、方法、说话艺术；

如何积极创设健康的班级环境与良好的学习氛围；

指导青年班主任如何协调好学校与班级，教师与教师，教师与学生，学生与学生等各方面之间关系，更好地服务班级教育教学工作；

指导青年班主任每个月开 1 次年级组或以上级别的主题班队会。

②师徒工作具体要求

徒弟要积极主动地进行学习（既要向师父学，又要向书本学），要善于动脑，勤于动口，细心观察，不断积累，每学期要写好结对工作总结、心得体会。

师父要热情地、毫无保留地指导徒弟开展工作。

徒弟每月向师父汇报 1 次工作情况（平时根据需要随时汇报），师父要积极给徒弟出谋划策，努力提高班级管理水平，对每次汇报工作、开展活动情况要记录在案。

徒弟每月至少要听师父的主题班会课 2 节（见听课记录本）。每月结对的班主任关于班级工作的交流不少于 4 次（见听课记录本）。师父要求撰写结对活动方案（交德育处存档），不断进行工作反思。

徒弟每月在师父的指导下开 1 次年级组或以上级别的主题班队会。

新班主任要爱岗敬业，顾大体、识大局，从整体上维护年级、学校的荣誉，指导班主任要率先垂范，当好榜样。

每学期结束，新班主任要写一份主题为“谈指导班主任对我的指导”的总结材料，指导班主任要写一份简要的指导小结，报德育室存档。

4. 保障措施

（1）师父提前一周向教学处上报上课地点、时间，届时教学处会检查跟踪。教学处每月末对相关资料（教案、照片、听课评课本、反思、听课上课登记表）进行检查反馈。

（2）对完成任务的指导教师，学校每学期发给适当奖励。考核合格的导师，每学期按带1个徒弟的师父300元、带2个徒弟的师父400元、带3个或以上（4个最多）徒弟的师父500元的标准每学期发放。

（3）徒弟在师父的指导下取得的奖励，师父按照徒弟奖励费用的一定比例予以奖励。

（4）考核办法

①每学期考核一次，80分以上视为合格。

②对指导青年教师成绩突出者，由校长室另行奖励。

③考核细则详见表5–1。

表5–1 “启航工程”师徒结对考核细则

序号	考核内容	得分事项	标准分	自查分	考评分
1	导师课堂向徒弟开放，每周师徒互相听课/班队会	徒弟每听两课得1分，听满15—20节为满分	20分		
		导师每听课1节得2分，音体美听满13—15节为满分、其他科目听满15—20节为满分	10分		
2	每两周师徒之间开展一次业务性研讨活动。（含备课、评课、指导等）	以10次为满分，每次1分	10分		
3	导师每学期应指导徒弟制订教学计划，进行质量分析，撰写教学专题小结，充实校园网资料	教学计划、质量分析4分，论文或教学专题小结6分，现代教育技术学习和课件制作5分	15分		

续表

序号	考核内容	得分事项	标准分	自查分	考评分
4	导师每学期指导徒弟上好2节试验课，并做好听课、评课记录	每次5分，其中记录齐全3分，效果2分	10分		
5	根据学科特点，导师应对徒弟开展学生课余活动进行指导，每学期不少于两次	每次5分，其中活动方案2分，活动记载2分，导师点评1分	10分		
6	徒弟每学期在导师指导下至少要出一份有质量的考试试卷，并经导师、学科组长、分管主任审阅认可	试卷质量8分	8分		
7	每学期期末，师徒各自对活动开展情况作出专项总结。（含徒弟的自我鉴定和师父对徒弟的思想、工作的鉴定）	态度认真、总结翔实5分	7分		
8	师徒应对活动情况进行记载，每学期末交教导处检查	听课笔记、研讨活动记载、教学计划、质量分析、教学专题小结、学生课余活动方案、活动记载、效果点评、试卷、启航工程活动专项总结，每项1分	10分		
	各项考核总得分：________				

导师______ 徒弟______ 学科组长______ 校考核人______

师徒之间的“青蓝结对”工程，通过结对帮扶，资深教师与青年教师自愿结对，形成帮扶关系。实现了定期交流，结对师徒定期进行交流，分享教学心得、探讨教学方法。有效落实教学指导，使资深教师对青年教师进行教学指导，帮助他们提高教学水平。最后，通过成果展示，定期组织青年教师进行教学展示，展示他们的教学成果。基于上述措施的落实和实施，“青蓝结对”工程将助力青年教师快速成长，为海港小学的持续发展注入新的活力。

（三）打造“成长共同体”，为教学能力提升赋能

在教育的广阔天地中，每一位教师都是一位独特的探索者，他们在教学的道路上不断摸索、实践、反思、成长。为了更好地促进教师的专业成长，提升他们的教学能力，我们需要构建一个“成长共同体”，让每一位教师都能在这个共同体中找到自己的定位，实现自我价值的最大化。

“成长共同体”的核心理念在于共享、合作与共赢。在这个共同体中，我们鼓励教师之间的交流与合作，让他们在教学实践中相互学习、相互启发，从而实现共同提高。我们提倡开放与包容的文化氛围，尊重每一位教师的个性和特长，让他们在共同体的舞台上充分展示自我，实现个人价值的同时，也为整个团队的发展贡献力量。

为了打造“成长共同体”，我们需要从以下几个方面着手：

首先，建立完善的教师培训体系。通过定期举办各类教学研讨会、教学观摩活动、专家讲座等形式，为教师提供丰富的学习资源，帮助他们不断提升教学理念和教学技能。同时，我们还应该鼓励教师积极参与各种学术交流活动，拓宽他们的视野，激发他们的创新思维。

其次，构建良好的教师合作机制。我们可以设立教师合作小组，让教师在小组内分享自己的教学经验和心得，共同探讨教学中的问题和挑战。通过小组合作，教师可以相互借鉴、相互支持，形成教学上的合力，共同提升教学质量。

最后，建立科学的教师评价体系。我们应该以学生的全面发展为评价核心，从多个维度对教师的教学进行评价，包括教学内容、教学方法、教学效果等方面。同时，我们还应该注重对教师个人成长和进步的评价，激发他们不断提升自己的内在动力。

通过打造“成长共同体”，我们能够为教师的专业成长提供有力支持，帮助他们在教学的道路上不断进步、不断成长。同时，这也是对学生最好的教育，让他们在优秀的教师的引导下，获得更好的学习体验和成长机会。让我们携手共进，为教育事业的发展贡献智慧和力量！

（四）各级各类依托名师工作室，铺就教师成名成师之路

随着社会的不断进步和教育改革的深化，教师的专业发展和个人成就受到了前所未有的关注。为了助推教师的职业发展，各级教育部门纷纷建立名师工作室，为广大教师提供了一个良好的学习和成长环境。

名师工作室是由教育领域中的杰出代表、资深专家和优秀骨干教师组成的精英团队。这些工作室不仅汇聚了丰富的教育资源，还聚集了先进的教育理念和教学方法。通过参与工作室的活动，教师可以与名师们面对面交流，汲取他们的教育智慧，提升自己的教学水平和专业素养。

在名师工作室的引领下，教师可以接触到最新的教育动态和前沿的教学理论，不断拓宽自己的教育视野。同时，通过参与课题研究、教学研讨、论文撰写等活动，教师可以锻炼自己的研究能力和创新思维，形成自己的教学特色和风格。

此外，名师工作室还为教师提供了展示自己才华和成就的平台。通过参加教学比赛、举办讲座、发表论文等方式，教师可以展示自己的教学风采和研究成果，提升自己的知名度和影响力。这些机会不仅有助于教师的个人成长，也为他们走向成名成师的道路奠定了坚实的基础。

总之，依托名师工作室，广大教师可以获得宝贵的学习和成长机会，铺就自己成名成师的道路。通过不断学习和实践，教师可以提升自己的教学水平和专业素养，为教育事业的发展贡献自己的力量。

（五）参加各级各类培训，更新理念关注实践

在知识日新月异、技术飞速发展的时代，持续学习已成为我们保持竞争力的关键所在。参加各级各类培训不仅能够帮助我们及时获取最新的知识和技能，更能够让我们在实践中锻炼和提升自我，从而更好地应对职场挑战和变化。

首先，通过参加培训，我们能够接触到前沿的、创新的理念和最新的技术。这些新知识将全面刷新我们的认知，让我们对行业和职业有更加深入、全面的理解。这些培训通常涵盖了最新的行业趋势、市场变化、技术革新等方面的内容，让我们能够紧跟时代的步伐，不断拓宽自己的视野和知识面。同时，培训还能让我们结识来自不同领域的专家，从他们的经验中汲取智慧，为未来的职业发展做好充分准备。这种跨领域的交流和学习，不仅能够拓宽我们的思维，激发我们的创新精神，还能让我们在职业道路上更加从容自信。

其次，注重实践是培训的重要部分。理论学习只是起点，真正的价值在于将知识运用到实际工作中。我们应该抓住培训中的每一个实操机会，通过模拟场景或真实案例来锻炼自己的技能。这样，我们不仅能够提高工作效率和质量，还能够在工作中展现出更高的专业素养和技能水平。同时，通过实践，我们也能够更好地理解和掌握所学知识，将其转化为自己的实际能力。这种深入实践的学习方式，不仅能够提升我们的技能水平，还能让我们更好地适应职场的变化和挑战。

主要参加以下级别培训：

1. 市级公需课 + 专业课培训

为打造可持续发展的高素质专业化创新型教师队伍，构建多元开放、引领教师发展的继续教育体系，根据《中共中央　国务院关于全面深化新时代教师队伍建设改革的意见》、《教育部关于大力推行中小学教师培训学分管理的指导意见》（教师〔2016〕12 号）等文件精神，结合深圳市实际，深圳市教育局制定了《深圳市中小幼教师继续教育学分管理暂行办法》。办法规定，教师继续教育的形式主要有：

（1）由市、区教育主管部门认定的面向全员教师的面授与远程教育；

（2）区级以上主管部门组织的各类培训班、研修班或进修班；

（3）由学校（幼儿园）统一组织的校（园）本培训；

（4）参加教学研究，主持或参加课题研究和工作室，发表研究成果等学术性活动；

（5）到教学、科研、生产单位进行相关实践活动；

（6）在职或脱产参加学历学位提升学习；

（7）其他符合规定的继续教育形式。

在实施过程中，主要落实（1）—（3）项，参加市、区教育主管部门组织的面授及远程教育，其中，分为公需课及专业课学时，学年要求分别达到30学时及36学时。具体根据上级部门要求在广东省教师继续教育公需课学习平台、深圳市教师继续教育网、深圳市中小幼教师继续教育网等平台完成学习。

2. 区级培训——雏鹰计划、新秀计划、薪火计划

为打造高素质师资队伍，宝安区教育局通过“外引内培”同频共振，大力实施“雏鹰”“新秀”“薪火”三大计划，助力本土教师成名成家。

（1）雏鹰计划——创设平台，助力新任教师腾飞

“雏鹰计划”以教龄0—2年的全区公办中小学新入职教师为对象，培训周期为3年。根据“雏鹰计划”实施方案，第1年为学员合格期、第2年为学员成长期、第3年为学员胜任期。每学年8月下旬至9月下旬为“雏鹰成长行动月”，其中首次培训定于8月下旬，为期3—5天。为将这些新入职教师快速培养为素质全面、业务见长的教学雏鹰，“雏鹰计划”培训形式包括理论研修、岗位实践、以赛促练、拓展训练、教育科研、考核评价等。

（2）新秀计划——师德先行，助推新秀教师成长

“新秀计划”培养对象为教龄3—5年的公、民办在岗青年教师，培训

周期为2年，旨在通过实施知、情、意、行四个方面的课程，丰富教师专业结构，加速成长为骨干教师。

（3）薪火计划——薪火相传，打造新时代名教师

为着力造就一支在教学能力、教育科研、示范指导等方面有突出作用的学科骨干教师队伍，该计划以2—3年为培养周期，充分借助国内高校资源，不断提升学员理论认知水平，强化教学管理、认知、操作和创新等能力；结合各类工作室优质资源，通过跟岗实践，并经专家指导，促进学员明确各自研究专长，确立科研课题，尽快成长成才。

根据宝安区文件，鼓励海港小学教师参加“雏鹰”“新秀”“薪火”三大计划，使“雏鹰”教师尽快站稳讲台，“新秀”教师成为骨干，“薪火”教师成名成家。

综上所述，积极参与多元化的培训是我们全面提升自己、适应时代发展的重要途径。我们应该珍惜这些难得的学习机会，以积极的态度参与培训活动，全面刷新自己的认知和实践能力。通过不断学习和实践，我们将能够在职场中脱颖而出，实现个人和事业的持续成长和发展。同时，我们也将成为更加全面、有竞争力的人才，为社会的进步和发展做出更大的贡献。

第四节　海港小学U—G—S教师培养机制

“U—G—S”教师培养机制是东北师范大学提出的一项教师教育新模式，即“师范大学—地方政府—中小学校”三方合作推动教师专业化发展。为了促进教师专业化发展，提升教师专业素养，我校构建了《海港小学U—G—S教师培养机制》。

一、产生背景

（一）宝安教育从努力追赶到奋勇争先

近几年，宝安教育正在从教育大区走向教育强区。宝安教育构建“优引、优培、优服”贯通的教师成长体系，打造一支师德高尚、业务精湛、结构合理、充满活力的教师队伍。通过教师培养“三大计划”（雏鹰计划、新秀计划、薪火计划）和“两大工程”（头雁工程、领航工程）构建分层分类、梯度进行的教师培养体系。宝安教育面临发展新格局、迎来发展新机遇。全体宝安教育人抢占教育高质量发展新赛道，塑造教育高质量发展新优势，跑出教育高质量发展新速度，打造区域教育高质量发展样板。

（二）校本教研亟须变革

教学研究、教育科研是学校落实国家课程政策的一项重要工作。2022年8月，宝安区教育科学研究院全面落实国家课程方案、课程标准、教材教辅和考试评价以及教研科研等课程政策，遵循教育教学规律、教师发展规律和学生认知规律，聚焦课程育人，深化教学改革，总结完善区校教研科研先进经验，探索实施“管理一体化、机制扁平化、内容校本化、资源信息化”（简称“四化”）区校教研科研新模式。教研“四化”模式下，强化学校教学处、教研组、备课组的教研主体责任，要求着力学科建设、夯实科组阵地，建立和健全学校科组建设标准；开展教研组（备课组）组长能力提升培训工作；统一规划、成果导向，全面实施区校“好课程、好课堂、好作业、好科组、好教师、好课题”教学基础工程2.0版建设工作；研制与实施基于课标的课堂教学评价方案；强化基于课标的命题考试和质量分析改进工作；以评促教、以评促学，全面实施“万名教师晒好课”优质课展示交流活动；以展促研，以讲促学，校本教研面临巨大挑战。

（三）教师发展迫切需求

从新课标落地的视角展望：2022 年新课标颁布以来，如何将新理念、新思想、新方法有效地落实到日常课堂教学中，如何培育学生的核心素养，实现课程育人，这一切都向教师们提出了新的挑战。只有作为教育主体的教师发生了变化，课堂教学才会变化，核心素养也才会落地。教师的培养与发展是首当其冲要解决的问题，迫在眉睫。

从教师专业成长的角度审视：第八次课改以来，教育思想、教育理念、教学方式等都发生了翻天覆地的变化，为了适应新的教育形式，跟上教育变革的节奏，教师专业成长的呼声越来越高，越来越急切。

二、内涵解读

“U—G—S”以“融合的教师教育”理念为指导，以“教师教育创新东北实验区”建设为载体，以培养造就优秀教师和未来教育家为目标。“U—G—S”教师教育模式面向实践的学习力求改变以往教师培养中“理论与实践二元分立”的思维模式，以“行动中反思”“行动中认识”“认识中反思”“认识中行动”的“反思性实践”为抽取，突出教师的主体性、依靠教师自主实践和反思来融通教育实践中长期分离的“理论”和“实践”。“U—G—S”教师教育模式基于教师教育实践、面向教师教育实践、服务教师教育实践，旨在促进教师教育理论与教师教育实践的融合。[1]

以东北师范大学“U—G—S”教师教育模式为基石，海港小学在宝安区教育局、宝安区教育科学研究院的主导下，在东北师范大学的引领下，结合

[1] 刘益春，李广，高夯．“U—G—S”教师教育模式建构研究——基于教师教育创新东北实验区建设的实践与思考 [J]. 教师教育研究，2013(1).

海港小学实际办学情况，建构了符合海港小学校情的“海港小学 U—G—S”教师培养机制。

三、实施措施

《海港小学 U—G—S 教师培养机制》明确了指导思想，确立了工作领导小组，细化了各部门工作职责，建立了“双月报表制度”，制定了“以合作共进为核心，推动全面发展”“以办学理念为引领，丰富文化体系”“以整体育人为导向，完善课程体系”“以新课标为指引，聚焦核心素养”“以课堂建设为抓手，落实思辨理念”五大培养模块。

（一）以合作共进为核心，推动全面发展

自 2020 年 12 月海港小学成为“学校课程发展”实验校起，海港小学便与东北师大专家建立了畅通而高效的沟通渠道。在这期间，我们共与东北师大专家线上沟通高达 200 次，开展了 6 次大型汇报会，2 次全国交流展示会，借助东北师大专家团队的优质资源和平台，实现了学校课程建设的高质量发展。“不耻下问、决不放弃、坚定执着”的精神深深地感动了专家们，正是依靠这份执着的精神，使得“有为·领航”课程体系更加系统、更加科学。

（二）以办学理念为引领，丰富文化体系

海港小学自建校以来，深入践行“专注六年、幸福一生”的办学理念。2021 年 10 月至 2022 年 3 月期间，在东北师范大学唐丽芳、李广两位教授的多轮指导下，依据海港小学的实际情况，将海港小学的办学理念与课程体系紧密结合在一起，使其更具有生命力和标识性；将“一校三风”进一步完善，从文化办校、文化立校的角度深入解读其内涵。

（三）以整体育人为导向，完善课程体系

根据国家课程方案及课程标准，在东北师大专家的指导下，我们建构了“有为·领航”课程的海港模式（简称“12345”模式），通过搭建一个课程路径模型，建立两个系统，完善三类评价，并通过四级课程和“学科宣言”“学科地图”“学科整合”“全学科阅读”“思辨课堂”这五大路径，将课程模式落到实处。

我们站在整体育人、“五育”并举的高度，以评价促发展、以项目促融合，积极探索“嵌入式”评价体系、跨学科项目式学习、“360+N”劳动课程等。2022 年 12 月，学校代表宝安区参加 2022 年广东省中小学劳动教育现场观摩研讨活动暨深圳市首届大中小学劳动教育巡礼活动，劳动教育成果备受各界关注。

2023 年暑期，海港小学派三位老师到东北师大研修学习，将“有为·领航”课程方案、学校精品课程样例进一步细化和完善。

（四）以新课标为指引，聚焦核心素养

2022 年 5 月至 2023 年 6 月期间，在中国教育学会和东北师大的大力支持下，海港小学先后邀请马云鹏、李广、马丹、徐鹏、王艳玲等多位教授开展多学科新课标培训，从教学要求、思辨能力和文化理解等视角深入讲解，结合大单元整体教学、任务群教学、核心素养等方面，阐释教改理念和课程变化，帮助老师更新教学观念，提高教学能力。

基于此，我们进一步优化“2+5”教研机制，“2”即线上教研＋线下教研；“5”即教研活动的 5 个环节：教前研，教中研，教后研，研后思，思后文，打破时空阻碍，实现教研常态化、过程化、系统化和课程化。具体落实中，以备课组和成长共同体为双驱，以“合作、联动、共享”的方式，使老师们更好地适应新课程改革的要求，有效培养学生核心素养。

（五）以课堂建设为抓手，落实思辨理念

2019 年起，学校在原有的课堂教学模式的基础上进一步聚焦“深度学习”，经专家学者多方论证，提出“基于思辨理念的大单元整体教学”这一教学主张，并对其内涵、教学要素、教学环节、思辨工具、思辨策略、表征方式、思维方式等进行解读与内化。各学科组在此基础上，结合学科特点，构建本学科思辨课堂教学模型，让思辨成为课堂的主旋律，让每个学生都成为思想者，让每一处都留下思辨的痕迹。

第五节　海港小学家校协同育人机制

一、产生背景

无论是学校教育还是家庭教育，都担负着为党育人、为国育才，推动我国从人口大国迈向人才强国的使命。《中共中央关于制定国民经济和社会发展第十四个五年规划和二〇三五年远景目标的建议》明确提出，“健全学校家庭社会协同育人机制”。2021 年的国务院《政府工作报告》中也提出，“健全学校家庭社会协同育人机制”。近期出台的《中华人民共和国家庭教育促进法》中明确规定：未成年人的父母或者监护人负责实施家庭教育，国家与社会为家庭教育提供指导、支持和服务。

“协同育人”之所以成为当前基础教育的热点话题，根源在于随着经济社会快速发展，人民群众对更加公平更高质量教育的需求日益增加，因教育的不公平不均衡产生教育焦虑日益严重，之前不断加剧的社会培训机构乱象等社会性问题推动形成全社会范围的教育“内卷”，已经到了没有家庭、没有家长能置身于外的地步。社会对教育不满意，往往指责多、提供解决问题方案少。教育的诸多问题表现在学校，而根源大部分在社会、在家庭。因此，健全学校家庭协同育人机制已是必然选择。

二、协同育人机制的内涵

协同育人机制的内涵坚持以习总书记新时代中国特色社会主义思想为指导，认真贯彻落实习总书记关于教育和注重家庭家教家风建设的重要论述，全面贯彻党的教育方针，落实立德树人根本任务，弘扬中华优秀传统文化，坚持科学教育观念，增强协同育人共识，积极构建学校家庭社会协同育人新格局，着力培养德智体美劳全面发展的社会主义建设者和接班人。学校积极主导、家庭主动尽责、社会有效支持的协同育人机制更加完善，促进学生全面发展健康成长的良好氛围更加浓厚。

三、实施策略

（一）培训先导，让理念入脑入心

想要办好人民满意的教育，就需凝聚学校家庭社会协同育人的合力。为进一步提升教师和家长的育人理念，学校采取线上、线下相结合的形式，通过校本培训、专家讲堂、课堂开放等渠道面向教师和广大家长开展了主题为“开学季，父母如何科学进行家庭教育？”“如何有效提升孩子体质健康？”“运动改善大脑，体育促进学习”“父母终身学习，孩子全龄成长”“家校社协同育人，与儿童全面发展”“家长与孩子沟通的艺术”等各类专题培训，引导教师充分发挥家庭和社会的桥梁纽带作用，重新深思教学思想与方法，不断推进教学方式的变革；引领家长树立“健康第一、五育并举”的育人理念，增强正确引导学生成长方向的能力，关注学生的终身发展。教师和家长思想同心、协同发力助推“双减”落地，在学生健康成长方面不断达成教育的共识。

（二）完善机制，保障家校协同育人

在协同育人氛围中，家校之间建立起了“有为教育共同体”，通过开设班级、年级、校级三级家长课程，为家长提供系统的家庭教育指导；通过家长参与学校管理等方式，让家校教育实现了互融、互通、互促、互进。

1. 校级家长课程

由学校组织，每学期开展家庭教育的专家讲座，如先后邀请了王秋英、王鉴、曾卉君等专家在《梦想剧场》为全体家长做讲座。

2. 年级家长课程

这主要是引导家长全程参与学校的“有为德育”课程，如一年级少先队仪式、二年级礼仪队会展示、三年级有为少年评比、四年级十岁集体生日会、五年级诚信誓师会、六年级毕业典礼，引导家长全面关注孩子的成长，让家长成为孩子成长关键时刻的见证人。

3. 班级家长课程

由班主任推荐一些有教育心得的家长为班级的其他家长做分享交流。通过三级家长课程的开设，逐步提升家长的教育观念和增强对学校教育的认同感，奠定育人共同体的思想基础。

为家长参与学校管理搭建平台，学校组建了班级家委会、校级家委会，参与班级和校级管理。校级家委会参与学生相关的一些管理决策制定，比如学校午餐的菜品种类，学校接受家长的评价和督促，每学年开展家校问卷调查，根据家长的意见改进和提升学校管理；在开学初，全校一至六年级的家长代表走进学校食堂，进行厨房大探秘。通过让家长全程参与育人工作，构建和谐家校关系，形成了“家校共育”的合力。

（三）开展家校协同育人活动，共育祖国英才

要更好地践行家校协同育人，提高学生各方面的素养，学校组织开展家校协同育人的活动，让学生家长可以主动参与到活动中，这样不仅可以拉近亲子距离，也可以在活动中潜移默化地影响学生，帮助学生更好地成长。教师在开展教育活动前进行精心的策划，包括活动的主题、内容，活动要达到的教育目标，活动的时间地点等，教育活动适合家长和孩子共同参与，符合学生的认知特征，以期取得最优的效果。学校以亲子活动作为促进家校有效沟通的依托，以便于强化家庭教育的力量。例如，学校在运动会期间组织亲子主题活动。在这个主题活动中家长可以发现孩子的闪光点，更加地了解孩子。通过这样的亲子家校协同育人活动，可以帮助家长在活动中与孩子拉近心与心的距离，让家长用更多的时间表达对孩子的爱，也能让学生学会感恩父母，取得更好的教育效果。

（四）创设家校交流平台，开辟教育新思路

家校沟通不是简单的信息传递，它还需要发挥家长各方面的优势和资源对学校教育予以支持，让家长能够以平等的身份参与到学校教育管理和学生教导。我们惯常采用的是固定的家长会和临时的家长约谈，形式机械、内容单一，比较低效。随着网络信息技术的不断发展，我们已处在一个信息化的环境，信息技术对教育也产生着深远的影响，教育和信息技术融合，已成为教育发展的趋势。学校在开展家校协同育人时利用钉钉建设家校共育网络平台，让学校教育和信息网络技术相融合，开辟教育的新途径。学校搭建家校共育的公众号，通过公众号给教师和家长定期推送一些家校共育、开展教育的文章，也可以推送一些有关本校家校共育方面的突出案例，供教师和家长学习与参考，家长和教师阅读后还可以在文章底部留言或评论，增强相互的沟通交流。班主任教师也可以开设本班的家校共育教育的微博账号或博客、QQ 群、微信群或者钉钉群等，由班主任将班里家校共

育的一些案例，如亲子教育实践活动的照片文字等上传记录，给自己班的家长提供一个相互交流的平台和渠道，家长们可以和教师探讨教育的方法，也可以相互间吸取教育的经验教训，这样可以更好地促进家校共育教育工作的开展。

（五）增强对家校协同育人过程的监督，完善教育评价机制

要让家校协同育人能有效开展，避免教育流于形式，对家校协同育人过程进行监督是很重要的环节。教师在每学期开始前设计家校协同育人开展情况表格，细分教师和家长的任务，由家长和教师定期填写并提交表格进行反馈，以让双方都能分别了解学生在学校和家庭的学习情况，也能让教师更好地掌握每个学生的动态，有针对性地开展个性化教育。对于一些特定的家校协同育人活动，教师还可以让家长在微信班级群里打卡，发送小视频等，督促家长在家里开展教育，对于表现好的家庭，可以给学生一些奖励，以调动学生和家长参与的积极性。除加强监督，对家校协同育人工作进行评价也是必要的，评价可以让教师和家长了解教育开展的成效如何，以进行总结反思，更好地开展进一步的教育。为了让评价更客观科学，教师制定综合的评价标准，在评价时以此为依据。教师还可以拓展评价的主体，评价应当不仅仅局限于教师，家长也可以参与进来，成为评价的主体，由此可以让评价主体更加多元化，也能让评价更全面科学，发挥评价环节的效用和价值，提高家校协同育人的成效。总而言之，学生教育良好成效的获得需要教师和学生家长的协同配合、共同努力，如何更好地开展家校协同教育，还需要广大教师在教育实践中不断探索，积累经验方法。

家校协同育人能够促进家庭和学校之间的沟通和合作。家庭和学校是孩子成长的两个重要场所，家庭和学校的教育是互相联系的，只有两者紧密合作，才能够达到更好的教育效果。家校之间的沟通和合作对于孩子的发展至关重要，通过家校之间的沟通和合作，可以更好地了解孩子的需求和问题，

共同制定适合孩子的教育方案。家校共育能够有效增强孩子的教育效果。家庭和学校应该共同关注孩子的学习和成长，共同制订教育目标和计划，共同监督孩子的学习和行为。只有家校协同育人，才能给孩子提供一个全面发展的教育环境。

第六章

“有为·领航”各学科课程计划

第一节　依托单元整体，指向核心素养

一、课程背景

《义务教育语文课程标准（2022年版）》坚持目标导向、问题导向、创新导向，对语文教与学的内容、方式作出重大改革。其中，“文化自信、语言运用、思维能力、审美创造的核心素养”是培养目标，而“整体规划、系统安排，以六个语文学习任务群整合课程内容，优化内容组织形式”则是加强了教师怎么教、学生怎么学的具体指导。在此背景之下，海港小学语文科组积极响应国家新课标新变化，初步探索“以任务群为驱动、以思辨为核心理念、以大单元为整合模式的教学”，我们认为：

教师应该在细读教材、集体讨论、认真研究的基础之上构建起义务教育阶段语文学习任务群，将任务群作为教师备课、学生学习的主要驱动；同

时，把小学阶段十二册教材看作一个整体，明确每册教材的学习任务群和小学语文阶段的总的学习任务群之间的关系，以及每个单元的学习任务群和本册教材的学习任务群之间的关系，将大大小小、类型多样的任务以"纵向（时间轴）"和"横向（主题轴）"进行有机整合，最终指向培养学生的语文核心素养。整合形式可以多种多样，如有同单元或同册书的单元重组、有不同学段的单元重组、跨学科的单元重组、有学习与生活间的单元重组。

从形式上，我们通过"以文带文""读写联动""群文阅读""整本书阅读课"来初步实现"以任务群为驱动、以思辨为核心理念、以大单元为整合模式的教学"。

海港小学提出的"思辨理念下的大单元教学"站在"全面育人"的高度，运用统整思维，形成教学的大理念、大概念、大视野、大主题、大行动，并在创建的意义单元的教学实施中，建立起立体的知识网络，通过引思、促思、研思、汇思，借助"六学"学习方式，语文科组在新课标背景下，在学校"基于思辨理念的大单元教学"主张下，构建了"以任务群为驱动、以思辨为核心理念、以大单元为整合模式的教学模式"。

二、语文学科宣言

海港小学语文科组在解读、领会、重构《教育部关于印发普通高中课程方案和语文等学科课程标准（2017年版2020年修订）》的"语文学科素养四个方面"，探索并提炼出语文学科教学宣言为：悦读、博闻、善言、抒写（见图6–1）。

（一）内涵解读

1. 悦读浸润童年：悦读、善思、乐行。

悦读——欣于读书，享读书之乐之美。

善思——勤于思考，读万卷书以善思。

乐行——乐于行动，积善且行立其身。

2. 博闻传承经典。

见闻广博，通过经典的学习提高学生修养，传承国学经典文化。

3. 善言创造精彩。

善言终美，善于言谈，自信表达。

4. 抒写绘描梦想：抒写纯真的童心。

“两自然”：自然舒展的书面表达，自然流畅的书写习惯。

写一手漂亮汉字，作篇篇锦绣文章。以抒写养浩然之气，以抒写成赤子之心（李贽“童心说”，赤子之心是天真烂漫的孩童之心）。

（二）具体实施

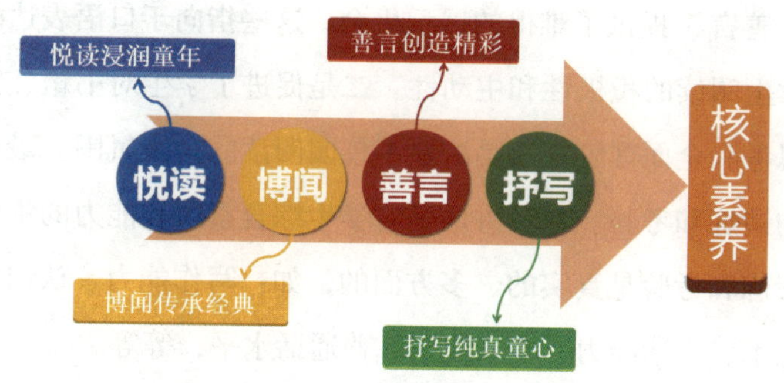

图 6–1 海港小学语文学科教学宣言

1.“悦读”所以“博闻”

“悦读”是“博闻”的前提条件；“博闻”是“悦读”的自然结果。带着让学生享受、热爱阅读的理念，海港小学图书馆建立起强大丰厚的阅读资源库。其中，班级共读一本书活动的坚持，让学生享受到了优质的阅读资源。每周一节的阅读课、科组重点研讨的“整本书阅读”的读前指导、读中交流、读后分享三课，以及遍布班级乃至整个校园的图书角，让学生六年都沉浸在浓浓的阅读氛围之中。高质量的课外阅读既有助于学生形成良好的道德品格和健全的人格，也可以增加知识，开阔视野，培养阅读习惯；有助于在读中积累语言，增加学生语言表达能力，更可以增强学生思维的广阔性、深刻性、逻辑性、灵活性。

语文的知识与能力在阅读中获得，方法与习惯在阅读中形成，情感、态度、价值观在阅读中养成，阅读是人的智慧之源、精神之根。博尔赫斯曾说，天堂就应该是图书馆的模样。我们的共识是，让学生去阅读，就是语文课天堂般的模样。

2. “善言”更擅“抒写”

周五午读雷打不动的阅读分享，为学生“善言”提供了平时锻炼的舞台，打造了进步的空间；而每学期讲故事比赛、演讲比赛、读后感比赛，都为学生的“善言”提供了难得的展示机会。这些指向于口语表达的训练，一是调动了学生阅读的积极性和主动性。二是促进了学生对书籍、主题、故事等的深入思考和全面理解。三是浓厚了校园阅读的良好氛围。最后，学生得到了较好的锻炼和考验。上台讲话是对学生综合素质和能力的集中锻炼和考验，这种锻炼和考验是真实的、多方面的，如：写作能力、认识分析问题能力、演讲艺术、表达能力、个人胆识、普通话水平，等等。

关于“抒写”，分为两类，一是汉字书法，二是书面写作。

（1）书法。周一固定的练习时间、每学期书法大赛的举行、书法明星班级的评选、优秀作品的展示，以及对学生坐姿、写字姿势由始至终的监督，都让海港小学的学生写字变得美观大方了很多。这不仅为成绩助力，培养自律，更能培养审美能力及爱中华汉字文化的情怀。写得一手好字不仅仅可以让阅读者感到非常舒服，更会陶冶自己的情操。汉字是中华文化的骄傲，那一撇一捺都表现出了我们历史深厚的底蕴。

（2）写作。日常里班级写作之星的评比、每月一次的作文大赛、《海之港》校刊的选稿、文学社为海港培育写作苗子，吴育燕、曾婷婷老师利用其微信公众号，运行其自己班级公众号，都是提升学生写作能力的有效途径。学生的作品还进行投稿，多篇文章被发表在《小作家报》等期刊，起到了良好的鼓励和宣传效果；文学社现场作文大赛里，也获得了不少的奖项。

此外，在学科宣言研制和践行过程中，语文科组的老师们深化了对学科价值的理解，明确了学生培养目标的定位，提升了教学研究的品位，加强了学科组和研究共同体建设。

以上这一系列落实学科宣言的措施，避免了学科宣言成为一纸空文，使它真正落到教育教学实践中，从而达到“落实学科宣言，推进学校教育”的目标。海港语文科组的学科“宣言”，“从群众中来到群众中去”，并在之后的一系列教学常规及语文科组活动中贯彻落实，真正做到了从嘴边落到脚下，完成了明向、立标、激志、拢心、促行的价值。

三、课程目标

（一）《小学语文课程标准》总目标

1. 在语文学习过程中，培养爱国主义感情、社会主义思想道德和健康的审美情趣，发展个性，培养合作精神，逐步形成积极的人生态度和正确的价值观。

2. 认识中华文化的丰厚博大，吸收民族文化智慧。关心当代文化生活，尊重多样文化，汲取人类优秀文化的营养，提高文化品位。

3. 培植热爱祖国语言文字的情感，增强语文学习的自信心，养成良好的语文学习习惯，初步掌握学习语文的基本方法。

4. 在发展语言能力的同时，发展思维能力，激发想象力和创造潜能。学习科学的思想方法，逐步养成实事求是、崇尚真知的科学态度。

5. 能主动进行探究性学习，在实践中学习、运用语文。

6. 学会汉语拼音。能说普通话。认识3500个左右常用汉字。能正确工整地书写汉字，并有一定的速度。

7. 具有独立阅读的能力，学会运用多种阅读方法。有较为丰富的积累和良好的语感，注重情感体验，发展感受和理解能力。能阅读日常的书报杂志，能初步鉴赏文学作品，丰富自己的精神世界。能借助工具书阅读浅易文言文。九年课外阅读总量应在400万字以上。

8. 能具体明确、文从字顺地表述自己的意思。能根据日常生活需要，运用常见的表达方式写作。

9. 具有日常口语交际的基本能力，学会倾听、表达与交流，初步学会文明地进行人际沟通和社会交往。

10. 学会使用常用的语文工具书。初步具备搜集和处理信息的能力。

（二）海港小学语文课程阶段目标

第一学段（1—2年级）

1. 识字与写字

（1）课内识字与主题情境识字相结合，认识常用汉字3000个左右，其中800—1000个会写。

（2）写字姿势要正确，做到“三个一”，字要写得规范、端正、整洁，努力养成良好的写字习惯。

（3）学会汉语拼音。能读准声母、韵母、声调和整体认读音节。能准确地拼读音节，正确书写声母、韵母和音节。认识大写字母，熟记汉语拼音字母表。

2. 阅读

（1）喜欢阅读，感受阅读的乐趣。以绘本阅读、桥梁书籍为主，在阅读中积累词语，感受语言的优美。

（2）能借助图画或拼音逐步学会自主阅读，并乐于与人交流阅读的感受和想法。

（3）积累自己喜欢的成语和格言警句。背诵优秀诗文125篇（段）。课外阅读总量不少于150万字。

3. 写话

（1）对写话有兴趣，写自己想说的话。

（2）学习使用逗号、句号、问号、感叹号。

4. 口语交际

与别人交谈，态度自然大方，有礼貌。有表达的自信心，积极参加讨论，敢于发表自己的意见。

第二学段（3—4年级）

1. 识字与写字

（1）累计认识常用汉字4000个左右，其中1800个左右会写。

（2）能使用硬笔熟练地书写正楷字，做到规范、端正、整洁。

2. 阅读

（1）积累课文中的优美词语、精彩句段，以及在课外阅读和生活中获得的语言材料。背诵优秀小古文100篇（段）和优秀宋词40首。

（2）课外阅读总量不少于250万字。

3. 习作

（1）能不拘形式地写下自己的见闻、感受和想象，注意把自己觉得新奇有趣或印象最深、最受感动的内容写清楚。

（2）学习修改习作中有明显错误的词句。根据表达的需要，正确使用冒号、引号等标点符号。

（3）课内习作每学年16次左右。

4. 口语交际

能清楚明白地讲述见闻，并说自己的感受和想法。

第三学段（5—6年级）

1. 识字与写字

（1）累计认识常用汉字4000个左右，其中2500个左右会写。

（2）硬笔书写楷书，行款整齐，有一定的速度。

2. 阅读

（1）默读有一定的速度，默读一般读物每分钟不少于300字。学习浏览，扩大知识面，根据需要搜集信息。

（2）背诵优秀诗文100篇（段）。

（3）扩展阅读面。课外阅读总量不少于400万字。

3. 习作

（1）能写简单的纪实作文和想象作文，内容具体，感情真实。能根据内容表达的需要，分段表述。学写常见应用文。

（2）习作要有一定速度。课内习作每学年16次左右。

4. 口语交际

（1）乐于参与讨论，敢于发表自己的意见。

（2）听人说话认真耐心，能抓住要点，并能简要转述。

（3）能根据对象和场合，稍做准备，作简单的发言。

四、实施路径

（一）专家引领，更新教学理念

新课标颁布后，我们邀请刘俊祥老师举办讲座，带领老师们梳理2022版语文新课标的内容。为了更好地落实课标倡导的语文核心素养新理念，我们反复研读《义务教育语文课程标准（2022年版）》，以及与大单元教学和核心素养等相关的专家的专著、论文、教学设计与案例等，初步构建发展学生核心素养下的，以任务群为驱动、以思辨为核心理念、以大单元为整合模式的教学理念。

（二）提前计划，制定教学行事历

语文大单元教学是从发展学生语文核心素养出发设计教学方案，以学生的学习为主线，根据单元内容、目标、任务、学习情境、策略等，进行任务群的研讨。教师以学习任务群组织与呈现，根据学习任务群的六种形式——（1）基础型学习任务群（语言文字积累与梳理）；（2）发展型学习任务群（实用性阅读与交流、文学阅读与创意表达、思辨性阅读与表达）；（3）拓展型学习任务群（整本书阅读、跨学科学习）——进行任务群的研究、整合，制定各年段大单元教学行事历，行事历包括单元主题、单元要素、课时安排、配套整本书阅读书目及读写训练点、课内和拓展背诵篇目等（见表6–1）。

表6–1 五年级上册大单元教学行事历（部分）

单元主题	单元要素	课时安排	拓展整本书阅读书目及写作训练点	课内背诵	课外背诵
万物有灵	1. 初步了解课文借助具体事物抒发感情的方法 2. 写一种事物，表达自己的感情	模块一：《白鹭》+园地一（1课时） 模块二:《落花生》+《珍珠鸟》（1课时） 模块三：《桂花雨》+园地一（1课时） 模块四：习作：我的心爱之物（1课时） 模块五：《昆虫记》整本书阅读（1课时） 模块六：口语交际：班级公约（1课时）	《昆虫记》 写作训练点：引导学生能叙述清楚事物与相关事件，写出自己的喜爱之情	1.《白鹭》、日积月累《蝉》	《论语·学而篇》

续表

单元主题	单元要素	课时安排	拓展整本书阅读书目及写作训练点	课内背诵	课外背诵
民间故事	1. 了解课文内容，创造性地复述故事 2. 提取主要信息，缩写故事	模块一：《猎人海力布》+园地三（2课时） 模块二：《牛郎织女（一）》+《牛郎织女（二）》（2课时） 模块三：口语交际（1课时） 模块四：习作：缩写故事（习作课1课时） 模块五：《中国民间故事》整本书阅读（导读课1课时）	《中国民间故事》 写作训练点：通过摘录、删减、改写、概括等方法简要地介绍故事，并完成缩写	日积月累《乞巧》	《论语·为政篇》（17—24），《论语·八佾篇》（1—8）

（三）集众之长，推进集体备课

1. 集体备课。我们科组坚持每周开展一次集备活动，做到时间、地点、内容、中心发言人四落实。每个备课组教师基于课标、学科核心素养，通过分析教材、分析学情，确定单元主题、单元要素、单元目标、单元课时安排、单元教学设计。其中单元课时安排一般为6—9课时，具体安排如下：①单元导读：明确主题，扫清障碍（1课时）；②以文带文、读写联动：由读及写，提炼学法（3—4课时）；③读写联动：单元习作、讲评结合（1—2课时）；④整本书阅读：导学研读，读写结合（1—2课时）。

2. 分工梳理。根据集备意见，备课组长做好课时分工，按阅读课、作文课和整本书阅读课三种课型进行分工，每位教师负责一种课型精心备课。

3. 共享资源。备课组长汇总每个老师的个备教学设计，组织大家集体讨论修改，重点探讨是否围绕单元主题、单元要素、单元目标进行设计，每个设计之间是否整合起来，用单元要素一以贯穿，形成完整的单元整体教学设计。

4. 整体展示。基于大单元教学理念的教研活动，我们采用“大单元说明 + 课例展示 + 说课展示”的教研模式，整体展示单元设计理念，关注学生的语言表达能力、思维品质等语文核心素养的发展，打造简约高效的语文课堂。上教研课时，重点思考单元目标是否达成，重难点是否突破，单元内容是否整合，是否培养了学生的思辨能力，是否发展了学生的有为品质等。

5. 评课优化。大单元教学评课的流程：上课教师说课—主评人点评—其他老师点评—专家点评。评课时，上课教师先谈自己的教学构思与教学感受，提出自己的优点、不足及以后努力的方向，科组其他老师也要就自己的感想发言，最后教研组长或专家再作总结，提出进一步修改意见，上课老师根据建议优化教学设计。

（四）站稳课堂，落实教学环节

课堂才是教学的主阵地。学校语文科组在实践中以任务群的设置为教学的载体，为学生设置驱动性问题开启单元的整体学习，并设定项目最终成果，让学生通过课堂的“六学”达成目标。

1.“分析学情，精准定教。”教师的教围绕学生的学展开，教师要根据学生认知发展规律以及语文教学规律来进行教案编写和教学设计。

2.“巧建情境，构建任务。”任务群的核心任务是整个课堂进行的关键。教师要设置吸引学生兴趣的情境，并在情境之中出示任务，引导选择合适的方式进行解决。

3.“建立支架，逐步分解。”教学支架是知识大楼的脚手架，学生解决问题完成任务的过程中可能会出现思维障碍，教师要在适时情况下提供教学支架（例如范例、表格、学习单、问题背景等）。

4.“突破难点，作业巩固。”教师要引导学生突破教学难点，通过分析、思考、讨论培养学生的联想想象、分析比较、归纳判断的思维能力。同时，设置课堂作业，巩固新知。

（五）经验总结，思考学习路径

2022 版语文新课标从语文课程本体特性和高中学生学习规律出发，精心设计了 6 个学习任务群。这些学习任务群以语文学科核心素养为纲，以学生的语文实践为主线，着眼于小学六年整体设计、统筹安排。语文学习任务群力求改变教师围绕单篇选文机械讲解和分析的教学模式，运用特定学习任务调动学生参与语文实践、发展自身的语文学科核心素养，体现了语文课程从“学科中心”向“学生中心”位移的变革趋势。为了迎接这场变革带来的挑战，我们从情境建构、活动设计、学业评价等方面来探讨语文学习任务群的实施路径。

1. 建构真实、富有意义的学习情境，拓展语文学习任务群的实践空间。

从语文学习任务群的内容特质、相互关系和功能指向出发，我们认为可以融合学科认知、个人体验、社会生活三个维度来建构学习情境。比如，学生在完成“语言积累、梳理与探究”任务群时，教师可以从学科视角引导学生理解语文课程的综合性和实践性，听说读写涉及的共性思维能力，阅读与写作之间相互促进的功能，等等。

2. 设计典型、具体的实践活动，提升学生运用语言文字解决现实问题的能力。

基于语文课程的本体特性，我们把语言实践活动归纳为三种基本类型，即阅读与鉴赏、表达与交流、梳理与探究。教师将三种语言实践活动交叉融合在语文学习任务群之中，才能更好地培养学生的合作交流、实践创新、批判思维等关键能力，尤其是运用语言文字解决与语文学科相关的现实问题的能力。比如“整本书阅读与研讨”任务群的实施，教师可以设计阅读方法指引、阅读资源搜集、文本脉络梳理、人物形象评析、精彩语段品味、主题旨趣研讨、学习成果分享等语言实践活动，引导学生拓宽阅读视野，积累阅读整本书的个性化经验，探索适合自己的阅读方法，养成良好的阅读习惯，提高独立阅读、评析同类书籍甚至是相关书籍的能力。

3. 形成系统、完整的评价机制，记录学生完成学习任务群的过程性表现。

学生完成学习任务群的过程是调整、完善甚至重构自身言语经验的内隐过程，每个学生在相同的学习任务群中都会有不同的自我感知、思维过程和方法习惯。因此，教师需要运用系统、完整的评价机制来考查学生的言语实践活动过程，外显学生的思维状态和学习轨迹，完整记录学生完成学习任务群的过程性表现。我们可以采用“学历案”来记录学生语文学习经历。它围绕特定的学习主题（比如学习任务群），从期望学生学会什么出发，设计并展示学生如何学会的过程，是帮助学生建构言语经验的专业方案。教师为学习任务群编写学案时，通常需要根据如下六个问题来描述和组织。

（1）主题与课时：在多少时间内学习什么？

（2）学习目标：期望学生学会什么？

（3）评价任务：如何知道学生是否学会？

（4）学习过程：经历什么过程才能学会？

（5）检测与作业：如何巩固已学会的东西？

（6）学后反思：反思自己是如何学会的？

在编写学历案时，教师还应该注意将纸笔测试、现场观察、对话交流、小组分享、自我反思等多种评价方式融入其中。仍以“整本书阅读与研讨”为例，教师除了详细描述上述六个问题外，还应该根据学习过程设计相应的“阅读规划单”“阅读资源包”“文本结构表”“人物关系导图”“研讨问题列表”“精彩语段评析”“小组成果分享”“我的阅读反思”等一系列作业纸。

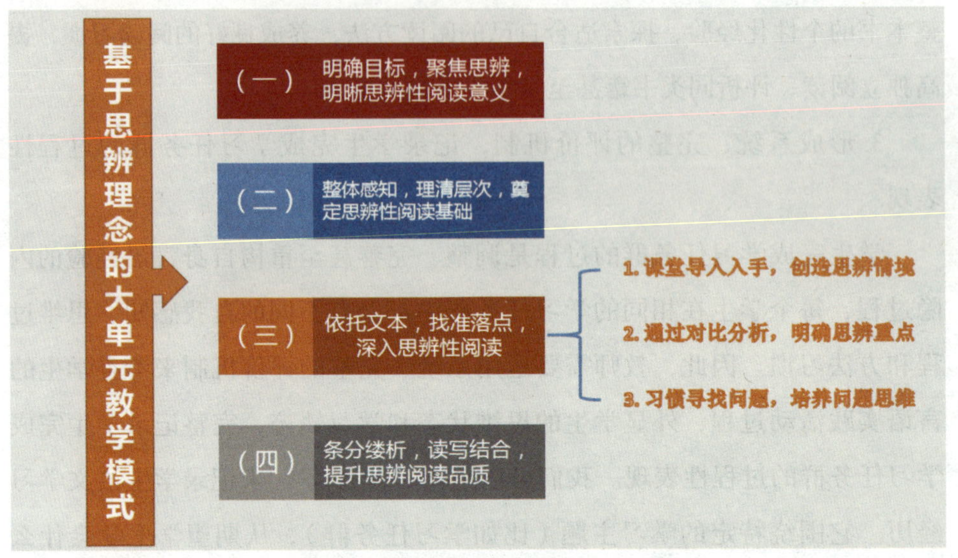

图 6–2　基于思辨理念的大单元教学模式

总的来说，“任务群为驱动、以思辨为核心理念、以大单元为整合模式”是一种教学组织形式，它的最终指向是学生积累语文学习的经验，形成语文学习的能力，提高学生的语文核心素养（见图 6–2）。

第二节　多元课程　聚焦思辨　全面成长

——海港小学数学学科课程计划

一、课程背景

数学学习是为了使得人人都能获得良好的数学教育，不同的人在数学上得到不同的发展；每个孩子在数学学习的过程中，都能获得自己独特的感触和收获，形成自己的思维能力和视角，用于解决生活中的问题，为生活服务，做智慧少年。

海港小学数学科组在校领导的带领下，时刻牢记“专注六年，幸福一生”的办学理念，始终牢记海港育人目标——培养具有勇为、智为、善为、美为品质的有为少年，为孩子的成长创造良好的育人环境，注重把讲台变成孩子展示自我智慧的舞台，关注孩子学习行为背后的思维变化——获得适应社会生活和进一步发展所必需的数学的基础知识、基本技能、基本思想、基本活动经验；体会数学知识之间、数学与其他学科之间、数学与生活之间的联系，运用数学的思维方式进行思考，增强发现和提出问题的能力、分析和解决问题的能力；了解数学的价值，提高学习数学的兴趣，增强学好数学的信心，养成良好的学习习惯，具有初步的创新意识和科学态度。

二、学科宣言及内涵解读

学校一直鼓励老师们“带着理念去上课”。2015学年初学校便聘请了专家总结各科组的经验和特色做法，引导各学科形成自己的学科宣言。经过全体老师的研讨，教研员的修改，以及听取专家学者的意见，形成数学科组的学科宣言——“研学、善思、精算、活用”。

研学：探究性学习，是指以学生为中心，让学生主动提出问题（引思）、主动探究（促思、研思）、主动总结（汇思）、主动学习的思辨式学习过程。

善思：培养思维的有序性、深刻性和创造性。包括学会用数学抽象的方式思考并解决问题；学会有逻辑地思考问题，形成有条理、合乎逻辑的思维品质，学会迁移、创造性地解决问题。

精算：指在明晰运算对象的基础上，依据运算法则解决数学问题的素养，发展运算能力。

活用：灵活运用数学，会用数学的眼光观察世界，会用数学的思维思考现实世界，会用数学的语言表达现实世界。

三、课程目标

海港小学的数学课程目标的确定，立足学生核心素养发展，集中体现数学课程育人价值。主要包括以下几点：

1. 培养学生的数学思维：海港小学的数学课程注重培养学生的数学思维，例如通过“小学数学思维训练”课程，让学生在游戏中学习，提高他们的逻辑思维和解决问题的能力。

2. 引导学生用数学的眼光观察世界：通过数学课程鼓励学生运用数学知识去分析和解决实际问题，使他们能够用数学的眼光看待周围的事物。

3. 培养学生的数学语言表达能力：通过说数学的活动，学生能够熟练掌握数学语言，能够清晰、准确地表达自己的思想和观点。

4. 培养学生的数学应用能力：我们不仅关注基础知识的传授，更重视学生的数学应用能力的培养，帮助他们将数学知识应用到实际生活中。

5. 培养学生的数学创新精神：鼓励学生勇于尝试，敢于创新，培养数学创新精神，培养数学思维能力，全面提升数学素养，能够在未来的学习和生活中灵活运用数学知识，解决各种复杂问题。

具体目标见表 6–2。

表 6-2 各学段具体目标

知识板块	学段目标			核心素养		
	第一学段	第二学段	第三学段	第一学段	第二学段	第三学段
数与代数	1. 经历简单的数的抽象过程，认识万以内的数； 2. 能进行简单的整数四则运算	1. 认识自然数，经历小数和分数的形成过程，初步认识小数和分数； 2. 能进行较复杂的整数四则运算和简单的小数、分数的加减运算、理解运算律	1. 经历用字母表示数的过程，认识自然数的一些特征，理解小数和分数的意义； 2. 能进行小数和分数的四则运算，探索数运算的一致性	形成初步的数感、符号意识、运算能力	形成数感、运算能力和初步的推理意识	形成符号意识、运算能力、推理意识
图形与几何	1. 能辨认简单的立体图形；认识长方形和正方形特征； 2. 体验物体长度的测量过程，认识常见的长度单位	1. 认识常见的平面图形，经历平面图形的周长和面积的测量过程，探索长方形周长和面积的计算方法； 2. 了解图形的平移、旋转、轴对称	1. 探索几何图形面积和体积的计算方法，会计算常见平面图形的周长和面积，会计算常见立体图形的体积和表面积； 2. 能用有序数对确定点的位置，进一步认识图形的平移、旋转和轴对称	形成初步的量感和空间观念	形成量感、空间观念、初步的几何直观	形成量感、空间观念、几何直观

续表

知识板块	学段目标			核心素养		
	第一学段	第二学段	第三学段	第一学段	第二学段	第三学段
统计与概率	经历简单的分类过程，能根据给定的标准进行分类	1. 经历简单的数据收集过程，了解数据收集、整理和呈现的简单方法； 2. 理解平均数的意义，会用平均数解决问题	1. 经历收集整理和表达数据的过程，会用条形统计图、折线统计图表达数据，并作出简单的判断； 2. 理解百分数的意义，了解随机现象发生的可能性	形成初步的数据意识	理解数据的统计描述	应用统计与概率解决实际问题
综合与实践	在主题活动中认识货币单位，时间单位和基本方向，尝试用数学方法解决问题，积累数学活动经验	在主题活动中进一步认识时间单位和方向，认识质量单位，尝试应用数学和其他学科知识与方法解决问题，积累数学活动经验	在主题活动和项目学习中认识负数； 应用数学和其他学科知识与方法解决问题； 3. 积累活动经验	形成初步的量感和应用意识	形成量感、推理意识和应用意识	形成数感、量感、模型意识、应用意识和创新意识

四、课程实施途径

海港小学在实施课程方面采取了多元化的方式。通过将财经素养教育融入数学课程中，以及创设数学思维创造力课和大单元整体教学模式，旨在培养学生的核心素养和思辨能力，实现全面发展。

（一）乐享财经素养 推动课程融合——财经素养融入数学课程中

2019 年 3 月至 2021 年 10 月，数学科组将课程实施与省级课题《财经素养教育与小学数学课程融合教育研究》相连接，具体做法如下：

1. 整合课程内容：将财经知识融入现有的数学课程中，通过案例分析、讨论等方式，让学生了解基本的经济概念和财经知识。

2. 开设特色课程：设计专门的财经素养课程或选修课程，如“小小银行家”“我的第一个投资”等，通过模拟经营游戏、角色扮演等互动形式，提高学生的实践操作能力和财经决策能力。

3. 校园财经文化建设：通过举办财经知识讲座、财经主题墙报、财经知识辩论赛等活动，营造浓厚的校园财经文化氛围，激发学生的兴趣和参与度。

4. 校外实践活动：组织学生参观银行、企业、证券市场等财经机构，让学生直观感受财经活动的实际运作，增加实践经验。

5. 家校合作：通过家长会、家校互动平台等渠道，向家长普及财经知识，邀请财经专业的家长进课堂给孩子讲述财经方面的知识。鼓励家长在家庭中培养孩子的财经意识，共同促进学生财经素养的提升。

6. 课题研究与课程实施相结合：将省级课题研究中的理论成果转化为教学实践，不断优化和调整课程内容和教学策略，使之更符合学生的实际需求和财经素养培养目标。

通过这些具体做法，可以有效地将财经素养教育融入海港小学的课程实施中，为学生的全面发展打下坚实的基础。

（二）玩创思维训练 引动智慧启航——创设数学思维训练课程

数学科组创设了小学数学思维创造力课程“玩创思维课程”。该课程旨在通过动手操作的平台和环境，引领学生在动手操作的过程中，玩数学、做数学、说数学、想数学，引发深层次的思考，培养学生逻辑推理能力、空间想象力、归纳总结能力、发散性思维能力、数据分析能力等思维能力品质。具体做法如下：

1. 挖掘素材，丰富课程资源

海港小学开发的数学思维创造力课程的素材主要来源于对北师大教材内容的深挖及对引进台湾的“超脑麦斯”教材本土化，开发了三种课程资源。

（1）奠基课程融入创造力课程

以北师大教材为主的奠基课程中有一部分内容是与现实生活息息相关又特别考验学生空间想象力的，将这些课程开发成创造力课程，借助学具帮助学生建立空间观念，培养量感，提高思维能力。例如一年级上册里的《一起来分类》、下册里的《动手做一做》《数学好之的分扣子》，二年级下册里的《认识角》《欣赏与设计》等课程数学书里包含的素材很少，我们将这些内容进一步深挖，拓宽知识的深度与宽度发展学生的思维。

（2）拓展奠基课程的内容作为创造力课程

奠基课程的有些知识内容被呈现得太浅，但这些知识对于学生来说研究起来在后续的学习中是受益匪浅，有利于促进思维的提升。例如北师大版教材三年级下册《轴对称图形》课程只需要学生感知轴对称图形就可以了，但学生学习了轴对称图形后对怎么去创造轴对称图形很感兴趣。因此，我们用启智学具“谢龙方块”开发了一节创造力课，引领孩子们自己动手拼出轴对称图形，并把小组内的几幅图案串联起来，编成一个数学故事，孩子们玩得不亦乐乎，空间想象力也得到了提高。

（3）自编创造力课程

我们自编的创造力课程主要引进台湾的“超脑麦斯”，我们把“超脑麦斯”教材本土化。其实台湾地区的文化与我们大陆的文化还是有很大差别的，有一些课程，我们不能拿过来直接用，所以，我便带领着科组内的老师把这套教材本土化。把其中一些课程进行改编，让它与我们学生的实际情况相结合，例如堆栈高手、拼图达人、谢龙方块等活动，我们都进行了改编，结合本校学生的实际情况，对教材、教学目标进行了重新设置。

2. 融通实践，注重数学思维能力

（1）开展校内活动

“双减”背景下要求学生的知识学习主要在学校完成，学校是学生学习的主要场所。校内的数学拓展活动主要是通过活动，培养学生的动手实践能力、团结协作能力及思维创造力，有效地落实学生的核心素养。如：一年级学生每年9月入学，年龄太小，故确定每学年的第一学期是二、四、六年级的趣味数学活动，分别是一线生机、24点、高阶数独，第二学期是一、三、五年级的趣味数学活动，分别是低阶数独、找规律、玩转魔方。每个年级先进行班级初赛，选出10人，参加年级复赛，复赛总人数的10%为一等奖，12%为二等奖，30%为三等奖，一、二、三等奖分别颁发金、银、铜牌以资鼓励。在这个过程中，老师们精心设置活动规则、认真组织活动，学生们积极参与、深入思考、思维活跃，整个场面紧张而刺激，拼搏劲头十足，学生的思维在趣味浓厚的活动中得到了有效的生长。

（2）实践作业，重应用

杜威说：“教育即生活，教育即生长。”我们引领学生从课内走向课外，到生活中去寻找数学，用数学的眼光观察，用数学的语言表达，用数学的思维思考，在生活中应用，在应用中启发思维。例如：五年级学完平行四边形的面积、三角形的面积、梯形的面积，老师给学生布置了一项实践性作业，同一小区的2—4人为一小组，在生活的周边寻找平行四边形、三角形、梯形，几个人合作，先测量所需要的数据，再计算出图形的面积。

（三）聚焦单元整体，构建思辨课堂——大单元整体教学

我们积极探索新时代人才培养路径，站在“全面育人”的高度，运用统整思维，形成基于思辨理念的大单元教学，通过引思、促思、研思、汇思，借助“六学”学习方式，构建适合学生思维水平和认知结构的教学活动，培养学生的思维品质，提升学生的核心素养，培育有为少年。大单元整体教学实施具体说来分为几个阶段：

1. 理论学习阶段

在这个阶段，老师们围绕何谓“思辨”、什么是“大单元”这两个大问题进行思辨式学习，围绕“思辨”“大单元”开展教师共读分享交流活动，如:2022 年 9 月，针对“单元整体教学”和“思辨课堂”两个主题，阅读《大单元整体教学》和《为思维而教》两本书，并于 9 月 20 日、9 月 27 日进行了两场交流分享。

2. 集备模式初探

在这个阶段，老师们会通过集体研讨，制订集备方案。然后，由当时备课组的老师按照集备方案进行了第一次集备活动，并在科组内进行展示交流。例如，一年级备课组——北师大版一年级下册第二单元《生活中的数》、二年级备课组——北师大版二年级下册第六单元《认识图形》、三年级备课组——北师大版三年级下册第三单元《乘法》、五年级备课组——北师大版五年级上册第四单元《多边形的面积》、六年级备课组——北师大版五年级下册第五单元《分数除法》。从而形成了海港小学新的集体备课模式，每学期单周周三下午为数学科备课组集备时间，就是按照新的集备模式开展集备活动。

3. 课堂模式初探

在这个阶段，数学科组老师们通过运用统整思维，形成教学的大理念、大概念、大视野、大主题、大行动，并在创建的意义单元的教学实施中，建立起立体的知识网络，借助“六学”学习方式，打造包含“三要素”和“四环节”的思辨课堂，构建适合学生思维水平和认知结构的教学活动，培养学生的思维品质，提升学生的核心素养，培育有为少年。

（1）教学三要素

基于思辨理念下的大单元教学三要素包括情境、问题和学习方式（见图6–3）。

①情境。课堂教学创设完整的教学情境，在特定情境中，引发学习，引发学生思考。

②问题。在课堂上，以问题为中心，以启发学生的思维能力，促进他们的深入发展。

③学习方式。采取导学、自学、研学、互学、展学、拓学六种学习方式。

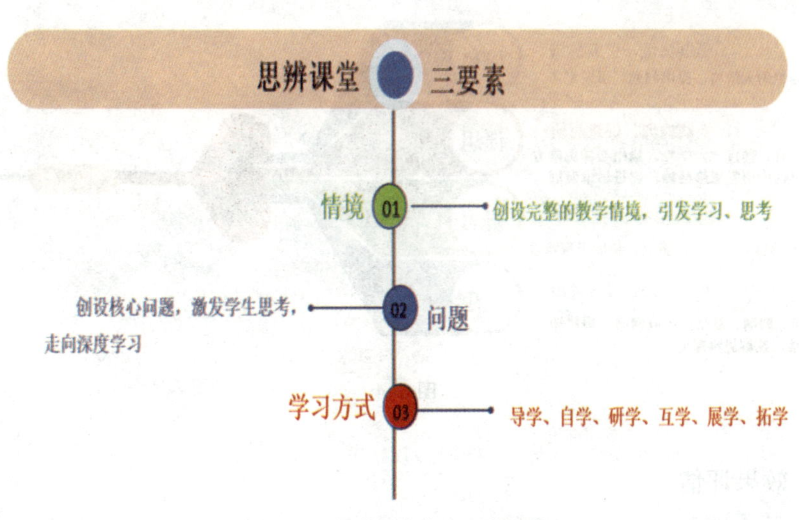

图6–3 “思辨课堂”三要素结构图

（2）教学四环节

包括借助情境，引发思辨；实践探究，促进思辨；应用迁移，发展思辨；总结梳理，提升思辨（见图6–4）。

①借助情境，引发思辨（引思）。借助完整的大情境，提出问题，引发

思考。

②实践探究，促进思辨（促思）。建立一个研究性的学习平台，通过自学、互学、研学、展学等多种学习方法，通过观察、比较、分析、判断、推理、发散、联想、抽象、概括、综合等思维方法，在师生对话、生生对话的过程中，产生思维的冲突，推动思维的发展。

③应用迁移，发展思辨（研思）。运用类比、迁移、推理、归纳、分析、综合等思维方式，以点带面，拓展思维宽度。

④总结梳理，提升思辨（汇思）。将所学内容进行梳理、归纳、总结，与前后所学的知识形成网络，构建完整的知识体系，挖掘思维深度。

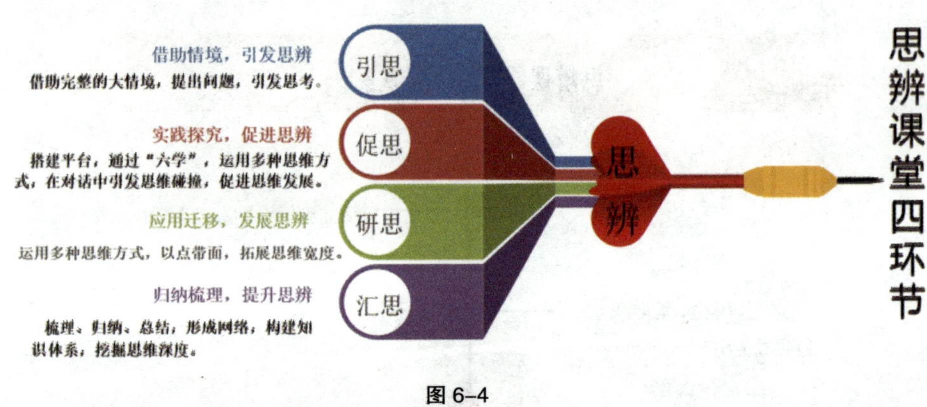

图 6–4

4. 效果评估

这个阶段主要是为了了解学生的学习情况，帮助他们更好地提升自己的数学思维能力和解决问题的能力。在评价方式上要采取三种评估方式。

一种是纸笔测试，通过这种方式可以对学生在课堂上的学习效果进行评估。如：在教学北师大版六年级上册《生活中的比》这一单元时，设计了前测和后测题。其中后测题和前测题的题目是一样的，旨在通过纸笔测试，对比学生学之前和学之后的情况，对学生的学习效果进行评估（见图 6–5）。

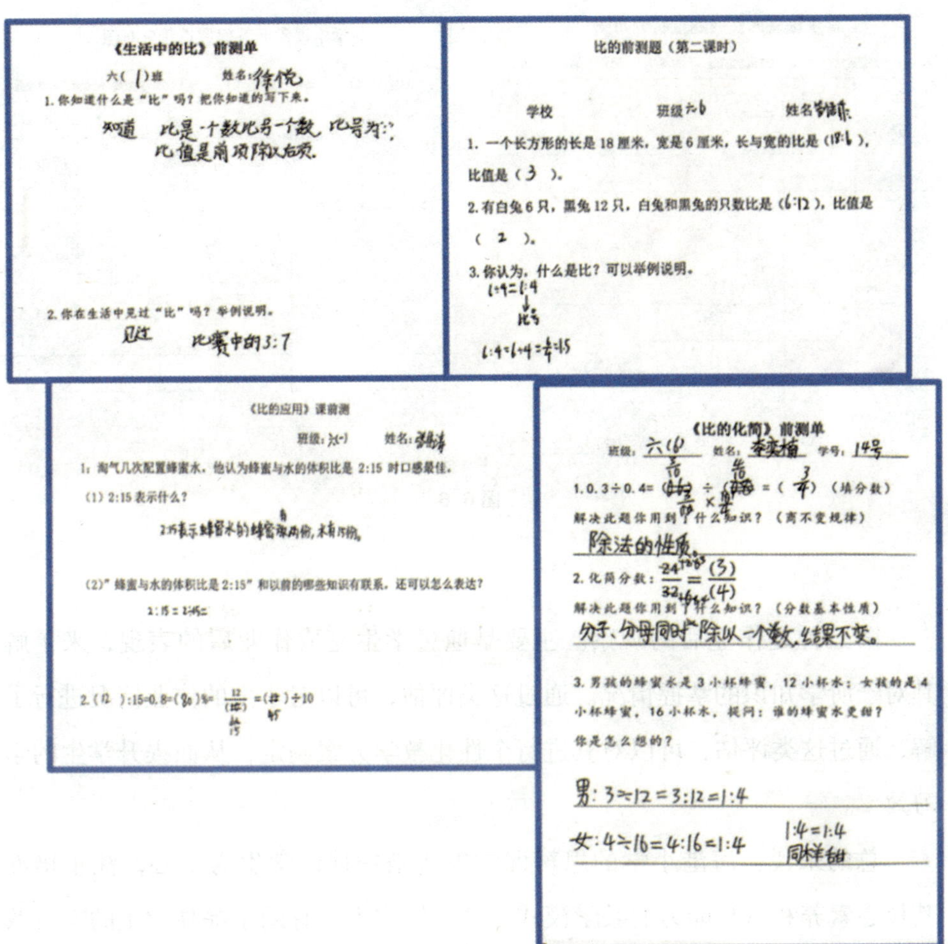

《生活中的比》前测单

六（1）班　　姓名：徐悦

1. 你知道什么是“比”吗？把你知道的写下来。

知道　比是一个数比另一个数，比号为∶，比值是前项除以后项。

2. 你在生活中见过“比”吗？举例说明。

见过　比赛中的3:7

比的前测题（第二课时）

学校　　班级 六6　　姓名

1. 一个长方形的长是18厘米，宽是6厘米，长与宽的比是（18:6），比值是（3）。

2. 有白兔6只，黑兔12只，白兔和黑兔的只数比是（6:12），比值是（2）。

3. 你认为，什么是比？可以举例说明。

《比的应用》课前测

班级：六(一)　　姓名：

1：淘气几次配置蜂蜜水，他认为蜂蜜与水的体积比是 2:15 时口感最佳。

（1）2:15 表示什么？

（2）“蜂蜜与水的体积比是 2:15”和以前的哪些知识有联系，还可以怎么表达？

2.（12）:15=0.8=（80）%= $\frac{12}{(15)}$ =（　）÷10

《比的化简》前测单

班级：六(6)　　姓名：　　学号：14号

1. 0.3÷0.4=（　）÷（　）=（$\frac{3}{4}$）（填分数）

解决此题你用到了什么知识？（商不变规律）

除法的性质。

2. 化简分数：$\frac{24}{32}=\frac{(3)}{(4)}$

解决此题你用到了什么知识？（分数基本性质）

分子、分母同时除以一个数，结果不变。

3. 男孩的蜂蜜水是3小杯蜂蜜，12小杯水；女孩的是4小杯蜂蜜，16小杯水，提问：谁的蜂蜜水更甜？你是怎么想的？

男：3÷12=3:12=1:4

女：4÷16=4:16=1:4　　1:4=1:4 同样甜

图 6–5

第二种是课堂活动后观察。通过观察学生在课堂上的表现，对他们的学习情况进行一定程度上的了解，并根据分析结果为其制定后续教学方案。如：在教学北师大版六年级上册《生活中的比》这一单元时，观课的老师对学生回答问题点状分布进行观察。从图 6–6 可以看出学生回答问题的情况，学生回答问题的人数是比较多的，说明学生的参与度高，课堂氛围活跃。

学生课堂回答问题点状分布图

时间：11月25日第1节　课例：《生活中的比》　授课教师：[illegible]　记录者：沈晓燕

第六组	第五组	第四组	第三组	第二组	第一组
√		√	√		√
			√	√	√
√	√		√√	√√√	√
√√	√	√√	√√	√	√√(单)
	√				
√		√	√	√	√
√				√(单)	
	√	√√√	√√		
	√(单)	√		共41人次，占82%	

学生课堂回答问题点状分布图

时间：11月25日第4节　课例：《比的应用》　授课教师：[illegible]　记录者：沈晓燕

	第六组	第五组	第四组	第三组	第二组	第一组
	√				√	√
	√√	√√√	√√		√	√√
	√√	√√√√	√			
	√	√		√	√	
				√√		√√√√
				√√√	√	
			√√			√
	√		√	√		
						共41人 占85%

图 6–6

第三种是作业后的观察。主要是通过学生完成作业后的表现，来了解其对于所学知识的掌握情况。通过这类评估，可以对学生的作业情况进行了解，通过这类评估，可以对其进行个性化教学方案制定，从而提升学生的学习效率。

总的来说，海港小学的思辨课堂模式是一种以学生为中心，注重培养其核心素养和思辨能力的教学模式。这种模式不仅有助于提高学生的学习效果，也为他们的未来发展奠定了坚实的基础。

这些途径的实施，旨在使学生在学习数学的过程中，既能理解和掌握数学知识，又能提高他们的思维和解决问题的能力，从而达到全面发展的目标。

第三节　多元体验　思辨达意

——海港小学英语学科课程计划

一、课程背景

《义务教育阶段英语课程标准（2022年版）》提出，要通过英语课程学习培养学生的关键能力和必备品格，即核心素养。核心素养是课程育人的集中体现，是学生通过课程学习逐步形成的个人终身发展和社会发展需要的正确价值观、必备品格和关键能力。其包括语言能力、文化意识、思维品质、学习能力等方面，这四方面相互渗透，融合互动，协同发展。在此背景下，海港小学英语科组积极学习解读国家新课程标准，并逐步探索实施新课标的内容和要求。

二、英语学科宣言

“学科宣言”是学科核心素养的校本化表达，是学科育人目标的凝练，是学科教学的始发地。在确立学科宣言前，要系统研读党的教育方针、教育部下发的各类文件，如《中国学生发展核心素养》《义务教育阶段英语课程标准（2022年版）》；以教育方针政策为指导，结合本校的培养目标，培养具有“勇、智、善、美”特质的新时代有为少年；以国家课程、国家课程标准为核心作全面、简洁而富有个性的表达。

英语科组于2015年正式提出“学科宣言”。在经过6年的实践，海港小学再次结合核心素养以及学习教学主张，于2021年对学科宣言的内涵进行更深入的剖析和阐述。2022 年 4 月《义务教育新课程标准》发布后，海港小学认真研读，并基于新课标调整了 2022 版最新的学科宣言为：多元体验、思辨学习、自信表达（见图 6–7）。

（一）内涵解读

1. 以"多元体验"提升"语言能力"

"多元体验"包含学习方式的多元化、学习经历的体验性，以及多元文化的浸润化。在教学中，通过听、说、读、看等方式，以歌曲、童谣、图片、视频、绘本故事等多元的体验方式，实现学习理解的目标。涉及语言知识、语言意识和语感、语言技能、交际策略等。帮助学生达到用语言做事的能力。

2. 以"思辨学习"提升"学习能力"、培养"思维品质"

在教学中，通过设计问题链、可视化思维组织图的辅助，引导学生进行有意义的思辨学习。包括元认知策略、认知策略、交际策略和情感策略；聚焦思考和分析的能力，包括英语的分析、推理、判断，理性表达和多元思维。使课堂学习拥有"思辨"特质，学生通过不同层次的思维训练，使学习体验、思考辨析真正发生，从而提高学生的学习能力，培育思维品质。

图 6–7 海港小学英语学科宣言

3. 以"自信表达"提升"文化意识"

英语作为一门外语，在课程培养目标中，注重"工具性"及"人文性"的统一。在教学中，根据语用任务，实现自信表达。同时了解不同国家的文化内涵，比较异同，汲取精华，尊重差异，实现文化自信。

（二）具体实施

1. 多元体验

为了培养"美为"的有为品质，在英语学习过程中，倡导多元体验。其内涵有二：其一，通过多元的输入方式，多感官体验，为学生的语言学习赋能；其二，英语作为语言的学习，要体验多元的文化精华，为学生文化品格培养赋能，也就是对应四大有为品质中的"善为"，通过多元的优秀人类文化成果的学习，培养有善心、有善行的海港学子。

关于文化意识的培养，对中外文化的理解和对优秀文化的认同，是学生在全球化背景下表现出的知识素质、人文修养和行为取向。通过本课程的学习，学生能获得文化知识，理解文化内涵，比较文化异同，吸收文化精华，形成正确的价值观念和道德情感，自信、自尊、自强，具备一定的跨文化沟通和传播中华优秀文化的能力。

2. 思辨学习

通过学习过程中关注思辨能力的培养，切实提高学生的"智为"维度的有为品质，对应新课标中关于核心素养——学习能力、思维品质的培养。

关于学习能力的培养，学生积极运用和主动调适英语学习策略、拓宽英语学习渠道、努力提升英语学习效率的意识和能力。通过本课程的学习，学生保持对英语学习的兴趣，具有明确的目标意识，能够多渠道获取学习资源，有效规划学习时间和学习任务，选择恰当的策略与方法，监控、反思、调整和评价自己的学习。

关于思维品质的培养，人的思维个性特征，反映其在思维的逻辑性、批判性、创新性等方面所表现的水平和特点。通过本课程的学习，学生能辨析语言和文化中的各种现象；分类、概括信息，建构新概念；分析、推断信息的逻辑关系；正确评判各种思想观点，理性表达自己的观点，具备初步用英语进行多元思维的能力。

3. 自信表达

在语用表达上，学生要体现自信、大方的仪态，敢讲、敢说、敢表达，是语言学习的关键点。因此，通过鼓励学生自信表达，从而培养学生“勇为”的有为品质，也就是多元体验的基础上，经历了培养思维品质的思辨学习，学生才能进行符合逻辑、符合表达习惯的有意义的语用输出，从而提升了语言能力。

关于语言能力的培养，在社会情境中借助语言，以听、说、读、看、写等方式理解和表达意义的能力。通过本课程的学习，学生能进一步发展语言意识和英语语感；掌握英语语言知识并在语境中整合性运用所学知识；理解口、笔语语篇所传递的意义，识别并赏析其恰当表达意义的手段；有效使用口、笔语传递意义和进行人际交流。

三、课程目标

《义务教育阶段英语课程标准（2022 年版）》指出：英语课程围绕核心素养，体现课程性质，反映课程理念，确立课程目标。学生应通过本课程的学习，达到发展语言能力、培育文化意识、提升思维品质、提高学习能力的总体目标。

（一）英语课程总目标

1. 发展语言能力。能够在感知、体验、积累和运用等语言实践活动中，认识英语与汉语的异同，逐步形成语言意识，积累语言经验，进行有意义的沟通与交流。

2. 培育文化意识。能够了解不同国家的优秀文明成果，比较中外文化的异同，发展跨文化沟通与交流的能力，形成健康向上的审美情趣和正确的价值观；加深对中华文化的理解和认同，树立国际视野，坚定文化自信。

3. 提升思维品质。能够在语言学习中发展思维，在思维发展中推进语言学习；初步从多角度观察和认识世界、看待事物，有理有据、有条理地表达观点；逐步发展逻辑思维、辩证思维和创新思维，使思维体现一定的敏捷性、灵活性、创造性、批判性和深刻性。

4. 提高学习能力。能够树立正确的英语学习目标，保持学习兴趣，主动参与语言实践活动；在学习中注意倾听、乐于交流、大胆尝试；学会自主探究，合作互助；学会反思和评价学习进展，调整学习方式；学会自我管理，提高学习效率，做到乐学善学。

（二）英语学段目标

学段目标是对本学段结束时学生学习本课程应达到的学业成就的预设或期待，是总目标在各学段的具体化。义务教育英语课程分为三个学段，各学段目标设有相应的级别，即一级建议为 3—4 年级学段应达到的目标，二级建议为 5—6 年级学段应达到的目标，三级建议为 7—9 年级学段应达到的目标。各学段目标之间具有连续性、顺序性和进阶性。

1. 第一学段（1—2 年级）

1—2 年级为口语交际，主要让学生学会简单的日常交际会话、认识一些生活常见物品的英语单词，知道英语单词是由字母组成的，主要是通过口语交际的方式为后续一级、二级的学习做好铺垫。

2. 第二学段（3—4 年级，对应一级目标）

（1）学习能力目标

感知与积累：能感知单词、短语及简单句的重音和升降调等；能有意识地通过模仿学习发音；能大声跟读音视频材料；能感知语言信息，积累表达个人喜好和个人基本信息的简单句式；能理解基本的日常问候、感谢和请求用语，听懂日常指令等；能借助图片读语言简单的小故事，理解基本信息；能正确书写字母、单词和句子。

习得与建构：在听或看发音清晰、语速较慢、用词简单的音视频材料时，能识别有关个人、家庭，以及熟悉事物的图片或实物、单词、短语；能根据简单指令作出反应；体会英语发音与汉语发音的不同；能借助语音、语调、手势、表情等判断说话者的情绪和态度；能在语境中理解简单句的表意功能。

表达与交流：能围绕相关主题，运用所学语言，进行简单的交流，介绍自己和身边熟悉的人或事物，表达情感和喜好等，语言达意；在书面表达中，能根据图片或语境，仿写简单的句子。

（2）文化意识目标

比较与判断：有主动了解中外文化的愿望；能在教师指导下，通过图片、配图故事、歌曲、韵文等获取简单的中外文化信息；观察、辨识中外典型文化标志物、饮食及重大节日；能用简单的单词、短语和句子描述与中外文化有关的图片和熟悉的具体事物；初步具有观察、识别、比较中外文化的意识。

调适与沟通：有与人交流沟通的愿望；能大方地与人接触，主动问候；能在教师指导下，学习和感知人际交往中英语独特的表达方式；能理解基本的问候、感谢用语，并作出简单回应。

感悟与内化：有观察、感知真善美的愿望；明白自己的身份，热爱自己的国家和文化；能在教师指导下，感知英语歌曲、韵文的音韵节奏；能识别图片、短文中体现中外文化和正确价值观的具体现象与事物；具有国家认同感，对中华优秀传统文化感到骄傲。

（3）思维品质目标

观察与辨析：能通过对图片、具体现象和事物的观察获取信息，了解不同事物的特点，辅助对语篇意义的理解；能注意到不同的人看待问题是有差异的；能从不同角度观察周围的人与事。

归纳与推理：能根据图片或关键词，归纳语篇的重要信息；能就语篇信息或观点初步形成自己的想法和意见；能根据标题、图片、语篇信息或个人经验等进行预测。

批判与创新：能根据个人经历对语篇内容、人物或事件等表达自己的喜恶；初步具有问题意识，知晓一问可有多解。

（4）学习能力目标

乐学与善学：对英语学习感兴趣、有积极性；喜欢和别人用英语交流；乐于学习和模仿；注意倾听，敢于表达，不怕出错；乐于参与课堂活动，遇到困难能大胆求助。

选择与调整：能在教师帮助和指导下，制订简单的英语学习计划；能意识到自己英语学习中的进步与不足，并作出适当调整；能尝试借助多种渠道学习英语。

合作与探究：能在学习活动中尝试与他人合作，共同完成学习任务；能在学习过程中积极思考，发现并尝试解决语言学习中的问题。

3. 第三学段（5—6 年级，对应二级目标）

（1）学习能力目标

感知与积累：能领悟基本语调表达的意义；能理解常见词语的意思，理解基本句式和常用时态表 达的意义；能通过听，理解询问个人信息的基本表达方式；能听懂日常学习和生活中简单的指令、对话、独白和小故事等；能理解日常生活中用所学语言直接传递的交际意图；能读懂语言简单、主题相关的简短语篇，获取具体信息，理解主要内容。

习得与建构：在听或看发音清晰、语速适中、句式简单的音视频材料时，能获取有关人物、时间、地点、事件等基本信息；能识别常见语篇类型及其结构；能理解交流个人喜好、情感的表达方式；能根据图片，口头描述其中的人或事物；能关注生活中或媒体上的语言使用。

表达与交流：能围绕相关主题，运用所学语言，与他人进行简单的交流，表演小故事或短剧，语音、语调基本正确；在书面表达中，能围绕图片内容或模仿范文，写出几句意思连贯的话。

(2)文化意识目标

比较与判断：对学习、探索中外文化有兴趣；能在教师引导下，通过故事、介绍、对话、动画等获取中外文化的简单信息；感知与体验文化多样性，能在理解的基础上进行初步的比较；能用简短的句子描述所学的与中外文化有关的具体事物；初步具有观察、识别、比较中外文化异同的能力。

调适与沟通：对开展跨文化沟通与交流有兴趣；能与他人友好相处；能在教师引导下，了解不同文化背景下人们待人接物的礼仪；能注意到跨文化沟通与交流中彼此的文化差异；能在人际交往中，尝试理解对方的感受，知道应当规避的谈话内容，适当调整表达方式，体现出礼貌、得体与友善。

感悟与内化：对了解中外文化有兴趣；能在教师引导下，尝试欣赏英语歌曲、韵文的音韵节奏；能理解与中外优秀文化有关的图片、短文，发现和感悟其中蕴含的人生哲理；有将语言学习与做人、做事相结合的意识和行动；体现爱国主义情怀和文化自信。

(3)思维品质目标

观察与辨析：能对获取的语篇信息进行简单的分类和对比，加深对语篇意义的理解；能比较语篇中的人物、行为、事物或观点间的相似性和差异性，并作出正确的价值判断；能从不同角度辩证地看待事物，学会思考。

归纳与推理：能识别、提炼、概括语篇的关键信息、主要内容、主题意义和观点；能就语篇的主题意义和观点作出正确的理解和判断；能根据语篇推断作者的态度和观点。

批判与创新：能就作者的观点或意图发表看法，说明理由，交流感受；能对语篇内容进行简单的续编或改编等；具有问题意识，能初步进行独立思考。

（4）学习能力目标

乐学与善学：对英语学习有较浓厚的兴趣和自信心；能积极参与课堂活动，注意倾听，大胆尝试用英语进行交流；乐于参与英语实践活动，遇到问题积极请教，不畏困难。

选择与调整：能在教师指导下，制订并完成简单的英语学习计划，及时预习和复习所学内容；能了解自己英语学习中的进步与不足；能在教师指导下，初步找到适合自己的英语学习方法；尝试根据学习进展调整学习计划和策略；能借助多种渠道或资源学习英语。

合作与探究：能在学习活动中与他人合作，共同完成学习任务；能在学习过程中认真思考，主动探究，尝试通过多种方式发现并解决语言学习中的问题。

四、课程实施

（一）更新教育理念，提升专业技能

1. 研读英语新课标

2022 年，英语科组在新课标颁布之初，带领全体英语教师学习研读了 2022 版英语新课标的内容，以及解读了新课标的变化和新理念。

2. 组织教育教学培训

英语科组组织了有关课程与教学的各类培训，让教师们在培训中学习

了英语阅读、儿童心理学等教育教学相关的知识，提升了教育教学专业技能。

3. 参加晒课与课题研究等教研活动

英语科组的所有教师在科组的支持鼓励下，都参与到课题研究当中。中青年教师还积极参加各类教育教学的比赛，在比赛中提升自身技能与教研能力。

（二）建设特色课程，打造课程范式

基于 PSR 课程（“P”为一二年级的 Phonics 自然拼读课程，帮助低年段的孩子找到语言学习的拐杖；“S”为二至四年级的 Sight words 高频词课程，帮助学生找到英语学习的助跑器；“R”为从一年级到六年级的 Reading 阅读课程，涵盖攀登分级阅读课程、主题群文阅读课程、整本书阅读课程）的实施，在低中年段进行“音正达意”教学主张的课堂范式探索的基础上，重点开展中高年段“浸润融合”的 PSR 课堂教学范式的探索（见图 6–8）。

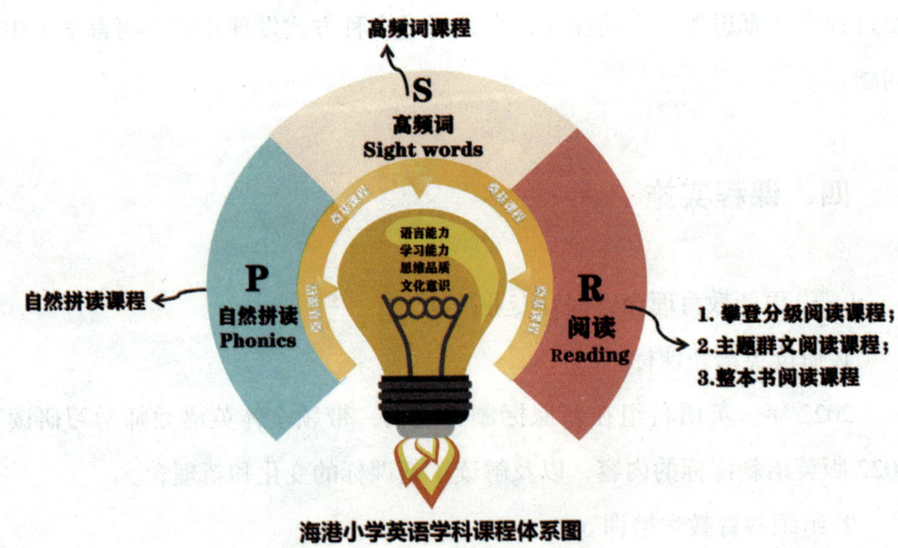

图 6–8　海港小学英语学科课程体系图

（三）发挥集体智慧，规划教学安排

1. 学期初制定各年级教学行事历

英语的大单元教学是基于培养学生英语核心素养的目的而建立的教学形式，教师应根据学生的具体学情，确立教育教学目标、整合单元内容、任务、活动、设置语境、选择相应策略等，对单元的教学进行研究和讨论。基于此，英语科组每学期会制定各年级的教学行事历，行事历包括模块话题、学习内容、拓展课程、课时安排等（见表 6–3）。

2. 实现教学评一体化

（1）年级组集体备课

英语科组坚持每周开展一次集备活动，做到时间、地点、内容、中心发言人四落实。每个备课组教师基于课标、学科核心素养，通过分析教材、分析学情，确定单元主题、单元要素、单元目标、单元课时安排、单元教学设计。

（2）开发和共享教学资源

各备课组搜集、整合并完善各种与单元教学相关的优质教学资源，如音频、视频、歌曲、游戏、作业单等，根据课时，合理分配，并及时共享以上课程资源。

（3）基于大单元思辨理念进行说课展示

基于大单元的教学理念以及新课标的核心素养目标，我们英语科组的教研课需要结合育人目标、单元教学目标、教学内容、学生学情、教学设计、作业设计等进行全英文的说课展示。

（4）基于 LICC 课堂观察模式进行听评课活动

英语科组从 2022 年开始，在《基于 LICC 课堂观察范式的小学英语校本教研模式建构研究》市级立项课题的引领下，开展利用“课堂观察”来研究“课堂教学”的教研活动。我们使用 LICC 观察量表，每位教师选择一个

表 6-3　英语四年级下册大单元教学行事历

2023—2024(下)英语科组四年级教学行事历								
日期	周次	话题	学习内容	语音内容	拓展阅读		备课老师	事项内容
2月18—24日	1	1. Using my five senses	牛津 Unit 1 Touch and feel/复习四上	复习高频词4A	A Friend-Making Machine	整本书阅读I can read系列	邱丽舒	上课
2月25—3月2日	2		牛津 Unit1&2/复习四上					上课
3月3—9日	3		牛津 Unit2&3/复习四上					上课
3月10—16日	4		牛津 Unit3/复习四上	高频词4B	Harry's Trouble			上课
3月17—23日	5		模块一复习、巩固					上课
3月24—30日	6	2. My favarite things	牛津 Unit 4 Subjects				陈萍	上课
3月31—4月6日	7		牛津 Unit 5 Sport					清明放假1天
4月7—13日	8		牛津 Unit 6 Music		The Farmer and the Cucumbers			上课
4月14—20日	9		模块二复习、巩固					上课
4月21—27日	10		期中复习、巩固					上课
4月28—5月4日	11	3. My colorful life	牛津 Unit 7 My day		The Little Frog's Beautiful Jump		汪宝妍	劳动节放假1天
5月5—11日	12		牛津 Unit 8 Days of the week					上课
5月12—18日	13		牛津 Unit 9 A friend in Australia					上课
5月19—25日	14		牛津 Unit 9 A friend in Australia					上课
5月26—6月1日	15		模块三复习、巩固					儿童节放假1天
6月2—8日	16	4. Things we enjoy	牛津 Unit 10 My garden		Travel to Green Land		邱丽舒	上课
6月9—15日	17		牛津 Unit 11 Chidren's Day					端午节放假1天
6月16—22日	18		牛津 Unit 12 The ugly duckling					上课
6月23—29日	19		模块四复习、巩固	复习高频词4A/4B	期末复习、巩固		陈萍	上课
6月30—7月6日	20	Revision	口语测评/复习巩固					上课
7月7—13日	21		复习巩固、期末测评					上课

附注：
1. 请提前两周把负责备课单元根据备课组集体意见上传到科组群，包括：课件，教案，音频，视频，图片，评价，小练笔等资源；
2. 早读是课文背诵、读知能学法指导及其讲解相关语音知识；
3. 教案撰写请详细按《海港小学英语科组单元整体教学设计》。

课堂观察维度以及维度下的细分观察点对教研课进行听评课。听课时填写观察量表，听课后进行梳理总结，形成科学且针对性强的评课稿，最后在评课活动中进行全科组的分享、交流和讨论，帮助各位教师更客观、全面地对课堂进行分析评价，也因此获得具体的提高课堂教学的建议，促进教师自我反思、分享经验、共同成长。

（四）融入思辨理念，规范课堂模式

PSR（P 即 Problem，S 即 Solution，R 即 Result）课堂教学范式提出，结合海港小学教学主张——基于思辨理念的大单元教学，关注如何引导学生完成思维活动，构建思维路径以及思维框架，帮助学生形成思维能力，从而实现思维可视化、学习深度化（见图 6-9）。

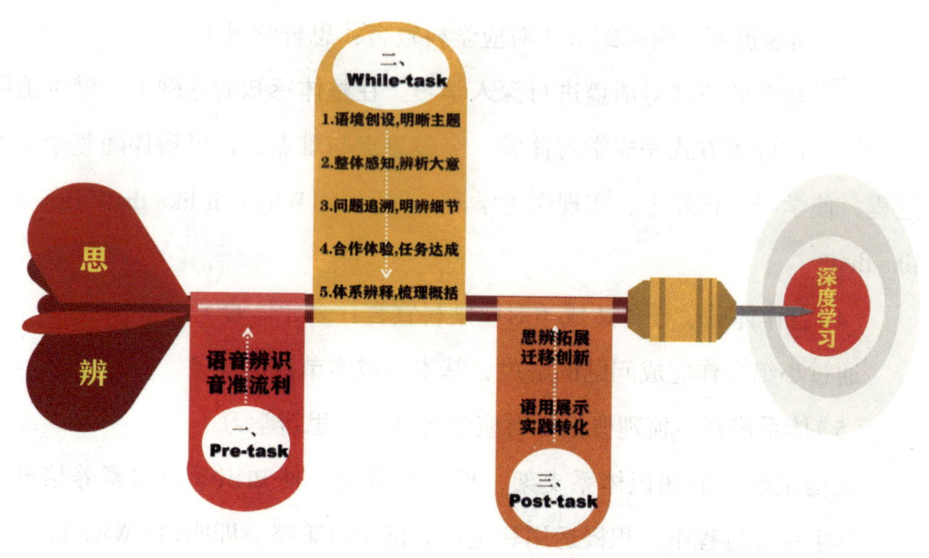

图 6-9 海港小学英语学科基于思辨理念的大单元教学模式

基于思辨理念的大单元教学模式主要通过 Pre-task 任务前、While-task 任务中、Post-task 任务后来实施。具体如下：

1.Pre-task 任务前

语音辨识、音准流利（对应学科宣言：自信表达）

根据海港小学英语拓展课程内容计划表，一至三年级课前 10 分钟进行自 然拼读学习，达到“音准”目标，为“流利”朗读做准备。

2.While-task 任务中

（1）语境创设、明晰主题（对应学科宣言：多元体验）

通过语境的创设，引入主题，通过图片对比、视频列举等方式让学生明白主题，即明白：What is the topic ?

（2）整体感知、辨析大意（对应学科宣言：思辨学习）

整体感知本课内容：以听、读、看等方式对语篇进行整体感知、初步理解，即明白：What is it about?

（3）问题追溯、明辨细节（对应学科宣言：思辨学习）

以问题链的方式对语篇进行深入学习。在整体感知的基础上，继续追问以分析、评价等方式完成学习体验，突破重点与难点，让思辨伴随整个学习过程，使学习真正发生，实现深度学习。即明白：Why is it like that? How is it like that?

（4）合作体验、任务达成（对应学科宣言：多元体验）

通过小组合作完成问题的解决，基本达成本节课的任务

（5）体系辨释、梳理概括（对应学科宣言：思辨学习）

建构主题下的知识体系支架，形成大观念，使知识学习向素养培养过渡，学生在此过程中，积极运用和主动尝试学习策略。即明白：What have we learned today?

3.Post-task 任务后

（1）语用展示、实践转化（对应学科宣言：自信表达）

通过个人展示或小组展示体现语用目标的达成，并在语用实践中实现知识

的转化，从语篇的学习转化为真实的语用。即明白：Can we use it in our life? How?

（2）思辨拓展、迁移创新（对应学科宣言：多元体验）

拓展学习中，体现文化差异、文化尊重等跨文化意识的养成；同时以知识体系的迁移，实现对大观念的形成于学科融合的迁移创新。即明白：Are there any culture differences? What are they? Why? 能够对单元的相关话题提出创新性和批判性的问题。

（五）总结教育成果，探索创新方向

英语科组结合本校学生特点和时代发展需求，至今已经设置了十余项丰富且具针对性的拓展课程和实践性活动，包括自然拼读课程、高频词课程、整本书阅读、攀登绘本阅读、群文阅读、课本剧表演、英语口语专项检测、拼词大赛、模拟联合国社团、中西文化节等，其中 PSR 课程已经实施十年，且取得丰硕成果，获评 2015 年“深圳好课程”。

但变革是教育领域的核心主题，继 2022 版新课标颁发，英语课时和教材内容也在不断革新，校本课程的作用变得越发重要，因此英语科组也经历着改革创新的挑战，老师们需要做足准备，在传承以往优秀经验的同时，探索时代的新方向，及时调整不切合实际发展的方面，迎难而上，笃定前行。

第四节　实践促深究，思辨求真知

——科学学科课程计划

一、产生背景

2022 年年初，新的国家义务教育课程标准发布，新的课程理念为科学学科的教育带来变革。小学科学以培育学生科学素养为宗旨，不是教或学一堆由事实和理论堆砌的知识，而应是实现一个趋向于核心概念（也称为科学大概念或科学观念）的进展过程。同时，科学教育也要发展学生的探究和实践的能力，加深学生对科学本质的理解，更重要的是培养学生的科学思维。

基于海港小学“有为·领航”课程建设和学科发展需求，我们学习新课标理念并总结过往的教学经验，整理形成科学学科的课程计划。

二、学科宣言及内涵解读

我们以“乐学、深究、求真、创新”作为科学学科的教学宣言，以此反映学科的教学特点和海港小学科学教育的主张，为海港小学科学教师教育教学工作提供指引（见图 6-10）。

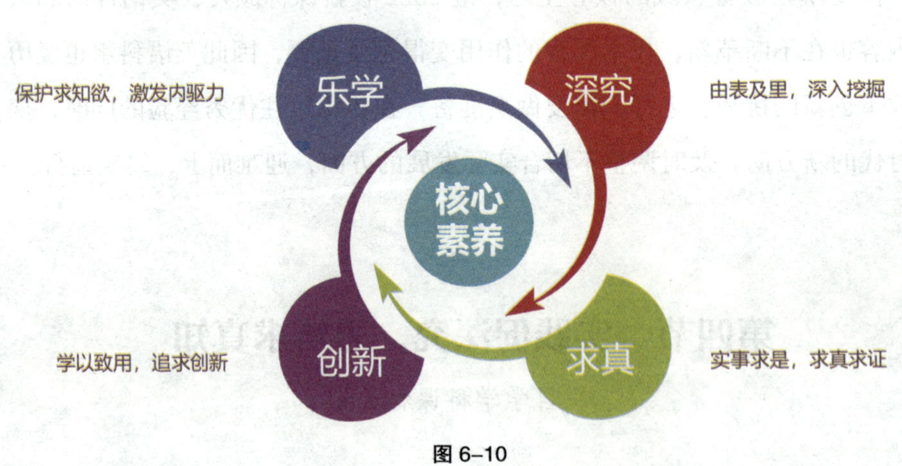

图 6-10

（一）乐学——保护求知欲，激发内驱力

学生对科学的兴趣可以浅显地表现为对丰富多彩的科学现象的自发兴趣和通过亲身操作获取现象、观察过程的兴趣。教师都会发觉学生无论在什么

年纪都会表现对自然现象和身边事物的好奇，并且非常乐于向同伴、教师发问。对于科学教师而言，在教育教学工作中首要的目标就是保护学生这一份求知欲，让学生的好奇和兴趣转化为学科学习的内在动力，培养学生具有积极的科学探究和学习兴趣。

在教学中，教师要坚持创设探究实践的课堂，让学生亲历科学实践的过程，调动学生的求知欲，保护并鼓励学生提出科学相关的问题，开展更为丰富、多元且深入的科学学习。

（二）深究——由表及里，深入挖掘

教师也需要认识到，如果仅仅让学生停留在对于感官和动手操作的兴趣并不能一直持续，更不能深入发展学生的科学素养。要引导学生将对科学的关注从表面的现象继续深入挖掘其中蕴含的因果逻辑和理论层次，让科学的学习从表面走向深入。

在教学中教师要引导学生在科学实践活动后开展问题研讨，挖掘证据与事实之间的关系，调动学生的科学思维。经过长时间的科学实践和基于证据的研讨，让学生对表层现象的兴趣趋向于对于因果逻辑和科学理论的兴趣，能持久地进行科学思维，让探究和实践的兴趣持续。

（三）求真——实事求是，求真求证

科学论证是科学学习中重要的一个部分，即基于证据的思维。科学的学科学习希望学生能形成基于实事求是的科学态度，具有基于证据和推理发表自己见解的意识，同时还需要乐于倾听不同的意见和理解他人的想法，不迷信教师、课本或权威，更能勇于基于证据修正和完善自己的观点。

在教学中，教师要有意识地将科学论证贯穿于课堂当中。在学生提出假说或者观点时，师生都应追问支持其假说的现象或佐证其观点的证据，如果可以应更深入辨析证据与观点之间是否形成因果逻辑，证据的给出是片面还是以偏概全，让实证求真的意识在学生的心中生根。

（四）创新——学以致用，追求创新

创新所指能够充分运用已知的信息，对事物或产品提出新颖、独到且恰当的观点，不局限于固有的想法和认知。

在教学中，创新表现为对问题提出多种的猜测，能尝试从多个角度、多种方式认识事物。随着科学学习的深入和推进，更希望学生能大胆提出质疑，从不同的视角提出研究思路，采取有改进、新颖的方法、材料开展科学探究和工程实践。

三、课程目标

科学科组参照 2022 年版科学课程标准中学段目标、学业质量描述，结合海港小学学生情况，梳理校科学课程总目标如表 6–4：

表 6–4

目标体系	总目标
科学观念	通过科学实践理解科学概念、规律、原理，形成与学生年龄段相符的对客观事物的总体认识
科学思维	从科学的角度认识客观事物的本质属性、内在规律及相互关系，重点形成思辨能力
探究实践	在探索自然、获取知识和解决问题过程中，形成科学探究能力、工程实践能力，具有自主学习的意识
态度责任	在认识科学本质及规律的基础上，理解科学、技术、社会、环境之间的关系，形成正面的科学态度与社会责任心

在总目标之下，我们构建二级目标及各年段的目标，如表 6–5：

表 6-5 海港小学科学课程目标

目标体系	总目标	二级目标	低年段目标	中年段目标	高年段目标
科学观念	通过科学实践理解科学概念、规律、原理，形成与学生年龄段相符的对客观事物的总体认识	物质科学领域 理解物质科学领域相关科学概念、规律、原理，形成总体的总体认识	认识常见物体的基本外部特征，认识生活中常见的材料	认识常见物体的某些特征和常见材料的某些性能	初步认识常见物质的变化，知道物体变化时构成物体的物质可能改变，也可能不改变
			知道生活中常见的力，认识力可以改变物体的形状	认识物体有多种运动形式，力可以改变物体的运动状态，运动的物体具有能量；了解日常生活中能存在的不同形式	知道自然界存在多种形式的能，不同形式的能可以相互转化；初步了解热能及其传递方式
		生命科学领域 理解生命科学领域相关科学概念、规律、原理，形成初步的总体认识	认识周边常见的植物和动物，能简单描述其外部主要特征和生长过程	能区分植物和动物的主要特征，并能对植物和动物进行简单分类；认识植物、动物的某些结构与行为具有维持自身生存的功能	认识细胞是生物体结构的基本单位；初步认识生物体的结构层次，以及形态结构与功能的关系
			知道植物和动物的生存需要环境条件	认识生物通过生殖、发育实现生命的延续	简单描述生物与生物、生物与环境之间相互依存的关系，以及生物的多样性和进化现象

续表

目标体系	总目标	二级目标	低年段目标	中年段目标	高年段目标
科学观念	通过科学实践理解科学概念、规律、原理，形成与学生年龄段相符的对客观事物的总体认识	地球与宇宙科学领域 理解地球与宇宙科学领域相关科学概念、规律、原理，形成初步的总体认识	能描述太阳升落、月亮形状变化等自然现象	认识太阳、地球和月球，知道它们之间的空间关系	知道太阳、地球和月球的周期性运动以及相关的自然现象，能认识到太空探索拓宽了人类的视野
			能描述季节变化等自然现象，能说出天气变化及其对人类生活的影响	知道大气、水、土壤都是地球系统的基本要素	知道地球系统不同圈层的相互作用产生了各种自然现象
			知道地球是人类和动植物的共同家园	知道人类生活离不开自然资源，能认识到节约自然资源和保护环境的重要性	知道自然灾害对人类的影响和防灾减灾常识，能认识到调整人类不合理的生产和生活方式，可以减少对地球环境的影响
		技术与工程领域 理解技术与工程领域相关科学概念、规律、原理，形成初步的总体认识	知道自然物和人造物存在区别	知道生活中的天然材料和人造材料存在区别	知道现代技术与工程具有系统性和复杂性

续表

<table>
<tr><th>目标体系</th><th>总目标</th><th>二级目标</th><th>低年段目标</th><th>中年段目标</th><th>高年段目标</th></tr>
<tr><td>科学观念</td><td>通过科学实践理解科学概念、规律、原理，形成与学生年龄段相符的对客观事物的总体认识</td><td>技术与工程领域
理解技术与工程领域相关科学概念、规律、原理，形成初步的总体认识</td><td>知道常见简单科技产品的结构决定了其功能，知道简单的制作问题需要定义和界定</td><td>知道技术产品包含科学概念、原理；知道简单的设计问题存在限制条件，并有多种设计方案</td><td>知道利用技术与工程能提高生产效率和工作效率，知道技术与工程对科学发展有促进作用，知道简单工程存在一定约束条件及验收标准</td></tr>
<tr><td rowspan="3">科学思维</td><td rowspan="3">从科学的角度认识客观事物的本质属性、内在规律及相互关系，重点形成思辨能力</td><td rowspan="2">模型构建
以经验事实为基础，对客观事物进行抽象和概括，进而建构模型；运用模型分析、解释现象和数据，描述系统的结构、关系及变化过程</td><td>能在教师指导下，观察具体事物的构成要素，通过口述、画图等方式描述事物的外在特征</td><td>能在教师引导下，观察并描述具体事物的构成要素，分析并表达要素之间的关系，找到它们之间重要的、共同的特征</td><td>通过分析、比较、抽象、概括等方法，抓住简单事物的本质特征，展示对事物的系统、结构、关系、过程及循环的理解</td></tr>
<tr><td>能利用材料和工具，通过口述、绘画、画图等方式表达自己的想法</td><td>利用模型解释简单的科学现象</td><td>能使用或建构模型，解释有关的科学现象和过程</td></tr>
<tr><td>推理论证
基于证据与逻辑，运用分析与综合、比较与分类、归纳与演绎等思维方法，建立证据与解释之间的关系并提出合理见解</td><td>能在教师指导下，辨别二维空间中的东西南北和上下左右</td><td>能在教师引导下，用二维方式表达三维空间的物体</td><td>能形成事物动态变化的图景</td></tr>
</table>

续表

目标体系	总目标	二级目标	低年段目标	中年段目标	高年段目标
科学思维	从科学的角度认识客观事物的本质属性、内在规律及相互关系，重点形成思辨能力	推理论证 基于证据与逻辑，运用分析与综合、比较与分类、归纳与演绎等思维方法，建立证据与解释之间的关系并提出合理见解	根据事物的外在特征，比较特征的不同点和相同点，对常见事物进行分类	分析、比较事物的某些本质特征及结构，根据不同的目的进行分类，基于事物之间的功能相似性进行类比	掌握比较、分类的基本要求，善于用类比的方法认识事物的特征，理解归纳推理和演绎推理的基本方法并用于解决真实情景中的简单问题，抽象概括常见事物的本质特征
			初步分清观点与事实，根据问题提出假设，具有提供证据的意识	能根据问题提出假设，能提供支撑性的证据，建立事实与观点之间的联系；可以利用控制变量的方法设计简单的实验	能比较全面地分析问题的各种影响因素，针对具体问题提出假设，基于交流情景提出观点，建立证据与假设或观点之间的联系，分析科学实验中的变量控制
		创新思维 从不同角度分析、思考问题，提出新颖而有价值的观点和解决问题的方法	初步具有从不同角度提出观点的意识	初步掌握重组思维、发散思维、突破定式等创造性思维的基本方法	能运用重组思维、发散思维、突破定式等创造性思维的基本方法，基于科学原理提出有一定新颖性和合理性的观点

续表

目标体系	总目标	二级目标	低年段目标	中年段目标	高年段目标
科学思维	从科学的角度认识客观事物的本质属性、内在规律及相互关系，重点形成思辨能力	创新思维 从不同角度分析、思考问题，提出新颖而有价值的观点和解决问题的方法	能突破对常见物品功能的思维定式，利用发散思维、重组思维等方法，提出不同想法	能基于具体事物外在特征展开想象，突破生活中常见问题的思维定式，提出有一定新颖性和合理性的观点	具有基于事物的结构、功能等展开想象的能力，基于科学原理提出有一定新颖性和合理性的观点，能进行初步的创意设计，并利用影像、文字或实物表达自己的创意
探究实践	在探索自然、获取知识和解决问题过程中，形成科学探究能力、工程实践能力，具有自主学习的意识	科学探究能力 理解科学探究的一般过程和方法；提出科学问题，并针对科学问题进行合理猜想与假设；制订计划并搜集证据，分析证据并得出结论；对结果进行解释与评估；准确表达观点，反思探究过程与结果	能在教师指导下，通过对具体现象与事物的观察和比较，提出感兴趣的问题，作出简单猜想	能在教师引导下，通过对具体现象与事物的观察和比较，提出可探究的科学问题，并基于已有经验和所学知识，从现象和事件发生的条件、过程、原因等方面提出假设	能基于所学知识，从事物的结构、功能、变化及相互关系等角度提出可探究的科学问题和研究假设
			了解科学探究需要制订计划，具有初步制订计划的意识	能基于已有经验和知识制订简单探究计划的能力	制订比较完整的探究计划，设计控制变量的实验方案

续表

目标体系	总目标	二级目标	低年段目标	中年段目标	高年段目标
探究实践	在探索自然、获取知识和解决问题过程中，形成科学探究能力、工程实践能力，具有自主学习的意识	科学探究能力 理解科学探究的一般过程和方法；提出科学问题，并针对科学问题进行合理猜想与假设；制订计划并搜集证据，分析证据并得出结论；对结果进行解释与评估；准确表达观点，反思探究过程与结果	能利用多种感官或简单的工具，观察对象的外部形态特征及现象，并能对这些特征和现象进行简单的比较、分类等。具有初步的收集信息和得出结论的意识	能运用感官和选择恰当的工具、仪器，观察并描述对象的外部形态特征及现象，用较准确的科学词汇、统计图表等记录和整理信息，并运用分析、比较、推理、概括等方法，分析结果，得出结论	能运用观察、实验、查阅资料、实地调查、案例分析等方式获取信息，用科学语言、概念图、统计图表等记录整理信息，表述探究结果，并运用分析、比较、推理、概括等方法得出科学探究的结论，判断结论与假设是否一致
			具有简单交流、评价探究过程和结果的意识	能比较准确讲述并反思自己的探究过程和结果，作出自我评价与调整	采用不同方式（如小论文、调查报告等）呈现探究的过程与结果，尝试运用科学原理进行解释，对探究活动进行过程性反思和总结性评价，完善探究报告

续表

目标体系	总目标	二级目标	低年段目标	中年段目标	高年段目标
探究实践	在探索自然、获取知识和解决问题过程中，形成科学探究能力、工程实践能力，具有自主学习的意识	技术与工程实践能力 了解工程技术实践的一般过程和方法，针对实际需要明确问题，提出有创意的方案，并根据科学原理或限制条件进行筛选；实施计划，利用工具和材料进行加工制作；根据实际效果进行修改迭代；用自制的简单装置及实物模型验证或展示某些原理、现象和设想	知道简单工具的功能和使用方法	掌握常见工具的使用方法	能利用相关仪器设备进行观察并记录
			能利用身边的材料和简单工具动手完成简单的任务	能拆开简单产品并复原，制作某种产品的简化实物模型并反映其中的部分科学原理	应用所学科学原理设计并制作简单的装置，能进行模拟演示并简要解释
			能发现作品中存在的问题并尝试提出解决方案	能发现作品的不足并进行改进。初步具有参与技术与工程实践的意识及使用常见工具的技能	能根据证据改进实物模型的设计和制作。具有初步的构思、设计、实施、验证与改进的能力
		自主学习能力 自主确定学习目标、选择学习策略、监控学习过程、反思学习过程与结果	能在教师的指导下完成学习任务，进行总结反思，初步养成良好的学习习惯	能在教师引导下，制订和执行学习计划，运用基本的学习方法，对学习过程和结果进行总结与反思，养成良好的学习习惯	能自主制订和执行学习计划，掌握基本的学习方法，探索适合自身特点的学习策略，进行有效的总结和反思。具有初步的制订学习计划、监控学习过程和总结反思的能力

续表

目标体系	总目标	二级目标	低年段目标	中年段目标	高年段目标
态度责任	在认识科学本质及规律的基础上，理解科学、技术、社会、环境之间的关系，形成正面的科学态度与社会责任心	科学态度 保持好奇心和探究热情，乐于探究和实践；有基于证据和逻辑发表自己见解的意识，严谨求实；不迷信权威，敢于大胆质疑，追求创新；尊重他人的情感和态度，善于合作，乐于分享	在好奇心驱使下，对常见自然现象或生活现象表现出直觉兴趣	在好奇心驱使下，乐于动手操作感兴趣的事物	在好奇心驱使下，表现出对现象发生原因的因果兴趣
			能如实记录观察到的信息	知道科学学科的学习与实践要实事求是，能如实记录和报告观察与实验的信息，具有基于事实表达观点的意识	不盲从，不迷信权威，能以事实为依据作出独立判断，面对有说服力的证据，愿意调整自己的想法
			知道可以有依据地质疑别人的观点，尝试从不同角度、以不同方式认识事物	能有依据地质疑别人的观点，尝试运用不同思路和方法完成探究和实践	善于有依据地质疑别人的观点，乐于尝试运用多种思路和方法完成探究和实践，初步具有创新的兴趣
			愿意倾听他人的想法，乐于分享和表达自己的想法	愿意分享自己的想法，乐于倾听他人观点，改进和完善探究活动	就科学问题在认识上的分歧，乐于与他人进行沟通交流和辩论，基于证据反思和调整探究活动

续表

目标体系	总目标	二级目标	低年段目标	中年段目标	高年段目标
态度责任	在认识科学本质及规律的基础上，理解科学、技术、社会、环境之间的关系，形成正面的科学态度与社会责任心	社会责任 珍爱生命，践行科学、健康的生活方式；热爱自然，具有节约资源、保护环境、推动生态文明建设和可持续发展的责任感；对与科学技术相关的社会热点问题作出正确的价值判断，遵守科学技术应用中的公共规范、法律法规和伦理道德，维护自身和他人的合法权益，捍卫国家利益	了解生活中常见的科技产品能给人们生活带来的便利，知道科技产品有利也有弊	了解科学技术对人类生活方式和生产方式有影响，人类的生活和生产可能对环境造成破坏	了解科学、技术、社会、环境之间的相互影响，以及科学研究和技术应用中需要考虑伦理道德
			树立珍爱生命、节约资源和保护环境的意识	知道节约资源和保护环境的重要性	愿意采取行动保护环境、节约资源

无论教师还是学生都必须认识到科学的学习关键是学会科学地思考，所学的事实和理论是需要透彻地理解，才会有概念之间的联系和“生长”。对学生而言，重要的是养成运用科学思维的习惯，而不是凭借死记硬背获得他们并不理解的正确答案。

科学思维由三个要素组成：实证意识、逻辑思维和思辨能力。在教学中，教师已经有意识地让学生收集证据，基于证据的研讨，更能引导学生关注证据与观点之间的逻辑关系，以培养学生的科学思维，相对地，教师可能忽视了思辨能力的培养。

思辨能力有两个维度组成：在情感态度上包括勤学好问、相信理性、尊重事实、谨慎判断、公正评价、敏于探究、持之以恒地追求真理等一系列思维品质；在认知维度包括对证据、概念、方法、标准、背景等要素进行阐述、分析、评价、推理与解释等一系列技能。在小学阶段的科学教学中，思辨能力的发展需要让学生仔细地思考问题、提出解决问题的方案和深入理解科学实验背后的科学原理等。

四、课程实施路径

（一）革新备课观——明晰核心概念，单元整体备课

科学教学使用的教科版小学科学教材中鲜明地体现了“大单元”的设计，即一个单元围绕一个核心概念进行编织，形成了由7—8个课时，学生将在单元中针对一系列相互有关联的具体问题进行探究和实践。虽然教材已经体现了大单元的组织方式，也体现了科学概念的连贯性和综合性，但是各个大单元的编写逻辑迥异，核心概念的指向或明或暗，让老师们不易把握。此外，单元中每课时的教学内容时而空泛，时而填鸭，也让单元教学松紧失度。在现阶段小学科学普遍周课时量偏少的现实情况下，一个大单元的教学需要经历一个月之久。到了单元后期，不少学生已经将一个月前的认识抛之脑后，大单元的美好愿景被时间冲垮。

海港小学科学科组自设立以来将绝大部分的精力和时间放在课堂教学的钻研上，经过数年的努力，科学教师在课堂教学质量上有了稳步的提升，在近年的教研课上展现出了出色的教学水平。科学科组总结过往教学经验，初步梳理基于思辨理念的大单元整体教学的学科教学模式，以期促进学生深入

理解和迁移运用所学的科学概念，让科学素养成为可以达到的目标。

在单元整体备课过程中，我们主要从“整体分析，明晰概念”和“目标重构，梳理课时”两个环节明晰组织大单元整体教学的路径。

1. 整体分析，明晰概念

教师在开展单元教学前，必须对单元目标和课时编排用意做深入的分析，将其中的单元线索提炼出来，明确科学概念的发展方向。

2. 目标分解，整理课时

基于单元线索和科学概念的发展方向，在调查学生前概念的基础上，教师再审视单元中各课时的安排，对单元教学活动进行整理，做出必要的调整和重构。

如图 6–11 所示的五年级上学期《计量时间》的教学路径。《计量时间》单元研究的主题是计时问题，按照从古到今人类计时方法的发展脉络，引导学生研究太阳、流水、单摆等的运动规律；经历古人运用事物变化的规律探索计时方法、制作计时工具的过程。单元的线索可以提炼为“计时的准确性”，单元学习希望让学生认识到：具有一定周期性运动的事物可以用于计时。

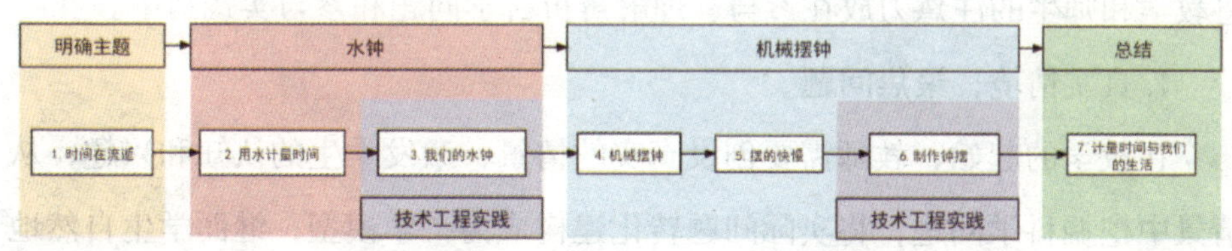

图 6–11

当大单元的目标明确、逻辑清晰后，大单元下每一课时的分解目标将显性化，课时将为科学概念发展的一个阶梯，成为单元中不可或缺的部分，自然形成单元整体。接下来，便是让单元整体下每一课时成为发展思辨能力的科学实践课堂，让科学概念由小逐渐“长大”。

（二）锚定课堂教学——聚焦思辨，落实科学实践

大单元整体教学最终要落实在各课时当中，要扎实开展基于思辨理念的科学实践教学，让学生经历连贯、有意义的科学实践活动。在教材的设计中，每一课一般由聚焦、探索、研讨和拓展四个板块组成，教学环节清晰且简洁，我们在此基础上丰富其内涵，挖掘其中科学思维，突出思辨，将教科版教材四模块优化为科学学科思辨课堂四环节（见图 6–12）。

图 6–12

当然，思辨课堂四环节不代表着它们是简单的线性关系或者是相互分割且独立的部分，以此方式总结是为了让课堂教学和科学实践的过程显性化，将教学和师生的注意力放在参与、理解辨析科学问题和参与实践当中。

1. 真实情境，聚焦问题

在教学的起始，教师需要创设真实的情景，激发学生的认知和兴趣，从情景中挖掘科学问题，将实际问题转化建构成为科学模型，继而学生自然地就科学问题提出自己的假设和依据，借此展现学生的前概念认知，让教师确定学习的起点。

2. 激活思维，合作探索

在为学生的学习定向后，要让学生在小组合作中经历各种形式的科学实践，如方案制定、观察、实验、测量等。教师要将零散的探索活动整合，形

成一个连贯、充分参与的科学实践，并让学生在课堂上经历较长时间的科学实践过程。在科学实践中，思维的作用不可忽略，没有思维的参与，科学实践只是一项“手工活动”，教师应预设必要的引导和帮助，在需要时提供“脚手架”。同时，要避免科学实践与科学内容教学分离，科学实践是为了构建科学概念的，学生在实践过程中要充分收集证据，形成初步的认知，为接下来的研讨做准备。

3. 研讨辨析，构建解释

经历了观察、实验、测量等科学实践活动后，学生根据收集到的数据（证据）开展研讨，利用数据分析和证据解读进行推论，构建科学问题的解释，形成科学知识。在研讨中，学生不只为了得出结论，更要经历对意外数据的分析、数据收集是否客观、验证自己和他人的假说是否成立、反思实践活动的开展是否科学等思辨的过程，达到科学思维的锻炼和发展。

4. 迁移运用，拓展连接

在课堂上得以较完满解释的科学问题，形成科学知识后，则需要让学生将科学知识迁移到相似的问题或情境中，尝试运用。此外，还要将本节课的科学知识与前后课时连接起来，让学生随着大单元的教学，将一个个科学知识点连接构成更上位的科学概念。

（三）活动育人，做科学教育加法

1. 拓展课程——拓宽深挖，丰富实践

拓展课程是指每个学生都要体验的提高性课程。科学学科基于海港小学资源开发了天文观测课程，以拓展科学实践活动的方式，为科学课程做加法。

天文观测课程基于现行教材的教学安排设置观测目标，对标课程标准中“宇宙中的地球”这一核心概念中对于学习活动“观测”部分的建议，如中年段主要观测月相变化及月球表面地形，高年段主要观测太阳系内目标，常见亮星、星座。此外，我们还进一步设置了著名深空天体的目视观测，带领学生感受宇宙的浩瀚。

2. 自选课程——兴趣驱动，培优拔尖

自选课程指每个学生根据自己的兴趣爱好选择的课程，科学学科组建了化学社、生物社、园艺社和天文社四门精品社团课，在延时服务阶段开展教学，旨在培养一批对科学有浓厚兴趣，有志于参与科学研究的学生队伍。

经过在社团的学习和实践，学生既了解更丰富的科学知识，又进一步理解科学观念，同时在实践活动中锻炼探索实践的能力，在科创大赛、“小小科学家”竞赛等活动中展现科学素养，收获荣誉。

3. 综合课程——学科融合，寓教于乐

综合课程是奠基课程、拓展课程、自选课程融合后的表现形式，体现全员化和常态化。科学学科依托海港小学四月科技节实施综合课程，开展游园会、学科知识竞赛、工程技术实践竞赛、学生小发明小制作展览及流动科技馆进校园等活动，旨在让学生在科技节各项活动中充分体验学习科学的乐趣，营造浓郁的科学氛围，激发学生的学习的兴趣，发挥学生的潜能，积极推动校园科技活动的蓬勃开展。

（四）聚焦教研，青蓝互助共同成长

科组的发展很大程度上得益于科组教研的广泛开展，科学科组的教研包括了专家指导、校内教研课和专题教研，还包括不限时间、地点和内容的研讨，着力打造多元共生的教研机制，实现科组青年教师的共同成长。

专家的引领能使青年教师有清晰的发展方向，近些年我们请到区内名师、专家到校指导教学、指点迷津。专家指导提供方法，如何迈出步伐需要老师实践、探索，其中最重要、最直接的途径是校内开展的教研课。科学开展采取备课（个人与集体备课相结合）、磨课（提前听课，集体打磨，磨出变化）、展示（全方面展示班级常规、学生风貌、教师教学风格）、评课（课后交流，总结反思）的教研模式调动集体的力量打磨精品课堂，让每位教师都能通过教研得到成长。

教研还可以进一步拓宽，在集体备课的实验准备、科组会的读书分享、专题培训和“有为”讲坛分享教学经验等方面都是教研开展的途径。通过随时随地、包罗万象的教研，让科组老师们在思想、能力上有提高，形成团队凝聚力和互助共成长的团队精神，使科组整体教学能力有稳步提升。

第五节 用“360+N”课程促劳动教育落地生根

——劳动学科课程计划

一、劳动学科宣言

依据《深化新时代教育评价改革总体方案》《关于全面加强新时代大中小学劳动教育的意见》和《大中小学劳动教育指导纲 要（试行）》《义务教育质量评价指南》等文件精神，围绕学校“人人在劳动中有所作为 ”的指导思想，劳动科组致力于课程的顶层设计。为破解劳动教育在实施过程中被淡化、异化、窄化、边缘化、物化等问题，从劳动学科特色课程出发，制定了以“知行合一，以劳育人”的学科宣言。即，打造知行合一的教育新模式，为以劳育人提供合适的土壤，在劳动教育中知行合一。

二、课程目标

（一）总目标：“立德、笃行、培能”

学校基于立德树人的根本任务，站在“全面育人”的高度，围绕学校“人人在劳动中有所作为 ”的指导思想，我们将学校劳动教育的总目标内化为立德、笃行、培能，三者既互相融合又互相促进（见图 6–13）。

“立德”是劳动教育的本体价值和终极目标。劳动教育评价应将人的成长作为价值尺度，在劳动过程中激发生命自觉，创造生命价值，让学生逐步树立正确的世界观、人生观和价值观，培养学生的公德心和责任感。

“笃行”是劳动教育的主要途径。学生只有在长期的劳动实践中出力流汗、接受锻炼、磨炼意志才能获得真知，养成良好的劳动习惯，掌握基本的劳动方法，提高解决实际问题的能力，形成善于合作的团队意识和不断进取的创新精神。

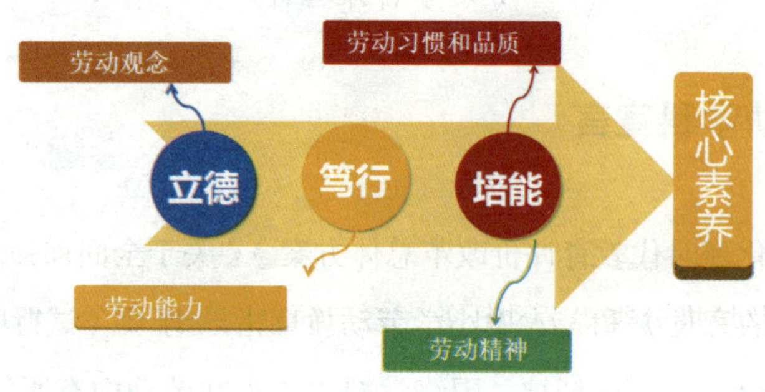

图 6–13

“培能”是劳动教育的结果呈现。针对海港小学学生劳动实践的数量和频率不足，劳动能力、劳动精神普遍偏低等现状，我们认为必须尽快提升学生的劳动能力，让他们掌握必备的劳动知识、劳动技能，形成基本的劳动素养，提升劳动效率和成果，这样才能使他们更好地完善自己、服务他人和社会。（见图 6–14）

（二）学段目标

1. 第一学段（1—2 年级）

（1）初步感知劳动的艰辛与乐趣，学会尊重他人的劳动付出。喜欢劳动，具有主动劳动、积极参加劳动的愿望。

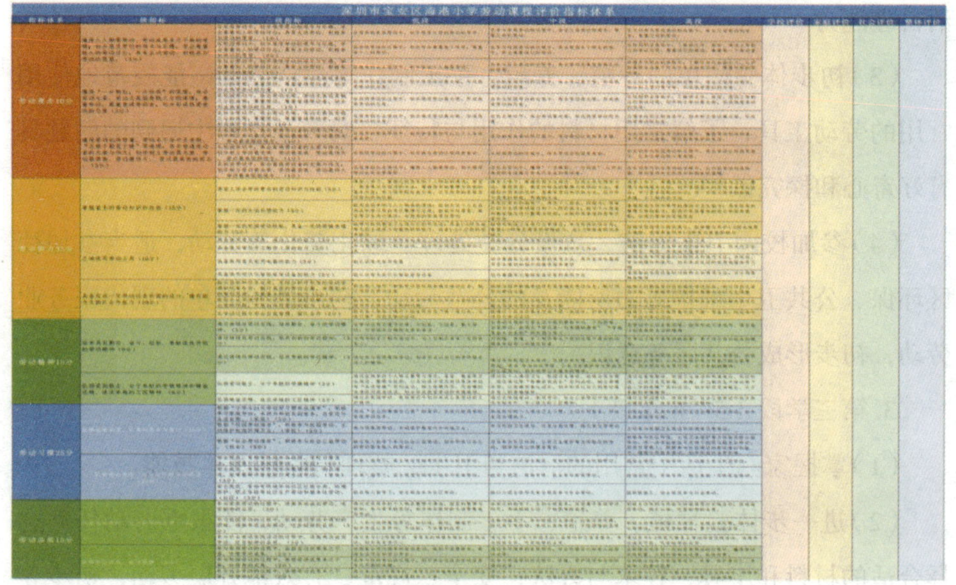
深圳市宝安区海港小学劳动课程评价指标体系

图 6–14

（2）完成比较简单的个人物品整理与清洗，居室、教室等卫生保洁、整理与收纳，以及垃圾分类等劳动任务，参与简单的家庭烹饪。形成“自己的事情自己做”的意识，具有初步的个人生活自理能力。

（3）关心、照顾身边常见动植物，初步形成关爱生命、热爱自然的意识。参与简单的手工制作活动，初步学会规范使用相应工具。对工艺制作具有一定的好奇心。

（4）参与班级集体劳动，主动维护教室内外环境卫生，初步形成以自己的劳动服务他人的意识。

2. 第二学段（3—4 年级）

（1）体会劳动光荣、劳动无高低贵贱之分的道理，认识到美好生活离不开各行各业的劳动者。

（2）养成良好的个人清洁卫生习惯。主动分担家务，协助参与家庭环境卫生清洁，能制作简单的日常饮食，初步学会简单的家务劳动技能，形成生活自理能力。

（3）初步体验简单的种植、养殖、手工制作等生产劳动，能规范地使用常用的劳动工具，了解常用材料的作用与特征，对劳动过程中遇到的问题具有好奇心和探究欲望。

（4）参加校园卫生保洁、垃圾分类处理、绿化美化等劳动，适当参加社区环保、公共卫生维护等力所能及的公益劳动，初步体验简单的现代服务业劳动，初步形成公共服务意识。

3. 第三学段（5—6 年级）

（1）掌握家庭生活中常用的清洁与卫生、整理与收纳基本技能。

（2）进一步体验种植、养殖、手工制作等生产劳动，能根据劳动任务选择合适的材料和工具、技术与方法，安全、规范、有效地开展劳动，初步养成持之以恒的劳动品质。

（3）主动参加校园卫生保洁和环境美化等劳动，积极参加社区环保、公共卫生维护等力所能及的公益劳动，进一步体验新技术支持下的现代服务业劳动。

（4）根据劳动目标确定劳动任务，制订劳动计划，并根据劳动过程的进展情况适时优化调整，初步形成劳动效率意识和劳动质量意识，初步形成爱岗敬业、乐于奉献的精神。

三、课程实施

劳动教育承载着培养儿童劳动素养的独特价值，肩负着树德、增智、健体、育美的重任，因此，我们把劳动教育放在“立德树人”“五育并举”的大系统中进行设计。依托独具特色的“有为·领航”课程体系，围绕学校“人人在劳动中有所作为”的指导思想，创新构建海港特色的“360+N”劳动教育课程体系以及立德、笃行、培能的劳动教育评价体系。同时紧扣学校“基于思辨理念下的大单元教学”教学主张，建立劳动教育课任务群的大单元教学模型，让“五育并举”有更具体扎实的落地方式（见图 6–15）。

图 6–15

（一）实施计划

第一阶段（2023 年 6—8 月）：制定劳动学科基地教研三年规划。

第二阶段（2023 年 9—12 月）：聚力科组建设，完善教研机制。

第三阶段（2024 年 1—6 月）：围绕“基于思辨理念下的大单元教学”教学主张，建立劳动教育课任务群的大单元教学模型。

第四阶段（2024 年 7—9 月）：借力课题研究，提升教研质量。

第五阶段（2024 年 9 月—2025 年 12 月）：致力梯队培养，赋能学生成长。

第六阶段（2025 年 12 月—2026 年 8 月）：凝练研究成果，打造特色劳动。

（二）实施策略

“立德、笃行、培能”的劳动教育任务群的大单元教学研究，主要从内容剖析、对照课标、学情分析、大单元主题、大单元目标、大单元评价、大单元教学实施及结构图这 7 个方面来进行，以任务为驱动，根据单元目标，聚焦任务群，创设任务情境，选择适切的评价方式扎实推进（见图 6–16）。

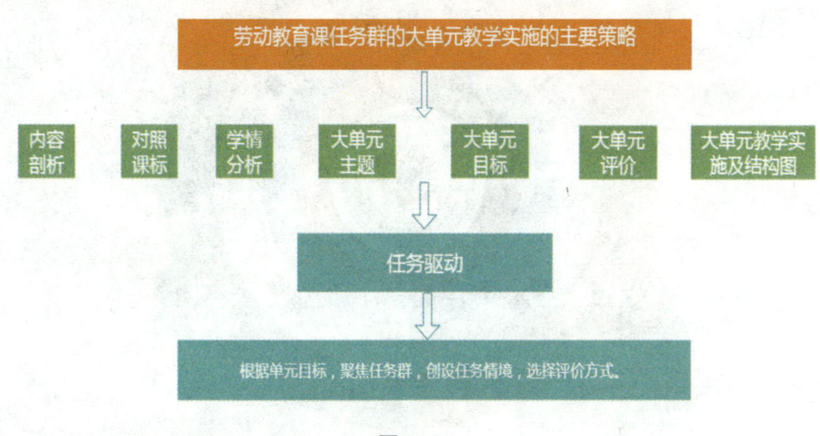

图 6–16

为此，我们在实施大单元教学中侧重以下几个策略：

第一步，深入解读单元内容，精准定位学习任务。教师需要全面解读并整合单元内容，深入研究课程标准，明确每个单元内容的学科定位，确立学习任务设计的方向。

第二步，明确单元目标，提炼核心大概念。清晰、准确的大单元学习目标是大任务设计的基础。提炼出具有持久理解力的学科大概念，确保学习任务的一致性和持久性。大概念的明确性将使得后续的任务和活动设计更加聚焦和有效。

第三步，构建单元学习情境，设计核心大任务。大任务的设计需结合具体学习情境。如，在《美好劳动教育，与您“布”期而遇》教学中，可以创设“‘布’期而遇”的情境，并设计核心任务如“由染而生，布里生花；弄针似舞，绣美如画”。

第四步，梳理单元设计逻辑，细化大任务。为有序开展大单元学习活动，教师需要梳理学习过程，将核心任务分解为相互关联的子任务，并设计具体的学习活动，引导学生逐步完成子任务，最终达成大单元学习目标。

（三）元素与流程（见图6-17）

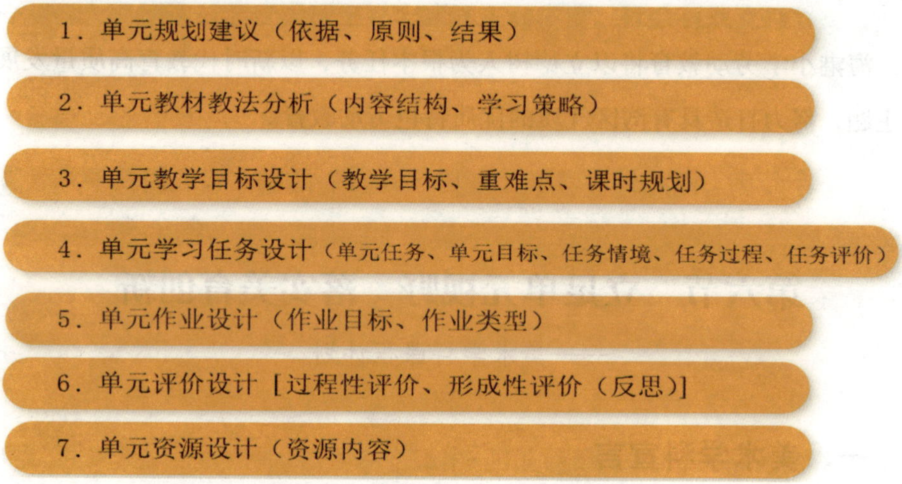

1．单元规划建议（依据、原则、结果）

2．单元教材教法分析（内容结构、学习策略）

3．单元教学目标设计（教学目标、重难点、课时规划）

4．单元学习任务设计（单元任务、单元目标、任务情境、任务过程、任务评价）

5．单元作业设计（作业目标、作业类型）

6．单元评价设计［过程性评价、形成性评价（反思）］

7．单元资源设计（资源内容）

图6-17

（四）课堂模型

依据新课程标准及《广东省中小学劳动教育实施指引》要求及建议，劳动教育课堂模型可分为五个关键环节，即讲解说明、淬炼操作、项目实践、反思交流、榜样激励。它们既相互区别，又密切联系、相互融合，共同促进一个完整劳动教育任务的教学实施（见图6-18）。

图 6–18

海港小学劳动教育将以立德树人为根本任务，以新时代教育高质量发展为主题，努力打造具有湾区气质的优质特色劳动教育。

第六节　立足单元视野　落实美育创新

——美术学科课程计划

一、美术学科宣言

（一）产生背景

《义务教育艺术课程标准（2022 年版）》中指出，艺术课程需要围绕核心素养，体现课程性质，反映课程理念，确立课程目标。艺术课程要培养的核心素养主要包括审美感知、艺术表现、创意实践、文化理解。海港小学开办以来，绘本教学是海港小学发展的主要特色。从平面绘本到立体绘本教学，再升级为连环画大单元教学。围绕新课程标准，美术科组一直致力于绘本课程的开发与研究，而我们学科的大单元教学大部分是建立在我们学科特色的基础上来开展的。为了明确学科的方向、让大单元课程设计更合理，从学科特色课程出发，我们学科制定了以“会感知、会表现、会审美、会传承”为我校美术学科宣言（见图 6–19）。

（二）内涵解读

会感知：是让学生对自然世界、社会生活和艺术作品中美的特征及其意义与作用的发现、感受、认识和反应能力。

会表现：艺术表现的培育，就是让学生掌握艺术表现的技能，认识艺术与生活的广泛联系，增强形象思维能力，涵养热爱生命和生活的态度。

会审美：审美的培育，让学生发现美、感知美，丰富审美体验，提升审美情趣。

会传承：传承和弘扬中华优秀传统文化、革命文化、社会主义先进文化，坚定文化自信，铸牢中华民族共同意识。

图 6–19

二、课程目标

（一）总目标：三个传承——传承艺术家的精神，传承美的情感价值，更要传承好的思维方式。

海港小学美术的大单元课程无论从课程设计、课程选题，还是在课堂中对学生的引领、实施过程、课堂评价都是紧紧围绕新课标的核心素养之下进行的，大单元体现课程性质、反映课程理念、确立课程目标，老师们经过对课程的思考，然后重组、扎实推进的。

在美术课上，我们将拓展课程的内容融入日常大单元教学中，围绕核心素养和学科校本特色而开展，从而达到通过大单元的课程，我们希望学生能够传承艺术家的精神，传承美的情感价值，更要传承好的思维方式，这也是我们实行大单元的最终目标。

（二）学段目标（见图 6-20）

年级	序号	目标	对应核心素养
一、二年级	1	学会欣赏身边的美	审美感知、文化理解
	2	能够尝试用不同的媒介，或能够完成简单的剪贴、折纸来进行平面、立体的形式，表达自己的所见所想	艺术表现
	3	并初步形成设计意识和绘本、连环画创作意识	文化理解、创意实践
三、四、五年级	1	能够欣赏、评述艺术家的作品，提高审美意识	审美感知、文化理解
	2	学习立体机关制作、培养动手能力，以平面的、立体的或动态的表达形式来创作美术作品	艺术表现、创意实践
	3	进行主题创作能够将美术与自然、社会及科技相融合，提高综合探索能力	文化理解、创意实践
六年级	1	能够运营造型元素、形式原理和欣赏方法来评述、理解世界美术的多样性	审美感知、文化理解
	2	能够运用知识、技能、思维进行更为复杂的造型创作	艺术表现
	3	在主题下进行不同形式连环画、绘本的制作。以此提升创意表达、创意实践	文化理解、创意实践

图 6-20

1. 一、二年级：是学会欣赏身边的美，能够尝试用不同的媒介，或能够完成简单的剪贴、折纸来进行平面、立体的形式，表达自己的所见所想。并初步形成设计意识和绘本、连环画创作意识。

2. 三、四、五年级：能够欣赏、评述艺术家的作品，增强审美意识，学习立体机关制作、培养动手能力，以平面的、立体的或动态的表达形式来创作美术作品，进行主题创作能够将美术与自然、社会及科技相融合，提高综合探索能力。

3. 六年级：学生能够运用造型元素、形式原理和欣赏方法来评述、理解世界美术的多样性。能够运用知识、技能、思维进行更为复杂的造型创作，在主题下进行不同形式连环画、绘本的制作。以此提升创意表达、创意实践。

三、课程实施

美术学科基于思辨理念的大单元教学模式，是围绕思辨将大单元教学模式与连环画教学相结合，基于美术核心素养的“大单元教学”是围绕情境化主题的真实性学习任务展开，比如创设一些适应教学主题的生活情境、游戏情境等，并且根据学生不同年级、不同绘画水平制定不同的教学方案和相应的连环画表现形式。在确定的大单元主题背景下，以连环画的表现形式开展连环画教学，教师引导学生进行联想，让其在连贯的故事线索中联想更多的内容，这能让学生更好地与作品产生共鸣，进而提升艺术想象力和创造力，更好地培养学生的思辨能力。

(一)专家引领，打开新思路

为了更加深入持续发展美术特色，并符合新课程标准。多次邀请教研员罗国辉老师给美术学科解读新课标和对我校美术特色进行把脉、建议。教研活动建立在教研课的基础之上进行，从课堂实际情况出发，了解教师们对新课标把握，解决大单元在设计当中的难点。在专家的帮助之下为之后学科特色的发展有了方向，确定了教学思路。

（二）创建美术思辨课堂模式

美术科组学科的“思辨课堂”的模式是：学、练、创。学即观察、自学、导学；练即提问、分层练习；创即个性、艺术性、时间管理。学生通过教师的引导，找出关键词、艺术规律、制作的方法，教师的作用是引导学生大胆想象，将自己的生活经验与艺术相结合。学生创作不是模仿教师动作的过程，而是在教师指引下，学生自我意识的具体呈现。

（三）完善思辨分层作业标准

思辨理念下的课堂作业实行分层要求，分层作业要求是根据作业设置中有难易程度不同等级的要求给予学生选择，学生根据自己的情况选择作业难度来进行作业练习，绘画功底强的选择难度大一些的，绘画功底弱的可以选择作业要求难度低一些的，这样所有学生都能完成课堂作业练习。真正做到按不同层次的学情进行教学和辅导作业，让每一位学生都能够完成课堂任务，提升学生的自信心。

（四）集体备课，集思广益

课堂教学是一种能有计划，有目的，讲究效益的活动。为了教学活动得到有效的开展，针对“有效备课”对美术课程进行大单元备课。以学科大概念深化理解，按“像艺术家一样创作”过程的逻辑推进，由各环节不同性质学习活动的小单元组成的大单元研究型教学，目的在于改变偏重零碎知识教学，强调学生手脑并用获得完整的知识和经验。在集备中老师们选择有利于培养学科核心素养的教学内容和情境素材，制定学习目标、选择子单元课内容、设计学习活动、进行学习评价等环节进行说课，内容环环紧扣，尽量使学科核心素养具体化，可培养、可干预、可评价（见表 6–6）。

表 6-6 六年级上册大单元教学行事历（部分）

单元主题：《新春立体书》	第一课《新春邮票》	1	旋转机关制作
		2	邮票设计
		3	旋转机关画面设计
	第二课《春天花卉》	1	鲜花绘画
		2	蝴蝶机关绘画
		3	机关拼接
	第三课《舞龙表演》	1	机关制作
		2	绘制龙
	第四课《新年小礼盒》	1	礼盒制作
		2	拼贴花纹
		3	绘画新年背景
	第五课《合并成立体书》	1	绘画新春立体书封面
		2	将前几课的内容整合成一本立体书

（五）以大单元为载体创新课程

依据课程标准、教材和学情确定大单元主题内容，制定符合学情的大单元连环画教学方案。在大单元学习中介入真实情境与任务，增强连环画教学趣味性和文化价值。以不同艺术形式（线描、剪纸、油画棒、水彩、国画、版画、超轻黏土、剪贴、立体书等）与连环画相结合，以多元化形式呈现连环画作品。

1. 制定大单元教学模板

每个大单元包含单元概述、大概念、大问题、大情景、单元组成部分、各个子单元的学习目标、评价要点、对应核心素养。

连环画大单元教学设计					
课题		授课对象		设计者	
单元概述（设计思路）					
单元组成（最少四个内容，5个课时以上）	1. 2. 3. 4.				
大概念（本单元最核心内容）					
基本问题（文字归纳简练）		小问题（所有主题基本问题的整统）	主题一 1. 2. 3. 4. 主题二 5. 6. 7. 8. 主题三 9. 10. 主题四		
学生基本情况					
教学方法与策略					

教学设计			
主题一			
学习目标	1. 2. 3.		
情景问题设置	（例如：教师描述某个现象或活动或故事，提出问题，引发学生思考。）		
基本小问题	1. 2. 3.		
教学重点		教学难点	
教学过程	教师活动	学生活动	设计意图

图 6–21

单元化教案设计要求（见图 6–21）

（1）课题：单元化教案的课题可以来自教科书单元课，也可以是教师自主开发的校本课程，关键要有一定的开发性和研究性。

（2）单元问题：设计一个能引发学生深层思维的单元问题及系列小问题，使得课程具有人文性质、提高美术教学质量的重要策略。

（3）单元教学目标：通过一个单元教学后学生所要达到的教学效果。比课时教学目标有更高、更全面的追求。

（4）单元设计思路：教师在分析课程、学生和教学条件后所产生的教学想法，设计周密的教学方案。

（5）单元计划表：单元化研究型教案并非把单课时教学内容简单地拉长，而要体现“研究过程”。教师要计划课时、项目子课题、教学活动等。每节课都是相对独立、完整的课，有自己的侧重点。每节课都是单元计划的一部分，而且都要注意承前启后。

2. 确定主题

设计的大单元连环画课程立足于以特定的文化，以有意义的主题为导线。例如我们可以结合航天科技主题、新春佳节、青山绿水、垃圾分类、我爱劳动、小小旅行家、家乡美食等等的主题情境来作为引入。

3. 重构单元

确定主题之后，我们进行重构单元，经常用到的两种模式：

（1）“一分多”就是将课本一节课的内容拓展成一个单元的内容。

对知识点进行深度挖掘，让学生多角度、充分理解知识点。

（2）“多合一”，对于单元与单元之间有类似的或者知识点能够联系在一起的课程可以合并成一个大单元，将知识点系统化、整合化。

将单元内容根据核心素养要求来规划、细分子单元内容和子目标，确保核心素养能够有效地贯穿于大单元当中，以素养来带动技能，以技能来提升素养。

4. 形成单元课例

课例 1：《我劳动的一天》连环画大单元

这个大单元集合了教材中不同单元不同年级的内容，把教材中《我的一天》和《画家笔下的劳动者》《我们的影子》等等相关联内容的课文整合为一个单元。设置以劳动为主题的情境，主要安排如下：

大概念：热爱劳动是中华民族的光辉传统。

大问题：怎样通过连环画形式来表达劳动的画面？

具体安排如下：

主题一：劳动由来，了解劳动历史。运用剪影的绘画形式，初步了解人物动态造型。

主题二：《画家笔下的劳动者》，欣赏不同国家、不同画种是如何刻画劳动人民，以及如何抓住劳动者的动态、表情特征。

主题三：《学习画劳动动态》，学生演一演，学习用辅助线来画劳动的动作、表情刻画及如何用涂色方法画出立体感。

主题四：《以连环画形式表达我劳动的一天》，学习连环画的构图方法，以劳动为主题展开想象，编写故事。

主题五：《制作播放盒子》制作方形盒子，外形贴上人物动作加以装饰，将连环画放入盒子中播放。

（六）作品展示增强学生的自信心

学生的美术作品定期放置在教室窗台、定期举行大型的主题性校园展示，将学生的作品放置于学校走廊增添校园艺术氛围。这些展示环节能够让学生互相欣赏大家的作品，学习其他同学的创意，同时也增强了学生的自信心和兴趣。通过展示也能让教学成果及时做一次教学总结与反馈，教师通过作品观察到的一些教学问题，了解学生的不足，以便调整和完善教学内容。

第七节　浸润乐律，乐享音乐之美

——音乐学科课程计划

一、课程背景

《义务教育艺术课程标准（2022年版）》为音乐教学做出了更加明确的指导，其中指出引导学生积极参与音乐表演等艺术活动，积累实践经验，享受艺术表现的乐趣。在聆听音乐中，引导学生对音乐作品产生情感共鸣并唤醒爱党、爱国、爱社会主义的情感；通过感知、体验、了解音乐的感性特征和审美特质，养成良好的欣赏习惯，能对音乐作品和音乐活动进行简单评价；根据《义务教育艺术课程标准（2022 年版）》，音乐科组制定了学科宣言，即“有情趣、有才艺、有表现力”，旨在实现新课标的目标。

二、内涵解读

拥有较强的审美感知能力是一个学生基本素质的体现，也是从事审美创造的基础性能力（见图 6–22）。

“有情趣”意在培养学生的审美感知素养，有助于学生发现美、感知美、丰富审美体验，提升审美情趣。并在此基础上让学生逐步形成正确的历史观、民族观、国家观、文化观，能理解艺术作品所反映的文化内涵，领会艺术与文化之间的联系。

“有才艺”着力培养学生的特长才艺，能歌善舞、善弹能奏，通过音乐课的熏陶浸润，让学生能自信、自然地表现、演绎音乐，培养学生的个人才艺与特长。

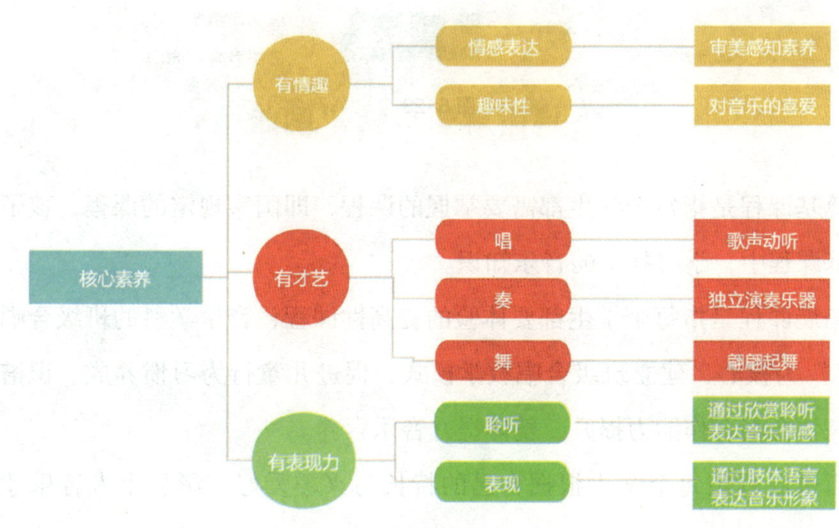

图 6–22

“有表现力”着力培养学生掌握艺术表现的技能，认识艺术与生活的广泛联系，形成创新意识，提高艺术实践能力和创造能力，增强团队精神。

三、学科课程体系

根据海港小学“有为·领航”课程体系，音乐课程构建包含奠基课程、拓展课程、自选课程及综合课程的完整课程体系（见图 6–23）。

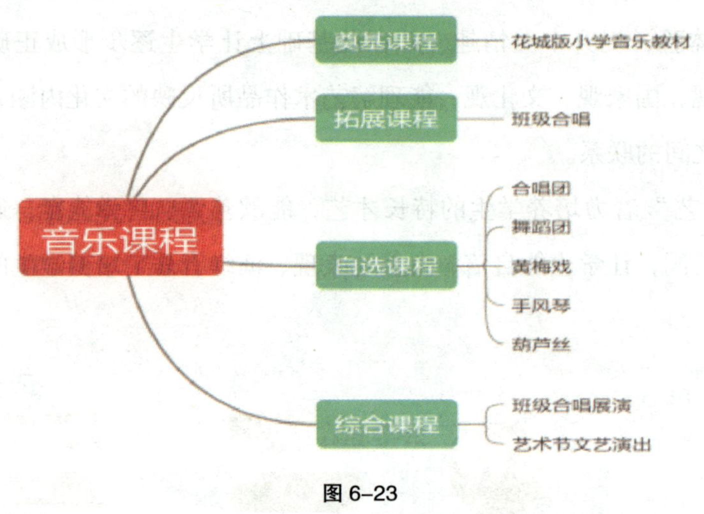

图 6–23

奠基课程是指每个学生都需要掌握的课程，即国家规定的课程，孩子们在奠基课程中，学习扎实的音乐知识。

拓展课程是指每个学生都要体验的提高性课程，音乐学科的班级合唱以“审美”为核心，建立班级合唱教学模式，促进儿童行为习惯养成、识谱能力提高、合唱合作能力提升，整体提升音乐素养。

自选课程指每个学生根据自己的特长与兴趣爱好，彰显个人音乐才艺而选择的课程，音乐学科组建了合唱、舞蹈、黄梅戏、手风琴、葫芦丝自选课。

综合课程是奠基课程、拓展课程、自选课程融合后的表现形式，它体现全员化和常态化，孩子们在综合课程中，展现自我，体现了海港学子“有情趣、有才艺、有表现力”的综合展示。

（一）学段目标

1. 第一学段：一至二年级

（1）能体验音乐的情绪与情感，了解音乐的基本特征，感知音乐的艺术形象，对音乐产生兴趣。在音乐体验中唤起爱国、爱党、爱家乡的情感。

（2）能积极参与演唱、演奏、歌曲表演、律动、音乐游戏、舞蹈、戏剧表演等艺术活动，积累实践经验，享受艺术表现的乐趣。在各种艺术实践中初步建立规则和合作意识。

（3）对音乐有好奇心、探究欲，能在探究中表达自己的想法和感受。

（4）初步了解中国音乐文化和世界多元音乐文化。对身边的音乐和音乐现象感兴趣，能与他人分享，交流自己的发现和感受。

2. 第二学段：三至五年级

（1）养成良好的欣赏习惯，能对音乐作品和音乐活动进行简单评价；增强对音乐的兴趣。

（2）对音乐保持好奇心和探究欲，能在探究、即兴表演和创编等艺术创造活动中展现个性和创意。

（3）增进对中国音乐文化的了解与喜爱之情，了解世界多元音乐文化，开阔文化视野。

关注社会生活的音乐现象，对音乐与姊妹艺术（舞蹈、戏剧等）、其他学科以及个人、自然、科技的联系有初步了解。

3. 第三学段：六年级

（1）领悟音乐的思想感情和内涵意蕴，增强爱党、爱国、爱社会主义的情感和乐观的态度，以及对美好事物的热爱之情；加深对音乐感性特征和审美特质的感知、体验与理解，提高音乐欣赏、评述能力，对音乐有较浓厚的兴趣。

（2）乐于参与多种与音乐相关的艺术表现活动，展现自己的个性化理解和创意，在实践中增强交流与合作能力，学会尊重、理解和包容，养成守规则、负责任等良好品质。

（3）能选用合适的音乐作品表达自己的情感，编创与展示简单的音乐作品，具有一定的想象力和创造力。

（4）理解中国音乐文化中的中华美育精神和民族审美特质，增强文化自信；进一步了解、尊重世界多元音乐文化。

（5）能从文化的角度理解音乐与姊妹艺术、其他学科，以及个人、自然、生活、社会、科技的广泛联系，对社会生活和文化中的音乐现象有自己的想法。

四、课程实施路径

（一）立足教材内容，专家引领，指引音乐教学方向

为了进一步完善科组音乐教学，我们科组曾多次邀请各专家进行课程指导，专家为音乐教学指导方向：深圳市音乐教研员胡樱平老师、奥尔夫教学法专家徐迈老师、柯达伊教学法专家周向阳老师等先后多次走进海港小学音乐课堂指导教学方向。专家指出：教材内容是教学的重要依据，教师根据具体的教学内容来展开指导。要因材施教，根据学生的不同能力对教材进行“二度修改”，教师可以适当对教学内容的选取改编及分册、教学环节的设计、音乐的教学方法、教学效率的提高等细节性的问题，进行整合。教师在规划单元时要深入分析、挖掘教学内容（音乐作品）的关键特征，依据当下

的学生学情，契合《课程标准》要求的学习内容，避免出现面面俱到的“就作品教作品”的现象。

（二）形成了课堂教学模式

音乐教学的展开需要良好的学习行为习惯、掌握一定的音乐基础知识和音乐技能，我们逐渐摸索出相对成熟的音乐课堂教学模式，下面以班级合唱课堂为例，具体如下：

音乐知识结合歌唱技能的学习是班级合唱的主要任务

音阶练习→歌曲主干音练习→歌曲节奏、旋律学习→新节奏新音高学习→学唱歌词→表现歌曲

1. 音阶练习：根据各年段教学目标及内容，选择对应的音阶指导学生进行练习，用柯尔文手号辅助，在巩固学生音准的同时也训练了学生对歌曲调性的把握。如：在学习三年级上册《捕鱼歌》歌曲时，这是一首台湾地区的宫调山地民谣，让学生进行宫调五声音阶练习，不但感受了歌曲的调性，还加深了学生对于民谣的认知。

2. 歌曲主干音：组织学生练习歌曲主干音，便于把歌曲中出现的难度较大的旋律音程先练习，有了音程感再来学唱旋律，同时进行发声合唱合作练习，事半功倍。

3. 歌曲节奏、旋律学习：利用已有节奏、旋律元素经验，运用模仿或乐器演奏等形式指导学生练习。

4. 新节奏新音高：通过节奏及旋律元素的练习，学生能根据已有的节奏、旋律元素经验，轻易找出新节奏或新音高，再进行练习加以巩固提高。

5. 学唱歌词：创设情境，让学生感受到歌曲的意境，再按节奏进行歌词朗诵，用教师范唱、听音乐唱、跟琴唱、分组互相配合唱旋律和歌词，到无伴奏演唱，为歌曲的声部合作做好铺垫。

6. 表现歌曲：通过音阶、歌曲主干音、节奏旋律等练习，学习内容的基

础已打好，用师生合作、学生和乐器合作、小组合作等方式进行练习，表现歌曲，指导学生聆听声部合作时的音准及音色，提高学生的声部合作能力。

（三）围绕音乐课程核心素养，设计教学活动，预设完成标准

我们的音乐学科核心素养是“有情趣、有才艺、有表现力”，因此根据核心素养的教学目标，去设计音乐教学活动。围绕教材中的教学内容和要求来明确教学目标，让学生在每一节音乐课堂上都能够得到核心素养的培养和发展，进而实现教学目标的达成。同时，教师在设计教学目标时还需要结合学生的实际情况，把握音乐知识与技能的年段学习水平；充分挖掘教材内容的艺术内涵，丰富学生音乐学习的审美经历，注重音乐审美情趣的形成与发展；关注学生的音乐学习基础，重构音乐学习方法与策略的形成，加强学科能力的培养。

分组合作为例：在教学一个50多人的班级合唱集体里面，作为老师只能关注到一些表面突出的现象，而且给多数学生单独展示的机会不多，因此，在教学过程中，我们把一个大集体分成若干个8人左右的小组，对促进学生的合作意识会有很好的帮助。又比如：进行旋律模唱，分发旋律卡片到小组，让小组练习汇报。在汇报过程中，小组之间互相模仿，起到互相促进作用。

（四）重视评价，完善教学评价

教学评价是激励、诊断学生学习效果，促进学生改进和完善学习并反馈教师教学的重要手段。强调教师的教学评价不能再是单一的，而是要突出评价方式的多样化、主体的多元化，评价的目的在于促进发展等等。

1. 教师评价

在日常课堂，教师对学生的形成性评价主要结合教学内容，采用观察、谈话、提问、考勤等方式进行；而终结性评价主要采用作品和视唱的考核为主，再把评价内容融入艺术实践活动中，之后再对学生做出总体评价。

2. 课堂排练定性评价与定量评价相结合

在排练过程中，进行定性评价，包括学生的参与度、合作精神、课堂表现等内容；对表现优秀的学生提出表扬，对表现欠佳的同学进行提醒。

3. 学生评价

评价以学生评价为主体，所以评价采用学生自评、互评及他评等多元化评价相结合，让学生敢评、爱评、乐评，同时发挥教师的导评作用，促进学生综合素质的全面发展。

下面以五年级音乐素养练习歌曲演唱评价为例（表 6–7）：

表 6–7

评价项目	评价内容		
	A 优秀	B 良好	C 合格
音准	能准确演唱	能较准确演唱	能在教师引导下，基本唱准
节奏	能够拍稳定节拍，唱准节奏	基本掌握节奏	能随教师唱准节奏
音乐表现	有感情地演唱歌曲，并通过体态律动的方式表现歌曲	基本能够借助律动，一边演唱一边表现歌曲	能够运用体态律动方式表现歌曲

综上所述，我们学科从审美感知的概念解析出发，透过音乐科组的学科宣言为“有情趣、有才艺、有表现力”的理论，切合实践模式。我们音乐教育工作者将一如既往，为学校音乐教育落实审美感知，培养、引领学生提高音乐审美能力。让每位孩子“浸润乐律，乐享音乐之美”！

第八节　体教融合促思辨，德智体美共成长

——海港小学体育与健康学科课程计划

一、课程背景

《义务教育体育课程标准（2022 年版）》坚持目标导向、问题导向、创新导向，其中体育的学练赛教学方式有了大的改变，对体育的培养目标进行了完善。全面落实习近平总书记关于培养担当民族复兴大任时代新人的要求，结合义务教育性质及课程定位，培养有理想、有本领、有担当的时代新人。优化课程设置应该落实“双减”政策，调整优化课程设置，以指导教师应该怎么教学，学生应该怎么学习和参与体育活动。在此背景下，海港小学体育科组积极响应国家新政策，探索以思辨理念为核心的大单元体育教学模式。我们认为，教师应该解读课标、备教材、备学生，认真钻研各个水平段教学内容，有计划、有步骤、有内容地进行课程实施，加强学段衔接，从一到六年级，三个水平段，安排不同学段内容，体现学习目标的连续性和进阶性。

二、学科宣言

在新课标 2022 年《体育与健康课程标准》的背景下，全面贯彻党的教育方针。海港小学教学宗旨是培养“有为少年”，体育科组践行“会运动、常锻炼、养习惯、树意志”为学科宣言（见图 6–24）。

（一）内涵解读

会运动：促使学生掌握体育知识、体育技能，了解体育文化、人体生理

常识。

常锻炼：培养良好的体育运动习惯以及相关的意志品质。

养习惯：提高身体和心理素质，坚持练习常识、勤锻炼的计划。

树意志：体育品德养成、规范和指导学生开展积极、有效、健康的体育运动。

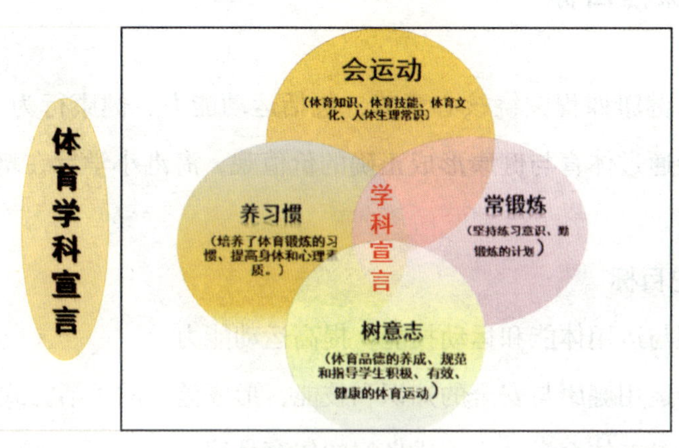

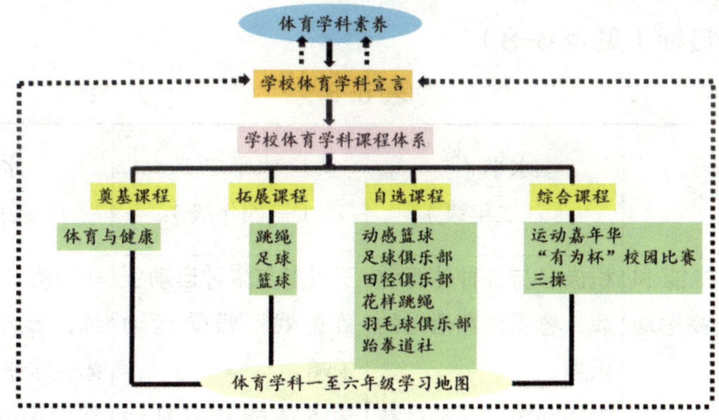

图 6–24

（二）具体实施

海港小学体育学科围绕“会运动、常锻炼、养习惯、树意志”的学科教学宣言，从奠基课程、拓展课程、自选课程和综合课程四个维度来设置课程，开展日常的教育教学，扎实落实体育学科素养，促使学生掌握体育知识、习得体育技能、了解体育文化，培养良好的体育运动习惯以及相关的意志品质。并采取“多元化”和“晋阶式”的评价方式，各学段依据学习内容对学生进行专项检测。

三、课程目标

体育与健康课程围绕核心素养，包括运动能力、健康行为、体育品德，主要指学生通过体育与健康形成正确的价值观，海港小学旨在培养勇智善美的勇为少年。

（一）总目标

1. 掌握与运用体能和运动技能，提高运动能力。

2. 学会运用健康与安全的知识和技能，形成健康的生活方式。

3. 积极参与体育活动，养成良好的体育品德。

（二）分目标（见表 6-8）

表 6-8

课程总目标	水平一 （一二年级）	水平二 （三四年级）	水平三 （五六年级）
掌握与运用体能和运动技能，提高运动能力。	积极参与各种体育游戏，感受体育活动的乐趣。 学练和体验移动性技能、非移动性技能、操控性技能等基本运动技能。	积极参与多种运动项目游戏，感受运动乐趣。 学练体能和多种运动项目的知识与技能，能进行体育展示或比赛。 运用所学知识观看体育展示或比赛。	积极参与运动项目学练，形成运动乐趣体能水平显著提高；掌握运动项目的基本知识，学练运动项目的技能战术，并能在体育展示或比赛中运用。 运用比赛规则参与裁判工作，观看体育比赛并能进行简要评价。

续表

课程总目标	水平一 （一二年级）	水平二 （三四年级）	水平三 （五六年级）
学会运用健康与安全知识和技能形成健康的生活方式。	感受体育锻炼对健康的重要性，参与校内外体育活动。 了解个人卫生保健、营养膳食、安全避险等健康知识并将其运用到生活中。 活泼开朗,体验快乐，乐于与他人交往，适应社会。	了解体育锻炼对健康的重要性，积极参与校内外体育活动。 了解个人卫生保健、营养膳食、青春期生长发育、运动伤病、安全避险等健康知识和方法，并将其运用于日常生活中。 关注自己情绪的变化和别人的沟通。	理解体育锻炼对健康的重要性，主动参与校内外体育锻炼。 将健康与安全知识和技能运用到日常生活中。 遭受挫折和失败时保持情绪稳定。交往与合作能力提升，适应自然环境的能力增强。
积极参与体育活动，养成良好的体育品德。	在体育活动中表现出不怕困难、努力坚持学练的意志品质。 按照规则和要求参与体育游戏。 在体育活动中尊重教师、爱护同学，能扮演不同的运动角色。	在有一定难度的体育活动中表现出勇敢顽强、克服困难的意志品质。 按照规则和要求参与体育活动。 在体育活动中表现出文明礼貌、乐于助人的行为。	积极应对体育活动中遇到的困难，表现出吃苦耐劳、敢于拼搏、勇于争先的精神。 做到诚信自律、公平公正，规则意识强。 具有责任感和集体荣誉感，能正确看待比赛的胜负。

1. 一、二年级：学会基本的运动技能，跑、跳、投的基本技术动作，体验运动、游戏中带来的快乐。

2. 三、四年级：能够学会多项运动知识和技能，并且在比赛中体验所学运动知识的展示，能够自主组织体育比赛，拥有正确的胜负观。

3. 五、六年级：能够掌握所学的运动技能和比赛规则，在比赛中运用和展示，能够形成简要的评价。

四、实施路径

（一）严格执行课程计划，保证正常教学秩序

学校严格执行国家教育课程管理计划，按要求开足开齐体育课，每班每周4节体育课，体育开课率达到100%。从2024年开始，我们认真贯彻执行深圳市“每天一节体育课”的要求，开齐开足体育课。同时，为保证体育教学的有效开展，各教师在开学预备周就制订好本学期的教学计划，按照教学行事历做好每节课的教学设计，做到每课必有教案，期中、期末必有总结、反思。

（二）加强师资培训，构建优质教师团队

作为一支年轻的队伍，体育科组内扎实开展“启航工程师徒结对”活动，加速青年教师的成长的同时也促进资深教师的不断提升。学校还积极组织体育教师开展形式多样的教研工作，加强教师对新课标的学习理解，及时更新教育理念。

目前，海港小学体育学科拥有宝安区体育学科兼职教研员1人、宝安区篮球教研工作室主持人1人、宝安区体育学科名师1人。自2018年起，海港小学体育科组连续三年荣获宝安区体育教师基本功团体比赛一等奖。黄跃、聂晨两位教师荣获宝安区体育青年教师基本功一等奖。2022年黄跃荣获深圳市青功赛二等奖。2023年海港小学体育科组荣获宝安区教师基本功比赛团体一等奖。

（三）落实每日阳光体育一小时

为落实学生每天锻炼一小时，除40分钟体育课外，海港小学还认真组织实施30分钟体育大课间活动，将原有的跑操以及七彩阳光广播体操统一改为绳操。大课间绳操一共分为四个板块，第一步是绳操热身，第二步是跳绳速度跳练习，第三步是集体长绳练习，最后是放松拉伸练习。除此之外，

我们还利用课后延时服务时间开展体育运动。以此保障学生们每天都有充足的体育锻炼时间。

（四）构建思辨课堂模式的大单元教学

体育与健康学科的基于思辨理念的大单元教学模式，是围绕思辨将大单元教学模式与体育教学相结合，是学生体育与健康活动和情景体验、探索、感悟和解决问题的结果，旨在培养学生知识内化、行为养成、品德修为。如创设一些适应教学主题的生活情境、游戏情境等，并且根据学生不同年级、不同水平段创设体育情境。通过创设情境、体验运动让学生能够感知运动带来的体格提升，体验游戏、比赛、练习带来的快乐，从而提升孩子的运动思辨能力。

1. 水平段教学设置

体育科组提出的“会运动、常锻炼、养习惯、树意志”宣言，落实“学、练、赛”教学一体化。设计目的明确、内容丰富，引导学生在充分动起来的过程中享受运动乐趣，形成丰富、深刻的运动体验，在做中学、学中思、思中得。根据三个水平段，六个年级，海港小学设计体育课程包括走、跑、跳、投、体操、篮球、足球、跳绳等技能，充分激发学生的运动认知和兴趣，根据不同年级水平段教学内容循序渐进。

2. 课程内容（见表 6–9）

表 6–9

水平一 （一二年级）	水平二 （三四年级）	水平三 （五六年级）
主要练习 1. 体育基础常识（课堂常规、健康常识：心脏、健康常识：大脑、开展学习爱眼运动的室内体育课）	主要练习 1. 体育基础常识（运动与营养、运动损伤预防） 2. 篮球（投活动篮、拍球比多、迎面传接球、运球、传球、持球方法、双手胸前传接球）	主要练习 1. 体育基础常识（运动损伤处理、简单的运动力学概念） 2. 篮球（行进间双手胸前传接球、原地双手胸前投篮、单手肩上投篮、行进间曲线运球、运球投篮）

续表

水平一 （一二年级）	水平二 （三四年级）	水平三 （五六年级）
主要练习 2. 滚动与滚翻（纵叉、横叉、前滚翻、静力性拉伸） 3. 跳跃（双脚连续向前跳、上一步单脚起跳、跑几步，单脚起跳、蹲跳起、收腹跳、助跑越过一定高度的横绳、跨越式跳高） 4. 队列和队形（向右 / 左看齐、向前看、跑步走、立定、跑步、齐步互换） 5. 走与跑（游戏贴膏药、30—40 米加速跑、站立式跑、100 米跑、耐久跑） 6. 投掷（各种姿势双手抛排球、原地单手投火箭、单手肩上投掷、原地投垒球） 7. 棋类（围棋、国际象棋）	主要练习 3. 足球（左右脚交替拨球、左右脚交替踩拉球、定点射门、控球、抢截球游戏、直线运球、曲线运球） 4. 跳跃（蹲踞式跳远、单摇跳短绳、双脚交替跳短绳、跨越式跳高、双人跳绳） 5. 队列队形（正步走、向右转走、向左转走、向后转走） 6. 走与跑（40 米迎面穿梭接力、200 米折返跑、50 米加速跑、高抬腿跑、后蹬跑、1000 米跑）	主要练习 3. 足球（脚背内侧踢球、脚背正面运球、脚背正面射门、脚背外侧传球、脚背外侧运球、脚背内侧射门、脚背内侧踢球、前额正面顶球） 4. 跳跃（斜向助跑直角腾越、挺身跳、跳橡皮筋、跨越式跳高、蹲踞式跳远、背越式跳高、挺身式跳远、支撑跳跃） 5. 投掷（助跑投掷垒球和沙包、正面投掷实心球、背面投掷实心球、原地侧向推铅球） 6. 跑（蹲踞式起跑、50 米中速跑、40—50 米障碍跑、400 米接力跑）
小小体能师 1. 立卧撑、蹲跳起 2. 深蹲、仰卧踩单车 3. 仰卧起坐、俯卧两头起 4. 坐位体前屈 5. 折返跑、鸭子走 6. 跪卧撑 7. 原地双脚纵跳 8. 单脚原地连续纵跳	体能练习 1. 单臂快速抛接 2. 爆发式抛球 3. 仰卧交替抬腿 4. 连续障碍纵跳 5. 蛙跳、横向冲刺 6. 横向障碍跳 7. 双脚“之”字形跳跃 8. 连续抱膝跳跃	体能练习 1. 单腿连续抱膝跳 2. 单腿连续纵跳 3. 爆发式垫步跳 4. 交换腿蹬跳 5. 单腿跳上跳箱 6. 跳深 + 连续蛙跳 7. 爆发式抛球 8. 爆发式俯卧撑

课时分配：游戏 12.5%、田径 20.06%、球类 30.56%、韵律 4.17%、素质 6.72%、其他 25.99%。

科目	领域	项目	一年级	二年级	三年级	四年级	五年级	六年级
体育	跑	30米、50米	√	√	√	√	√	√
		100米、200米			√	√	√	√
		400米					√	√
	跳	立定跳	√	√	√			
		蹲踞式跳远			√	√	√	
		跨越式跳高					√	√
	投	投轻物	√	√	√			
		投垒球			√	√		
		推铅球				√	√	√
	体操	韵律操	√	√	√	√	√	√
		纵叉、横叉		√	√	√		
		前滚翻、后滚翻			√	√		
		支撑跳跃			√	√		
		肩肘倒立、组合动作				√	√	√
	跳绳、球类	跳绳	√	√	√	√	√	√
		足球			√	√		
		篮球				√	√	√
	测	调研检测	√	√	√	√	√	√

图 6–25

3. 实施分层教学（见图 6–25）

培养学生在知识内化、行为养成、品德修为的基础上逐渐形成核心素养，海港小学根据不同水平段学生的实际，制定不同水平段的教学目标。

在 1—2 年级，通过体育游戏发展学生的基本运动技能，让学生在玩中学、玩中练，激发学生的运动兴趣，以跳绳为拓展的体育活动；

在 3—4 年级，主要根据学生的兴趣爱好从六类运动技能中选择至少 1 类，以足球为拓展开展的体育锻炼；

在 5—6 年级，主要根据学生的兴趣爱好从六类运动技能中选择至少 1 类，以篮球为拓展开展的体育锻炼；个性化设计各个水平段的教学内容。

4．基于思辨理念的集体备课

（1）体育科组的单元整体备课过程

分析学生与教材—确立单元目标及单元课时—研究教学方法—设计教学环节—场地活动规划—体能练习设计六个阶段。

（2）在体育的单元整体备课时，首先应对各个水平段本单元的内容进行梳理整合，确立整体的语境和主题。以水平段为基点，分为水平一的跳绳拓展、水平二的小足球拓展、水平三的小篮球拓展，设计运动技能方法、器材使用、学生思维和自主能力发展为一体的、相互关联的、循环递进的学习活动。

（3）创设上课情景和流程

设计的大单元体育与健康立足于特定的体育氛围，以运动会为情景，创设运动会冠军的精彩瞬间和动作引导学生学习。例如我们可以结合奥运会、亚运会、校田径运动会、体操冠军、篮球明星、足球明星、我的NBA球星、女排、国球乒乓球等等的情景来作为引入。

教学流程为：课堂常规—介绍本次课学习内容和任务—热身激活—情景导入—学习巩固训练—体能练习—放松—总结—布置课后练习—下课。

（五）开展体育主题活动

海港小学通过一年一度的田径运动会、“有为杯”系列比赛（如班级三人篮球赛、班级足球赛、拔河比赛、跳绳比赛）等活动，丰富了体育活动的形式，提高了学生运动锻炼的兴趣。2018年11月，海港小学承办了宝安区“阳光体育”大课间暨课堂教学展示研训活动，全方位展示了海港小学师生良好的体育素养和精神风貌（见表6–10）。

表6–10

2月	“有为杯”班级跳绳比赛	跳绳作为海港小学的体育特色项目，已面向全校师生普及开展。以班级为单位开展班级跳绳比赛，内容包括“1分钟单摇竞速”、“8”字长绳、“乘风破浪”、“2分钟集体长绳”
3月	跳绳段位考级赛	段位考级赛包括“30秒单摇跳”“三分钟单摇跳”，通过各年级“段位考级赛”活动，对每个年级前十名的同学进行海港小学跳绳段位认定，颁发证书
4月、5月	“有为杯”班级篮球（足球）赛	促进海港小学篮球（足球）运动氛围，提高学生篮球（足球）技术，提升团队凝聚力，培养学生积极进取、顽强拼搏精神
6月	班级跑操赛	跑步运动对时间、场地、器械等要求较低。为了提高学生的身体素质，提升班级精神面貌，海港小学开展班级阳光体育一小时跑操活动

续表

9月	班级队形队列赛	9月是一年级新生入学时间，为了培养学生形成良好的生活习惯、坐立行走姿势，形成团结进取的班风、校风，开展以班级为单位的队形队列比赛活动，实现以赛促教，以赛促成长
10月	校级运动会	作为田径传统学校，海港小学每年举办田径运动会，通过跑步、跳高、跳远、投掷等各类田径项目，激发学生的运动兴趣，培育学生班级荣誉感和集体团结意识

（六）开展丰富多彩的社团活动

为发展学生的兴趣爱好，培养学生体育特长，以学生、家长、教师三方协商为原则，实施“走班制”教学模式，开设自选课程。学校现已形成羽毛球、田径、动感男篮、活力女篮、男子足球、七彩跳绳、跆拳道、国际象棋、乒乓球、武术等十几门课程。自选课程坚持做到以下几点：

1. 以学生兴趣爱好为出发点。自选课程以尊重学生意愿为原则，以学生、家长自愿参加为依据，从学生的兴趣出发，培养学生的体育技能。

2. 以发展学生特长为目标。每节自选课，教师需做好教学计划，有目的、有方向地带领学生训练，最终使得学生拥有一技之长。

3. 以提高学生技能为导向。自选课程的训练，需提高学生专项技能，经过一定时间的训练，需使得学生在一定领域掌握一定的本领，取得一定成绩。

体育学科致力于开展丰富多彩的体育课程，最大限度满足学生需要，让更多的学生参与体育活动，促使学生牢固树立“健康第一”的理念，养成终身体育锻炼良好习惯。2017年，学校获评深圳市足球特色项目学校。2019年，被评为宝安区田径、跆拳道、篮球特色项目学校。2023年，被评为宝安区田径、跆拳道、篮球特色项目学校。

（七）学科融合拓宽课程维度

1．音乐科学在小学体育教学中的应用

在体育课堂教学中渗透各式各样的音乐，使学生跟随音乐的节奏运动起来，并创造形式多样的韵律操，使课堂不枯燥，在发展勇为的同时发展美为。

2．信息科学技术在小学体育教学中的应用

（1）利用各种图解，做成演示文稿，给学生以直观的感觉。

（2）画一些常用动作及基本动作结构图，做成简易的动画，如，跨越式跳高动作过程，并配以文字说明。

（3）体育动作技术录像，必要时可播放慢动作。如，我在教授水平二的“前滚翻”动作的时候，让学生观看视频，电脑制作图解，并配以文字说明，既锻炼了学生的动手能力、合作探究能力，又开发了学生的思维能力。

（4）在体育课堂中运用心率带，准确科学地获取学生运动数据，帮助教师更好地制订教学计划，实现体育教育数字化。

3．数学知识在小学体育教学中的应用

（1）在水平三“耐久跑”一课就结合了数学知识，设计了几何图形，要每个小组以最短的路线、最短的时间跑完所有的线路，增强了耐久跑的趣味性，实际锻炼效果很好。同时也开发了学生的创新思维能力、合作探究能力。

（2）体育活动中的现象可以成为科学教学的素材。如：为什么有些足球运动员能够提出所谓“香蕉球”？为什么走动中投篮比固定位置投篮更难？为什么篮球瘪气后在太阳下晒过后会坚挺一些？为什么不小心压瘪的乒乓球用热水烫一下能够鼓起来继续用？为什么给篮球用方便小气筒打气时气筒很快会热起来？高中数学中引用的体育用品造型：足球是二十面体；绕在杆上的链球绳逐步展开，链球划过的渐开线。

（八）科学构建体育学科课程及学科评价体系

1．体育教育的评价体系的重要性

评价体系是对体育教育进行综合评估的依据和工具，它的科学性和合理性对于推进体育教育发展具有重要意义。

首先，评价体系有助于促进体育教育的改革和发展。通过评价体系可以及时了解体育教育的实施情况，发现问题并加以改进，从而提高体育教育的质量和效果。

其次，评价体系可以激发师生的积极性和主动性。通过给予学生奖励或者荣誉称号等形式，能够激励学生更加积极地参与体育活动，培养其体育兴趣和运动习惯。

最后，评价体系可以提供参考依据，为学校和政府决策提供支持。通过评价体系的数据和结果，可以更加客观地了解体育教育的发展情况，为相关部门制定体育政策提供决策依据。

2．体育教育的评价指标

（1）运动能力指标

运动能力是评价学生体育教育效果的关键指标。它可以通过一系列体育测试项目进行测量，包括跑步、跳远、跳高、投掷等项目。这些项目可以全面反映学生在运动技能方面的水平和进步。

（2）身体素质指标

身体素质是评价体育教育的重要指标之一。可以通过对学生进行身体测量、体质测试等方法进行评价。常用的身体素质指标包括身高体重、肺活量、握力、柔韧性、速度等。

（3）运动技能指标

运动技能是体育教育的核心内容，也是评价体育教育成果的重要方面。可以通过对学生在各种体育项目中的表现进行评价，包括篮球、足球、乒乓球等项目。通过评价学生的运动技能，可以了解他们在不同项目中的水平和掌握程度。

（4）运动态度指标

运动态度是评价体育教育的关键要素之一。它包括学生对体育活动的热情、积极性、主动性以及对集体荣誉和个人荣誉的追求。可以通过问卷调查、观察等方法，对学生的运动态度进行评价。

第九节　践行“四有”理念，培养未来创新者

——海港小学信息科技学科课程计划

一、课程背景

《义务教育信息科技课程标准（2022 年版）》强调的核心素养主要包括信息意识、计算机思维、数字化学习与创新、信息社会责任四个方面。这四个方面互相支持、互相渗透，共同促进学生数字素养与技能的提升。同时，新课标也注重培养学生的创新意识、创新思维、科学精神，凸显科技创新的重要价值。新课标提出要注重把握数字化学习的特点，推进以学生为主体的学习方式创新，优化教学内容，更新教学手段，创新教学模式，注重培养学生的实践操作和问题解决能力。

在此背景之下，海港小学信息科技科组积极响应国家新课标新要求，在信息科技课堂上，我们将“项目式学习”“任务驱动大单元教学”“思辨课堂”三个关键词融入日常教学中，围绕核心素养和学科特色开展教学，积极探索优化更新教学内容、优化组合教学模式的“思辨理念的大单元教学”，从而达到落实信息科技课程目标。我们希望学生通过学习，树立正确价值

观，形成信息意识；初步具备解决问题的能力，发展计算思维；提高数字化合作与探究的能力，发扬创新精神；遵守信息社会法律法规，践行信息社会责任。

二、信息科技学科宣言

海港小学信息科技科组在解读、领会、重构《义务教育信息科技课程标准（2022年版）》的“信息科技学科素养四个方面”，结合本校“有为·领航”课程体系，培养“有智慧、有创新”的“智为”少年，培养“有善心、有善行”的践行信息社会责任的“善为”少年。探索并提炼出信息科技学科宣言为：有意识、勤思考、善创新、重责任（见图6–26）。

（一）内涵解读

有意识：是指学生对信息的敏感度和对信息价值的判断力。学生能够意识到信息的重要性和价值，理解信息技术对社会、经济、文化等方面的影响，认识到信息伦理道德的重要性，并能够正确地处理和利用信息。

勤思考：学生不断思考、探索和发现问题，并尝试寻找解决问题的途径和方法。这包括对所学的知识进行深入思考和理解，对遇到的问题进行系统和全面的分析，并能够独立解决和合作解决实际问题。同时，勤思考也包括对新技术、新知识和新问题的好奇心和探究精神，以及不断学习和提高自己的能力。

善创新：学生在日常学习和生活中通过选用合适的数字设备、平台和资源，有效地管理学习过程与学习资源，开展探究性学习，创造性地解决问题。

重责任：理解信息科技给人们学习、生活和工作带来的各种影响，具有自我保护意识和能力，能负责任地共享信息和资源，尊重他人的知识产权，自觉遵守信息科技领域的价值观念、道德责任和行为准则，形成良好的信息道德。

（二）具体实施

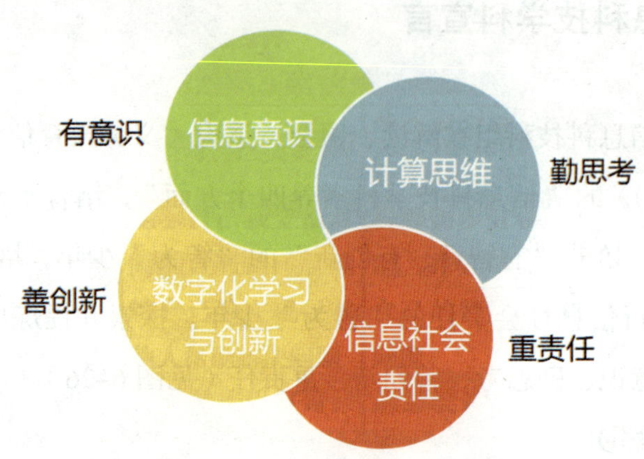

图 6-26　海港小学信息科技学科教学宣言

1.“有意识”所以“重责任”

信息科技学科宣言中的“有意识”是培养学生对信息的敏感度和对信息价值的判断力。当学生对信息有了足够的敏感度和价值判断力，他们自然会更加重视在使用信息科技时的责任。

实施途径：

加强信息伦理教育：通过平时课堂讲解、案例分析等方式，让学生了解信息伦理的重要性，明确在使用信息科技时应遵循的准则。

实践体验：每学年根据教育局发布的“网络安全宣传周”通知，组织学生进行信息安全实践体验，如模拟黑客攻击与防御，让学生深刻感受到信息安全的重要性，从而培养其对信息科技使用的责任感。

责任担当活动：鼓励学生参与校园或社区的信息科技项目，如开发校园App、参与社区信息化建设等，通过实际行动培养学生的责任感。

2.“勤思考”才能“善创新”

信息科技学科宣言中的“勤思考”鼓励学生不断思考、探索和发现问题，而“善创新”则期望学生能够发挥创造力，创造性地解决问题。

实施途径：

问题导向学习：在平时教学中，我们老师设计了具有挑战性的问题，引导学生进行深入思考，寻找解决方案。

任务驱动教学：在平时教学中，通过设计具体的任务，引导学生自主学习、协作学习和探索创新，以达成教学目标。

项目式学习：在平时教学中，组织学生进行项目式学习，从实际问题出发，鼓励学生团队合作，共同探索和创新。

创新思维训练：通过积极参加各级各类编程及不插电的创新思维比赛，在第一课堂和校队进行积极训练，以赛促教、以赛促练培养创新思维，通过每学期的全校性假期在线块语言编程思维训练作业，教授、训练学生创新思维的方法和技巧，培养其创新意识。

鼓励实践：鼓励学生将所学应用于实际，如开发小程序、设计游戏等，积极参加各种比赛，通过实践锻炼其创新能力。

通过上述实施途径，海港小学信息科技科组将“有意识”与“重责任”、“勤思考”与“善创新”紧密结合，旨在培养学生的信息素养、创新能力和社会责任感。这些措施不仅有助于将学科宣言落到实处，更能推动学校教育的发展，培养出适应信息时代需求的人才。

三、课程目标

（一）《义务教育信息科技课程标准（2022 年版）》总目标

《义务教育信息科技课程标准（2022 年版）》的总目标是培养科学精神

和科技伦理，提升自主可控意识，培养社会主义核心价值观，树立总体国家安全观，提升数字素养与技能。具体来说，学生通过信息科技课程的学习，应该具备以下能力：

1. 树立正确的价值观，形成信息意识，初步具备解决问题的能力，发展计算思维。这意味着学生应该能够理解信息科技的基本概念和原理，认识信息科技对社会和个人的影响，能够运用计算思维解决实际问题。

2. 提高数字化合作与探究的能力，发扬创新精神。学生应该能够与他人合作，利用数字化工具进行探究学习，发现问题、提出问题和解决问题，同时具备一定的创新意识和能力。

3. 遵守信息社会法律法规，践行信息社会责任。学生应该了解信息社会的法律法规和道德规范，能够自觉遵守并践行信息社会责任，保护个人隐私和信息安全。

综上所述，《义务教育信息科技课程标准（2022年版）》的总目标是培养学生的数字素养与技能，提高他们的创新能力和解决问题的能力，同时注重培养他们的社会责任感和道德意识。

（二）小学信息科技学段目标（见表6-11～表6-14）

表6-11 信息意识学段目标

学段	目标
第一学段（1—2年级）	1. 在日常生活中，具有主动使用数字设备的兴趣与意识。知道数字设备使用的基本规范。合理安排数字设备的使用时间，养成数字设备使用的好习惯。 2. 体验文字、图符、语音等多种输入方式的表达与交流效果，有意识地使用数字设备处理文字、图片和声音。 3. 知道信息有真实与虚假之分。能选用恰当的数字化方式表达个人见闻和想法，乐于与他人分享信息

续表

学段	目标
第二学段（3—4年级）	1. 了解数据的作用与价值。列举数字设备对社会发展和人们生活的影响。 2. 知道数据编码的作用与意义，理解数据编码是保持信息社会组织与秩序的科学基础。 3. 在网络应用过程中，合理使用数字身份，知道数字身份对个人日常学习与生活的作用和意义，规范地进行网络信息交流
第三学段（5—6年级）	1. 体验物理世界与数字世界深度融合的环境。感受应用信息科技获取与处理信息的优势。 2. 根据学习与生活需要，有意识地选用信息技术工具处理信息。崇尚科学精神、原创精神，具有将创新理念融入自身学习、生活的意识 。 3. 针对简单问题，确定解决问题的需求和数据源，主动获取、筛选、分析数据，解决问题

表 6-12 计算思维学段目标

学段	目 标
第一学段（1—2年级）	1. 在教师指导下，体验使用数字设备解决问题的过程。知道信息的多种表示方式。 2. 对于给定的简单任务，能识别任务实施的主要步骤，用图符的方式进行表达。 3. 在实际应用中，能按照操作流程使用数字设备，并能说出操作步骤
第二学段（3—4年级）	1. 能根据需要选用合适的数字设备解决问题，并简单地说明理由。能基于对事物的理解，按照一定的规则表达与交流信息。体验信息存储和传输过程中所必需的编码及解码步骤。 2. 在简单问题的解决过程中，有意识地把问题划分为多个可解决的小问题，通过解决各个小问题，实现整体问题解决。 3. 依据问题解决的需要，组织与分析数据，用可视化方式呈现数据之间的关系，支撑所形成的观点

续表

学段	目标
第三学段（5—6年级）	1. 通过生活中的实例，了解算法的特征和效率。能用自然语言、流程图等方式描述算法。知道解决同一问题可能会有多种方法，认识到采用不同方法解决同一问题时可能存在时间效率上的差别。 2. 对于给定的任务，能将其分解为一系列的实施步骤，使用顺序、分支、循环三种基本控制结构简单描述实施过程，通过编程验证该过程。 3. 在问题解决过程中，能将问题分解为可处理的子问题，了解反馈对系统优化的作用

表 6-13　数字化学习与创新学段目标

学段	目标
第一学段（1—2年级）	1. 在教师指导下，尝试使用数字设备及数字资源开展学习活动，丰富学习手段，改进学习方法。 2. 通过对数字设备的合理使用，了解数字设备的使用过程和方法，激发对信息科技的好奇心和学习兴趣，产生对信息科技的求知欲。 3. 能利用数字设备，通过文字、图片、音频、视频等方式记录自己在学习与生活中发生的事情，将记录结果分类、保存，需要时进行提取。能创建简单的数字作品
第二学段（3—4年级）	1. 利用在线平台和数字设备获取学习资源，开展合作学习，认识到在线平台对学习的影响。 2. 比较线上线下学习方式的异同。依据学习需要，在教师指导下，有效地管理个人在线学习资源。 3. 借助信息科技进行简单的多媒体作品创作、展示、交流，尝试开展数字化创新活动，感受应用信息科技表达观点、创作作品、合作创新、分享传播的优势

续表

学段	目标
第三学段（5—6年级）	1. 通过学习身边的算法，体会算法的特征，有意识地将其应用于数字化学习过程中，适应在线学习环境。 2. 能利用在线平台和工具寻找生活中的过程与控制场景。能设计用计算机实现过程与控制的方案，并在实验系统中通过编程等手段加以验证。 3. 在学习作品创作过程中，利用恰当的数字设备规划方案、描述创作步骤。在反思与交流过程中，对学习作品进行完善和迭代

表 6-14　信息社会责任学段目标

学段	目标
第一学段（1—2年级）	1. 自觉保护个人隐私，能在家长和教师的帮助下确定信息真伪。 2. 在浏览他人数字作品时，能友善地发表评论。在分享他人数字作品时标注来源，尊重数字作品所有者的权益。 3. 在公共场合文明使用数字设备，自觉维护社会公共秩序
第二学段（3—4年级）	1. 认识到数字身份的唯一性与信用价值，增强保护个人隐私的意识，提升自我管理能力，形成在线社会生存的安全观。 2. 了解威胁数据安全的因素，能在学习、生活中采用常见的防护措施保护数据。 3. 用社会公认的行为规范进行网络交流，遵守相关的法律法规
第三学段（5—6年级）	1. 了解算法的优势及对知识产权保护的作用，认识到算法对解决生活和学习中的问题的重要性。 2. 认识到自主可控技术对保障网络安全和数据安全的重要性

四、课程实施

（一）专家引领，更新教学理念、学习新技术

新课标颁布后，我们在线学习了教育部信息科技课标组组长熊璋教授、新课标组成员解月光、魏云鹰、李峰等专家的新课标解读讲座。我们科组老师在深圳市信息科技教研员吴良辉、宝安区信息科技教研员杨军老师的统筹组织带领下，认真梳理 2022 年版信息科技新课标的内容。为了更好地落实课标倡导的信息科技核心素养新理念，我们反复研读《义务教育信息科技课程标准（2022 年版）》，以及与大单元教学和核心素养等相关的专家的专著、论文、教学设计与案例等，初步构建发展学生核心素养下的，以任务式、项目式为驱动，以思辨为核心理念，以大单元为整合模式的教学理念。

（二）解读教材、结合新技术，制定教学行事历

我们以三至六年级共八册的信息技术粤教 B 版为教材，每册作为一个大单元，结合“课外预备”和“课外拓展”开展大单元教学，信息科技大单元教学是从发展学生信息科技核心素养出发设计教学方案，以学生的学习为主线，根据单元内容、目标、任务、学习情境、策略等，进行任务驱动式和项目式教学的研讨。教师以课外预备驱动任务模块，以任务模块驱动项目主题，以项目教学驱动大单元教学，以大单元教学实现课外拓展，进行任务驱动式和项目学习的研究、整合，制定各年段大单元教学行事历，行事历包括单元内容、项目主题、项目式学习、任务驱动式教学、课时安排、课外预备和课外拓展等（见表 6–15）。

表 6-15 五年级上册大单元教学行事历（部分）

大单元内容	项目主题	项目式学习	任务驱动式教学课时安排	课外预备	课外拓展
以培养计算思维核心素养为目标的图形化编程大单元	小火龙大冒险（3 课时）	1. 设置场景角色、行动 2. 制定规则，达成目标 3. 玩家视角，优化提升	模块一：《初识源码编辑器》（1 课时） 模块二：《魔术表演》（1 课时） 模块三：《收集宝石》（1 课时） 模块四：《漂亮的风车》（1 课时） 模块五：《幸运大转盘》（1 课时） 模块六：《猫抓老鼠》（2 课时）	块语言编程 https://playground.17coding.net/	点猫编程平台 https://edu.codemao.cn/
	飞机大战（3 课时）	1. 明确要素，设定角色 2. 细化内容，搭建积木 3. 增加互动，优化体验	模块一：《看谁算得快》（2 课时） 模块二：《吹泡泡》（2 课时） 模块三：《打砖块》（2 课时） 模块四：《3D 乒乓球》（2 课时）	点猫编程平台 https://edu.codemao.cn/	各级各类的图形化编程比赛

（三）落实集体备课，激活团队教研活力

集体备课。我们科组坚持每周开展一次集备活动，做到时间、地点、内容三落实。

1. 共同学习与研讨新课标

定期研讨会：每两周安排两次，专门用于学习和讨论新课标的内容。确保科组老师都对新课标有深入的理解。

分工研究：每位老师分工研究新课标中的不同部分或章节，然后在研讨

会上分享自己的理解和见解。

2. 集体备课课堂教学内容

共享课件与资源：提前准备自己年级的课堂教学内容，并在集体备课时共享课件、教学资源等。

3. 探索项目式和任务驱动式教学模式

案例分享：分享自己尝试过的成功或失败的项目式和任务驱动式教学案例，以便另一位老师从中学习。

合作设计项目：共同设计跨年级的项目或任务，让学生能在不同年级阶段都有连贯的学习体验。

4. 合作开展课题研究

共同选题：结合新课标和教学实际，两位老师共同确定一个课题研究方向，并开展研究。

分工合作：一位老师负责文献综述和理论研究，另一位老师负责实证研究和数据分析。

5. 论文撰写与分享

互相审阅：在完成论文初稿后，我们互相审阅对方的论文，提供修改意见和建议。

经验分享：在论文发表或获奖后，分享自己的写作经验和研究成果。

6. 社团课与比赛内容准备

主题确定：共同商定社团课的主题和比赛项目，确保内容与新课标和课堂教学内容相衔接。

分工负责：一位老师负责社团课的策划和组织，另一位老师负责比赛项目的具体实施和指导。

7. 线上学习与培训

资源共享：将各自参加的线上学习和培训资源分享给对方，以便两人都能从中受益。

讨论与分享：在参加培训后，及时与另一位老师分享所学内容，讨论如何将这些新知识和技术应用到日常教学中。

8. 拓展集体备课范围

学习共同体：充分利用自身所在的区薪火班交流群，区、市、省名师工作室，区、市信息科技学科群进行学习和交流。

通过这些具体的集体备课做法，我们可以更好地协作，共同推进新课标实施、课堂教学改革、项目式和任务驱动式教学模式的探索，以及社团课和比赛的组织与指导。同时，也能促进两位老师的专业成长和教学水平的提高。

（四）落实教学环节，优化课堂教学

在日常教学中，我们积极采用项目式学习、任务驱动大单元教学等多样化的教学方式，让学生在实践中学习，在探究中成长。我们注重学生的主体性，引导他们主动思考、积极探索，培养他们的创新意识和实践能力。同时，我们也注重培养学生的思辨能力，让他们在思辨课堂中学会批判性思维，提高解决问题的能力。

1. 课前准备阶段

需求分析：首先，教师根据学生的现有水平、年龄特点和教学目标，深入分析学生的学习需求。

内容策划：基于需求分析，教师设计教学内容，包括项目的主题、任务的设置、思辨点的选择等。

资源准备：准备必要的教学资源，如课件、教学视频、实验工具等，确保教学过程的顺利进行。

2. 导入新课环节

激发兴趣：通过展示与主题相关的有趣案例或提出问题，激发学生的学

习兴趣和好奇心。

明确目标：清晰地向学生说明本节课的学习目标和任务，使他们有明确的学习方向。

3. 知识讲解环节

基本概念介绍：讲解与项目或任务相关的基本概念和原理，确保学生有扎实的基础。

思维引导：通过提问、讨论等方式，引导学生思考相关问题，培养他们的计算思维。

4. 实践操作环节

项目或任务实施：学生根据教师的指导，分组或独立完成项目或任务，实践所学知识。

教师巡视指导：教师在学生实践过程中巡视指导，及时解答学生的疑问，确保实践效果。

5. 总结反思环节

学生展示成果：学生展示自己的项目或任务成果，分享实践经验和学习心得。

集体讨论与反思：通过集体讨论，引导学生反思自己的学习过程和方法，找出存在的问题和改进的方向。

教师总结评价：教师对学生的实践成果进行总结评价，肯定学生的努力和成果，同时指出需要改进的地方。

6. 课后拓展环节

布置拓展任务：教师根据学生的实际情况和教学目标，布置相应的拓展任务，鼓励学生在课后继续探究和学习。

学习资源推荐：向学生推荐相关的学习资源，帮助他们拓宽知识面和提升技能。

通过以上具体的教学环节做法，海港小学信息科技科组能够有效地落实教学目标，培养学生的核心素养和综合能力。同时，这种教学方式也能够激发学生的学习兴趣和积极性，提高他们的学习效果和满意度。

（五）开展创客教育，提升学生信息科创水平

2017 年学校成功申报“深圳市第二批 100 所学生创客实践室”，成立了“海之港湾”创客实践室，围绕“信息技术创客”和“科技实践活动”两大主体开展创客实践。课程建设从创客理念出发，变革学习方式，重构学习场景，迈开校本课程开发的步伐，通过跨学科的学习活动设计，引导学生面向真实生活进行探索，让学生在创造、分享和行动中进行深度学习。学校成立了以三至六年级学生为主的小小创客校队，依托课后延时服务，开展了图形化创意编程、激光切割、人工智能、智能硬件课程等创客教育课程，并在不断的探索与实践中初见雏形。

2022—2023 学年，海港学子积极参与多项科创比赛，并在国家级、省级、市级等各级比赛获得优异成绩，斩获市级以上奖项 145 项，省级 4 项，国家级 9 项。

其中黄棣、李致远、鲁泊言三位同学在“全国中小学信息技术创新与实践大赛”全国复赛中荣获一等奖。鲁泊言在“全国中小学信息技术创新与实践大赛”决赛中获小学组二等奖。黄棣、廖虹福两位同学在第十四届蓝桥杯全国软件和信息技术专业人才大赛青少年省赛中荣获一等奖。邱逸宸、廖虹福、陈逸伦、郑宇轩四位同学在第三届深圳市青少年科技运动会创意编程赛中荣获一等奖。学校积极组织学生参加 2023 年 Bebras 国际信息学与计算思维挑战（深圳专场），学校共有 37 人获得“杰出”等级，45 人获得“优秀”等级。

海港小学在提升学生信息素养的道路上，以创新为引领，积极探索“有为教育”实验。在创客教育方面，成立小小创客校队，开设多种科创课程，学生们的科创水平得到显著提升，并在各级比赛中获得优异成绩，辅导学生比赛的同时，教师的信息素养及专业能力也得到了发展。海港小学师生信息素养的提升不仅推动了学校信息化教育的发展，更为未来人才培养奠定了坚实基础。

（六）以课题研究为导向，探索学习路径

海港小学信息科技科组始终秉持“课题导向，探索学习路径”的教学理念，紧跟《义务教育信息科技课程标准（2022年版）》的指引，致力于将核心素养的培养融入日常教学中。我们深知，课题不仅是研究的方向，更是教学的航标，它引领我们不断探索、创新，寻找最适合学生的教学方法和路径。

我们科组已完成的区级课题《基于项目学习的小学编程教学实践研究》，正是我们在项目式学习领域的积极探索。通过实践研究，我们不仅提升了学生的编程能力，更培养了他们的团队协作和问题解决能力。这一课题的结题，标志着我们在信息科技教学上前进一大步。

接着，我们即将结题的《基于小学生计算思维培养的任务驱动探究式教学实践研究》课题，将进一步深化我们的教学探索。我们相信，通过任务驱动和探究式学习，能够更有效地培养学生的计算思维，提升他们的创新能力和解决问题的能力。

同时，我们已立项的区级课题《借助AI教育平台培养小学生创新思维的实践探索课题研究》，将引领我们进入新的研究领域。借助AI教育平台的强大功能，我们期望能够更有效地培养学生的创新思维，让他们在数字化时代中更具竞争力。

课题导向，不仅是我们研究的方向，更是我们教学的动力。海港小学信息科技科组将继续以课题为导向，不断探索、实践，为学生的全面发展提供有力支持。我们坚信，通过我们的努力，学生将能够在信息科技领域中获得

更多的成长和收获。

在新课标《义务教育信息科技课程标准（2022年版）》的指引下，海港小学信息科技科组积极践行“四有”理念，“有意识、勤思考、善创新、重责任”，致力于培养具备信息科技核心素养的未来创新者。我们将“项目式学习”“任务驱动大单元教学”和“思辨课堂”等多样化的教学方式融入日常教学中，不仅注重培养学生的信息意识、计算思维、数字化学习与创新能力和信息社会责任，更强调学生的实践操作和问题解决能力，以及创新意识、创新思维和科学精神的培养。

我们深知，教育的目标不仅仅是传授知识，更重要的是培养学生的综合素质和未来发展的潜力。因此，海港小学信息科技科组将继续围绕核心素养和学科特色开展教学，通过思辨理念的大单元教学，落实信息科技课程目标，助力学生全面发展。展望未来，海港小学信息科技科组将坚定不移地践行“四有”理念，不断探索和实践，为培养具有创新精神和实践能力的未来创新者贡献智慧和力量。我们坚信，通过我们的共同努力和不懈追求，海港小学的学生将在信息科技领域中获得更广阔的视野和更多的成长机会，成为未来社会的栋梁之材。

第七章

“有为·领航”课程建设样例

第一节　小学语文整本书阅读教学策略探析

摘　要：新课标明确指出，“整本书阅读”为拓展型学习任务群中的内容之一，可见，在小学语文教学中，整本书阅读教学十分重要，它旨在培养学生的核心素养。结合小学生的阅读特点，本文将以小学语文整本书阅读教学为切入点，重点探析构建整本书阅读学习任务群的策略。

关键词：整本书阅读　学习任务群　学习单　阅读策略

李怀源老师说：“整本书阅读教学是教学生学习读整本的书，目的是教会学生读整本的书，发展学生的阅读素养。”就目前整本书阅读的情况来看，大部分学校都很重视阅读，但大多数只是停留在推荐层面，并没有系统研究如何指导学生阅读整本书的方法，这样的整本书阅读教学效果明显不佳。如何构建整本书阅读学习任务群，从而提高阅读效果，提升学生的阅读素养呢？我觉得可以从以下几个方面入手。

一、结合单元主题，精心选书

新课标指出：语文学习任务群要围绕特定学习主题，确定具有内在逻辑关联的语文实践活动，由相互关联的系列学习任务组成，共同指向学生的核心素养发展，具有情境性、实践性、综合性。整本书的选择也可以与单元学习任务群内容相结合，要和教科书中的单元有密切的联系，有的是主题的相似，有的是体裁的相似，有的是内容的相似，从这些相似点入手寻求结合点，然后确定应该读哪本书（见表 7–1）。大体上可以选择以下两类：

（一）课文原著

在现行教材中，每个单元的课文都在四篇左右，读课文原著是很好的阅读补充。如部编版三年级下册第八单元《火烧云》，我们可以读萧红的《呼兰河传》；如五年级下册第二单元的《冬阳·童年·骆驼队》，可以读林海音的《城南旧事》等。

（二）与单元主题或单元习作相关的书

下面我以部编版三年级上册第三单元为例，谈谈如何结合单元主题进行选书。这个单元的主题是童话，整个单元四篇课文的体裁都是童话，其中有丹麦作家安徒生的《卖火柴的小女孩》，张之路的《在牛肚子里旅行》，还有两篇略读课文。因为这个单元的单元要素为感受童话丰富的想象和试着自己编童话，写童话。这是三年级学生第一次学写童话，我们以四篇课文为依托，先分析每篇课文可挖掘的写作教学点，如《去年的树》和《那一定会很好》都用了情节反复的写法，而《在牛肚子里旅行》和《一块奶酪》则具有很明显的一波三折的写法。所以选择整本书时，我们首先可以确定书的体裁为童话，然后筛选出明显具有一波三折的写法的书籍，最后确定为王一梅的童话《鼹鼠的月亮河》。再如三年级下册第五单元，同样也是童话单元，根据这个单元的单元要素，发挥想象写故事，创造自己的想象世界。同样确定选择童话体裁的书，基于上册已读了《鼹鼠的月亮河》，而这个单元的童话和上学期的童话又有所不同，这个单元更注重童话故事想象的奇特，因此我们可以挑选《爱丽丝漫游奇境记》这本书。一起去书中寻找想象最奇特的地方，为学生写作奇特的童话故事打下基础。

表 7-1 部编版四年级上册语文单元整体教学配套整本书阅读书目

单元	主题	单元要素	配套整本书阅读书目
一	自然之美	1. 边读边想象画面，感受自然之美。 2. 推荐一个好地方，写清楚推荐理由	《地心游记》
二	阅读策略	1. 阅读时尝试从不同角度去思考，提出自己的问题。 2. 写一个人，注意把印象最深的地方写出来	《海底两万里》
三	连续观察	1. 体会文章准确生动的表达，感受作者连续细致的观察。 2. 进行连续观察，学写观察日记	《昆虫记》
四	神话故事	1. 了解故事的起因、经过、结果，学习把握文章的主要内容。 2. 感受神话中神奇的想象和鲜明的人物形象。 3. 展开想象，写一个故事	《希腊神话故事》
五	习作单元	1. 了解作者是怎样把事情写清楚的。 2. 写一件事，把事情写清楚	《草房子》
六	成长故事	1. 学习用批注的方法阅读。 2. 通过人物的动作、语言、神态体会人物的心情	《爱的教育》
七	家国情怀	1. 关注主要人物和事件，学习把握文章的内容。 2. 学习写书信	《红岩》
八	历史故事	1. 了解故事情节，简要复核课文。 2. 写一件事，能写出自己的感受	《少年读史记》

二、结合阅读学习任务单，指导阅读

选好书以后，给学生足够的时间进行自由阅读。一般传统上的整本书阅读的做法是：一、二年级阅读整本书，可以由教师讲给学生听。三、四年级，教师可以先进行导读，激起学生读书兴趣，然后让学生在期待中阅读。五、六年级，可以让学生自由阅读，提出自己的问题。自由阅读以后，进行读书交流。读书交流大概分为两部分：一是理解内容、体会感情；二是领悟表达、欣赏评价。但是这种阅读没有实质性的指导与跟踪，效果不佳。为了提高学生阅读整本书的质量，在学生拿到整本书的同时，我们可以制作一张整本书阅读学习任务单。这份学习任务单大体上包含三大板块的内容：人物学习单、情节学习单和表达学习单。人物学习单主要以填空的形式让学生熟知书中主要人物的性格特点以及能体现这个特点的具体事例或句子。情节学习单主要设计让学生概括书的大概内容，画出这本书的情节图。表达学习单主要训练学生的写作，根据单元主题和单元习作，确定一个写作训练点进行写作。如部编版三年级下册第五单元的《爱丽丝漫游奇境记》整本书阅读学习任务单：

（一）人物学习单

1. 请你用一两个词语评价一下以下书中的主要人物，你觉得哪个人物较奇异？为什么？

2. 梦中的爱丽丝会变大变小，非常神奇，她一共变化了几次？分别是怎么变的？

（二）情节学习单

1. 故事梗概

《爱丽丝漫游奇境记》讲的是女孩子爱丽丝追逐白兔，掉进了________，之后展开了一系列疯狂而有趣的______，最后在法庭上反抗_________的专横残暴，并大叫一声醒了过来的故事。

2. 奇异的情节

爱丽丝掉进兔子洞以后，发生了一系列奇异而有趣的故事，她都有哪些奇遇呢？请你在书中找一找吧。

（三）表达学习单

读完这本书，相信你已经被书中那奇异夸张的故事情节深深吸引了，请你也来写一篇《_____________奇遇记》吧。

1. 先确定你故事中的角色吧。

2. 围绕主角画情节图。（设计三个相关联的奇遇事件）

3. 给你这个肆无忌惮去想象的机会！现在你拥有一次变大或变小的机会，你会如何选择，又会有什么奇遇？发挥你的想象力，写下《__________奇遇记》吧！

三、关注思维能力训练，深化阅读

整本书阅读课型主要分为：导读课、读中指导课、读后分享课。我们着重研究阅读分享课，阅读分享课不是对故事的简单重复，不是重复讲述故事，而是对整个故事、整本书的回顾总结与提升，就是说，要领着学生往高处走一走，这是老师在阅读分享课上最重要的任务。在这里特别想强调的是这一点，与学生当下的生命相结合。如果没有这一点，那么阅读的意义就打了折扣，甚至可以说失去了它最根本的意义。无论是多么优秀的童书，如果它没有与学生的生命体验发生碰撞，没有与学生的生命结合起来，就不可能对他们有什么实质上的影响。

英国哲学家培根曾将阅读学习描述为蚂蚁式、蜘蛛式、蜜蜂式三种类型，可以帮助我们了解，我们的阅读课堂教学，在培养学生阅读能力的过程中，究竟提升了学生的哪方面阅读能力。

蚂蚁式的学习，就像蚂蚁只知道不停地采集食物，囤积粮食，从不想尝试将采集回来的东西变得更可口些。所以阅读的材料，虽然多元，但学习时只会将作者所说的内容照单全收，不假思索地记忆下来，不想主动地思考、组织与内化，这就是蚂蚁式的学习，一种被动式的学习类型。这种类型的学习只能训练学生的记忆力和检索力。以部编版四年级上册第五单元配套整本书阅读课《草房子》教学设计为例，“聚焦人物——秃鹤”：翻开此书，首先映入眼帘的就是秃鹤。秃鹤在你眼中是一个怎样的人？你从哪里看出来的？这个环节考查就是学生的记忆力和检索力。

蜘蛛式的学习，蜘蛛会利用自己肚子里的东西，吐丝结网，搜集食物。虽然他结的网不能将食物变得更可口些，但他所结的网，却因为结构严密，对食物具有过滤、筛检的作用，保证能捕捉到对自己有用的食物。所以阅读时，如果能以系统化的历程，思考、组织与内化这些材料，阅读后一定能得到有用的收获，这就是蜘蛛式的学习，一种主动式的学习类型。这种类型的学习能训练学生的理解力和统整力。同样以部编版四年级上册第五单元配套整本书阅读课《草房子》教学设计为例——聚焦“秃鹤”的故事，体会写法：作者在叙事过程中用上了哪些细节描写？把看到的、听到的、想到的理清楚了，写出了画面感，让一个桀骜不驯让学校荣誉扫地的秃鹤，一个一丝不苟努力为学校争得荣誉的秃鹤，活灵活现地展现在我们眼前。这个设计训练的是学生的理解力和统整力。

蜜蜂式的学习，有如蜜蜂会飞行到更远的地方采集食物，又能将采集的食物转化创造，酿成滋味甜美的蜂蜜。蜂蜜比原有的食物更加美味可口，自然能为食物增添价值。所以阅读时，如果能先利用系统化的思考历程，让材料变成对自己有用的数据，再进一步酝酿、转化为创造性的个人见解或创作，这就是蜜蜂式的学习，一种创造式的学习类型。这种类型的学习训练学生的评鉴力、表达力和创造力。再以部编版四年级上册第五单元配套整本书阅读课《草房子》教学设计为例——学以致用，迁移写法：请大家运用《草房子》这本书中学到的写法，按照比赛前、比赛时、比赛后的顺序，写一写学校组织的红歌比赛。这个环节训练的是学生的评鉴力、表达力和创造力。

综观之前的整本书阅读课堂教学，我们更多的是注重训练学生的记忆力和检索力，以一些填空、选择等题型进行阅读分享，忽略了学生的理解力、统整力、评鉴力、表达力和创造力的能力训练。因此，一节好的整本书阅读教学课堂，应该构建好阅读学习任务群，变被动式的接受学习为主动式阅读和创造性阅读。

四、关注阅读评价，激励阅读

（一）评价内容多样化——多元进阶评价

为了让评价内容更丰富，我尝试了进阶评价阅读方式，在班级开展“阅读明星”评比活动。具体方法是这样的：学生每读一本课外书，完成阅读学习任务单、思维导图、阅读记录卡或读书笔记等内容，老师会根据学生所完成的阅读内容给出相应的评价，奖励一至三颗星，如果集齐了 5 颗星，就能换取一枚勋章，集齐 2 枚勋章可兑换 1 枚铜牌，集齐 2 枚铜牌可兑换 1 枚银牌，集齐 2 枚银牌可兑换 1 枚金牌。金银铜牌由班级专门定制，每月进行一次授牌仪式，并邀请家长来见证这一光荣时刻，营造一种浓厚的阅读氛围。

（二）评价形式多样化——阅读分享展示

阅读分享是整本书阅读中常见的表现性评价方式，包括阅读记录卡、阅读手抄报、主题展示、读书分享会等多种形式，一般可以在阅读课上进行，也可以利用公众号等网络平台进行，形式多样，给学生以展示阅读成果的机会，激发学生持续阅读的兴趣。

除了评价形式和内容多样化以外，还要力争评价主体的多元化，让教师、学生和家长共同参与，发挥教师评价的主导作用、学生评价的主体作用和家长评价的参与作用。

综上所述，整本书阅读教学是一个长期坚持与探索的过程，它的教育作用不是一两日就能凸显出来的，如果真正落实与贯彻整本书阅读教学学习任务群的理念，学生一定会受益无穷。

参考文献

[1] 李怀源 . 小学语文单元整体教学构建艺术 [M]. 重庆：西南师范大学出版社，2009：30–31.

[2] 郑圆铃 . 有效阅读：阅读理解，如何学？如何教？ [M]. 北京：中华商务出版社，2013：1–32.

第二节 “主题情境识字”课程探索与实践

——宝安区海港小学精品课程简介

一、课程背景

中国汉字承载着五千年来的华夏文明，担负着传承民族文化的重要使命。“识字是语文教育的入门口。”然而，传统的识字教学中却常常流于内容单一、过程无趣、识记困难、忘记更快等不良现象。针对上述问题，为了更好地将识字与儿童生活进行衔接，结合识字与儿童身心特点，引导儿童快乐识字、大量识字、有效识字，为儿童早期阅读奠定基础，海港小学经过 10 年探索，最终提炼形成了主题情境识字教学课程。

二、课程目标

（一）识字目标

1. 一年级上学期生均总识字量达 1000 字以上。
2. 一年级下学期生均总识字量达 2000 字以上。
3. 二年级上学期生均总识字量达 3000 字以上。
4. 二年级下学期生均总识字量达 4000 字以上。

（二）阅读目标

1. 一年级生均年阅读量达 80 万字以上。
2. 二年级生均年阅读量达 150 万字以上。

三、课程内容

本课程由一二年级老师和学生开展，首先梳理本学期教材主题，重视与孩子的生活经验建立联系，重视儿童形象思维与发散思维的培养，讲求识字方法的简单有效，关注孩子识字兴趣的培养。从真实的生活情境出发，充分考虑孩子的生活因素，确定并整理出 6 个课内课外主题的拓展识字词语。两年下来孩子们共拓展 24 个识字主题，共 6000 字左右（见表 7–2）。

表 7-2

一上识字主题	拓展字数	一下识字主题	拓展字数	二上识字主题	拓展字数	二下识字主题	拓展字数
大名鼎鼎	150	春色满园	250	树之歌	201	ABB	274
量词短语	271	百家姓	368	花名歌	227	56 个民族	136
反义词	301	动物名称	260	课外活动	211	传统节日	286
职业名称	243	对对子	275	名胜古迹	268	玩具名称	326
课程名称	209	运动项目	283	气象词语	165	动画片名	301
商店招牌	300	生活用品	243	动物成语	320	成语故事	280

四、课程实施

（一）课程设置（见表 7-3）

表 7-3

一上识字主题	课时	一下识字主题	课时	二上识字主题	课时	二下识字主题	课时
大名鼎鼎	3	春色满园	3	树之歌	3	ABB	3
量词短语	3	百家姓	3	花名歌	3	56 个民族	3
反义词	3	动物名称	3	课外活动	3	传统节日	3
职业名称	3	对对子	3	名胜古迹	3	玩具名称	3
课程名称	3	运动项目	3	气象词语	3	动画片名	3
商店招牌	3	生活用品	3	动物成语	3	成语故事	3

（二）实施时间空间等条件要求

本课程实施时间：语文课。

地点：教室及走廊识字墙。

（三）实施途径

课程实施的基本途径由课内和课外相结合，梳理识字内容—制作识字卡片—主题情境识字课—组员分享识字卡片—集中学习识字卡片—组员过关识字卡片—小组展示—课后识字过关。

接下来从识字内容、识字活动和识字评价三个维度阐述“主题情境识字”课程的有效途径。

1. 凝练主题，创设情境

“主题情境识字”的主题需要教师依据课标要求、课文内容和学情特点，进行个性化提炼。以二年级上册第二单元识字单元为例：本单元由四篇课文及一个语文园地组成，以四个识字主题串联起了本单元的识字、写字与多音字，旨在引导学生在不同的情境中识字学词。这些课文内容贴近儿童生活，大都以学生喜闻乐见的歌谣形式呈现，读起来朗朗上口，富有节奏感和音韵美。

《场景歌》把语义相关的数量词分类集中在四个不同场景中，勾勒出一幅幅清新生动的风景画，画面中出现的事物，是学生出游时可以看到的场景。语文教师便可以抓住儿童喜爱游玩的兴趣点，创设“我们一起去春游”这一情境进入课文，以“寻找数量词”为主题，开展主题情境识字，如：一片竹林，一池荷花，一块石头，一个凉亭……通过这一主题情境识字的学习，学生掌握的不仅是课文中出现的16组数量词，还以此为基础，学习到了生活中的一百组数量词，大大拓宽了识字的边界。

《树之歌》介绍了祖国大江南北常见的树木，通过对不同树木的描述，让学生们了解它们的基本特点。这是一首介绍树木特征的归类识字儿歌，以木字旁的一类字引出了“杨树、榕树、梧桐”等11种树，表现了大自然树木种类的丰富多样。本课主题明确，语文教师可设置“一起走进大森林”这一主题情境，带领学生进行更多课外树名的识记，如“樟树、桑树、凤凰松、轩辕柏、柳杉”等100种树名。学生在此环节中，会发现树木的名称大都带有木字旁，而且其中有很多的形声字，汉字音、形、义的相结合的特点便水到渠成地被感知、被理解。

《拍手歌》是根据传统歌谣改编的一首富有时代气息的儿歌，以儿童熟悉的拍手游戏为活动形式，串起了 8 种动物的生活场景。让学生在轻松愉快的拍手游戏中，感受动物世界的新奇有趣，渗透保护动物的意识。语文教师可创设“参观有趣的动物王国”这一主题情境来展开识字教学，带领学生识记种类繁多的动物名称，打开新世界的大门。

《田家四季歌》选自民国时期的教材，按照春夏秋冬的顺序，描绘了农民一年的农事活动，赞美了农家人的辛勤劳动、抒发了丰收的喜悦。课后第二题编排了一组表示四季农事活动的词语，为我们指明了本课主题的设置方向。“农家人的春夏秋冬”这一主题可引领学生理解和积累课外更多关于农事的词语，进一步了解农家生活，体会四季的变化。

另外，语文园地二“我爱阅读”中的《十二月花名歌》也不容忽视。语文教师可抓住此契机，创设“百花齐放春满园”主题，引领学生走进缤纷多彩的花朵世界，在此过程中轻松愉快地识记大量的花名词语，达到积累和拓展的目的。

2. 聚焦过程，合作学习

“主题情境识字”课程强调大量识字，高效识字，这一结果不是一蹴而就的，是在学生合作学习的过程中逐步深入完成的，其核心在于小组合作机制。课中主题识字合作常规和课后识字过关合作常规我们需要一一落实。首先，我们要建立班级识字小组层级网络。教师需要面对的是四位小老师，每位小老师对应三位 4 人小组长。最后，再由 4 人小组长面向组员识字。

（1）课中主题识字的具体步骤如下：

①组员分享：4 人小组组员按序号顺序教读自己的卡片（每人 2—3 张），每个教两遍。

②集中学习：4 人小组长收齐四个人的卡片，集中教读一遍，不会的向

卡片主人或老师请教。

③组员过关：4 人小组长逐一展示卡片，组员按顺序认读小组全部卡片，不会的向组长、卡片主人或老师请教。

④小组展示：4 人小组长按顺序将卡片叠放，待老师指名后，本小组全体成员按顺序排队上台。语文教师按顺序投影展示卡片，卡片主人对应出列教读一遍，全班同学跟读一遍。如出现错误，由教师指正教读。

⑤点评致谢：师生点评，小组组员致谢回位。

（2）课后识字过关的操作步骤如下：

首先，教师要挑选书写正确、规范且词语不重复的卡片，集中区域展示。学生要提前自行制作识字卡片，规格为 14cm × 7cm。要求汉字书写正确、规范，有拼音，可画图。每位同学准备 2—3 张，不会写的字可由家长协助完成。

接着，教师将过关表张贴在该展示区旁。教师指导小老师认读过关，小老师帮助组长认读过关，各组长负责组员的认读过关，并在过关表上进行相应的通关标注。此过程可采用小组竞赛的方式，充分调动学生的主观能动性，激发学生的识字热情。

当全班同学完成过关后，教师可对本次主题情境识字活动进行小结，表现突出的小组和个人应给予相应的奖励，针对出现的问题教师要及时指出并改进。

3. 公正评价，有效检测

为促进学生大量识字，提高学生识字能力，检测学生主题情境识字的成果，学校可根据本校实际情况，在学期末举行识字量的检测活动。具体操作步骤如下：

（1）考官安排：识字量检测由各班自行挑选学生来担任小考官，人数不限。（各班语文教师负责考官人选及培训）

（2）家长见证官：各班语文教师招募两位家长见证官，确保识字检测公平公正，有序进行。

（3）识字量统计：用总表字数减去不认识字数，为该学生总识字量，由考官统计和登记所测学生识字量，交由各班语文老师汇总。

（4）颁奖：各班语文老师统计识字数据，评选“识字大王”或“识字能手”，并颁奖。

最后，我们来回顾一下主题情境识字的完整流程（见图 7–1）。学生制作卡片，完成家庭识字。语文教师执教识字课，小组内识字。推进班级过关，完成主题识字。期末进行识字量检测，集中识字。评选“识字大王”，激励识字热情。

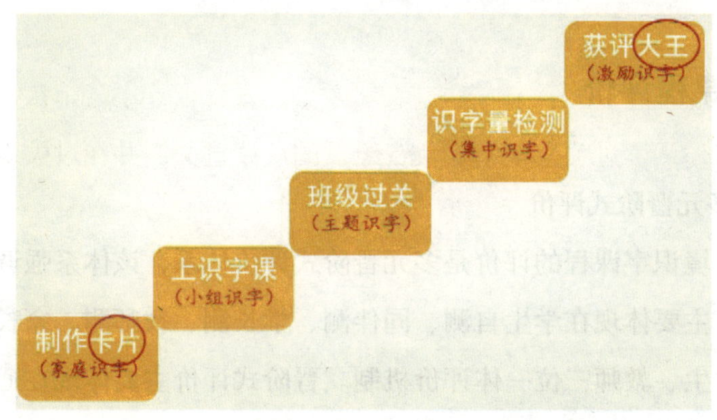

图 7–1 海港小学主题情境识字课程主要流程图

在“主题情境识字”课程中，教师将学习的主阵地还给学生，同学们在小组合作、生生互学、大胆展示的过程中体验到学习的乐趣，获得大量识字的成就感，为阅读和写作的航船拓宽辽远的航道。

（四）学习策略

1. 集中识字

教师将每次主题情境识字卡片的内容贴在墙上，方便学生利用课间或延时服务时间进行认字。教师还可以将识字卡片上的词语用PPT的形式呈现，利用早读课、课前5分钟教学生进行认读、巩固和过关。

2. 小组合作

在识字过程中，将学生以4人小组为单位，分成12—13个小组，每个小组推选一名识字量大、认字能力强的学生为组长，让组长来教组员识字，并督促组员积极识字。

3. 主动识字

教师设计识字评价机制，制作一张识字过关表，按照组员分好，每一个过关学生都能获取一枚过关印章，全员过关就能获评优秀小组，教师可用小红花、小奖状等方式激励获得优秀小组的学生，激发学生的识字主动性。

五、课程评价

（一）多元晋阶式评价

主题情境识字课程的评价是多元晋阶式评价体系，该体系强调评价主体的多元化，主要体现在学生自测、同伴测、学长测、教师测、家长测等，建立家长、学生、教师三位一体评价机制。晋阶式评价主要体现在通过创设金银铜等级激励机制和晋级识字大王上，同时，根据每学期6个主题识字的内容分过程性评价和终结性评价，过程性评价主要采用小组过关制，比如一年级上学期学习《大名鼎鼎》这个主题时，老师会在大名鼎鼎识字卡旁边贴一张小组识字过关表，全班同学每4个人一个小组，一共12或13个小组，设置12或13个小组长，小组长找老师过关所有的识字卡片，组员找小组长过关，在规定时间内过关的小组为优秀小组。

（二）终结性评价

终结性评价主要是学期末进行一次总的识字量检测，主要采取识字闯关的形式，通过小考官竞聘，让学生参与班级测评、年级测评，最后根据学生的识字量，晋级金银铜牌，比如一年级上学期一学期总识字任务为课内生字300字加上六次主题情境识字1200多字，一共1500多字，能认识1500字以上的为七星级，1400字以上为六星级，1300字以上五星级，1200字以上四星级，1100字以上三星级，1000字以上二星级，1000字以下一星级，其中六七星级为金牌，四五星级为银牌，一二三星级为铜牌，获得金牌就能当选“识字大王”，会进行校级颁奖。90%以上的学生能获得“识字大王”的称号。

六、校本课程建设成效

（一）丰富了学生识字渠道

经反复实践，海港小学现在已形成了以“单元整体识字＋主题情境识字”为主、“儿童自主识字”为辅的识字渠道，让儿童大量识字、有效识字、快乐识字成为可能。其中，完成语文教材主要采用单元整体识字方法，通过集中识字、反复呈现的方式来提升识字效率；拓展识字采用主题情境识字方法，以主题性文段、主题卡片为基本素材，运用小组合作识字、小组展示分享、全班集体闯关、期末集体评价的形式来提升识字效率，也作为评价激励方式，引导儿童大量识字。

（二）探索出简单有效的识字课堂教学模式，具有一定的推广价值

现今，海港小学主题情境识字课标准课例教学模式已经形成，它主要具备以下特点：

1. 本教学模式来源于海港小学的识字课堂教学，是广大语文教师经反复的识字教学实践后总结提炼的结果，经受了识字教学实践的检验。

2. 本课程课例先后在国家、市、区、街道级活动中进行展示和交流，得到了广大教育同行的认可，同时也吸纳了一些宝贵意见。

（三）大大提高了学生的识字量

以 2020 届一年级学生为例作为研究数据：刚入学时候，一年级识字量统计数据（2020 年 8 月 31 日，识字范围不限）（见表 7–4）：

表 7–4

	一（1）	一（2）	一（3）	一（4）	一（5）	一（6）
300 字以上	10	11	9	13	12	10
50—300 字	25	24	25	22	26	27
50 字以下	15	14	16	13	12	13

第一学期结束，一年级识字量统计数据（2021 年 1 月 8 日，识字范围为：教材识字 + 自主识字 + 主题情境识字）（见表 7–5）：

表 7–5

	一（1）	一（2）	一（3）	一（4）	一（5）	一（6）
1300 字以上	24	26	25	23	28	27
800—1300 字	25	21	23	22	21	22
300—800 字	1	1	2	3	0	1
300 字以下	0	1	0	0	1	0

由以上数据可见，仅仅一学期时间，一年级新入学学生的识字量出现了大规模的上升，学生们识字效率大大上升，也推进了自主阅读的进程。

七、校本课程建设经验

（一）开展校本培训，提高教师研究能力

社会的不断发展进步，对教师的要求越来越高，学校经常在各科组开展校本培训，通过校本培训，通过理论和实践相结合，可以提高教师的教育科

研理论水平，更好地实践校本教研工作，从而实现提高教学质量的目的，促进学校的发展。

（二）整合课程资源，把学校的传统优势与特色转化为校本课程

主题情境识字课程是学校开办以来就一直在研究实践的课程，并形成了学校的特色，在此基础上形成自己独具特色的校本课程，并随着课程的开展不断补充和完善。

（三）加强课程管理，确保有序开展

为确保主题情境识字课程的有序开展，提高课程的实施质量，我们学校制定了课程实施的方案，确定了课程的主要负责人和具体实施教师，并根据课程主题每学期定期开展教研活动，并在专家的指导下研究并探索出了主题情境识字课程教学模式。

第三节 小学数学思维训练课程探索与实践

一、课程背景

义务教育阶段的儿童，活泼好动，思维以直观形象为主。从儿童学习的特点和认知结构出发，我们深深地体会到：听过，会忘记；看见，会记得；只有动手做，才能真正学到。秉承这种教育理念，我们带领学生在做中学，玩中学，学中思，思中辨，使每个学生在数学学习的过程中，都能获得自己独特的感触和收获，形成自己的思维能力和视角；在生生互相质疑、答问的过程中，训练学生的思维品质，使学生的思维能力呈螺旋式上升，进而培养学生的数学核心素养，用于解决生活中的问题，为生活服务。

二、课程目标

（一）总目标

"数学思维创造力课程"旨在通过为学生创造动手操作的平台和学习环境，引领学生在动手操作的过程中，玩数学、做数学、说数学、想数学，引发深层次的思考，从而培养学生逻辑推理能力、空间想象力、归纳总结能力、发散性思维能力、数据分析能力等思维能力品质，在这一过程中，逐渐渗透几何直观思想、模型思想、转化思想、符号化思想、集合思想、数形结合思想等数学思想，为学生数学核心素养的养成打下坚实的基础。

（二）具体目标（见表 7-6）

表 7-6

基本知识与技能	●在玩七巧板的过程中，认识七巧板的组成结构，了解每块板的特点，发挥想象，创作图案。 ●了解百变金塔的组成，能够运用百变金塔感知上下、前后、左右等方位，培养学生有序思考的能力。 ●利用学具，探知 3 的乘法口诀、4 的乘法口诀，感知平均分、除法、有余数除法的含义，培养学生归纳总结的能力。 ●在操作活动中认识扣条，能用扣条拼出角、三角形、平行四边形、正方形、长方形、梯形等平面图形，并能探究各种图形的特点、周长、面积及其中蕴含的数学规律，培养相应的空间想象能力和发散思维能力。 ●利用谢龙方块拼搭立体图形，感知表面积、体积等数学知识，探究其中蕴含的数学规律；能够从不同的方向观察物体，构建数学模型，培养空间想象力、创新能力。 ●利用展开与折叠的学具，探究展开与折叠中的数学规律，构建数学模型，培养空间想象力。 ●在拼搭智慧片的过程中，认识顶点布局，探究柏拉图多面体、阿基米德多面体的奥秘及其中蕴含的数学规律，构建模型，培养学生的数据分析和运用能力

续表

基本活动经验	●在拼摆七巧板的过程中，积累关于七巧板的相关活动经验。 ●在拼搭百变金塔的过程中，积累关于上下、前后、左右的相关活动经验。 ●在分扣条的活动中，积累几个几是多少的活动经验，为学习 3、4 的乘法口诀做好经验积累。 ●在分扣条的活动中，积累分物活动经验，为后续学习平均分和除法做好经验积累。 ●在拼扣条活动中，积累关于平面图形的相关活动经验。 ●在摆搭谢龙方块的活动中，积累关于立体图形、表面积、体积等活动经验。 ●在拼搭智慧片的过程中，积累关于柏拉图多面体、阿基米德多面体的活动经验
基本数学思想	在操作活动中培养学生的几何直观思想、模型思想、转化思想、符号化思想、集合思想、数形结合思想等
问题解决	●能够根据已知的七巧板，找到缺失的七巧板。 ●能够运用扣条，解决与图形有关的周长、面积、数学中的规律、表内乘除法等相关问题。 ●能够运用谢龙方块解决关于立体图形、观察物体、因数、质数、表面积、体积等相关问题。 ●能够运用智慧片解决关于柏拉图多面体、阿基米德多面体的相关问题

三、课程内容

课程内容包括了从小学一年级到六年级，课程体涵盖了三种类型。

类型一：奠基课程融入创造力课程

奠基课程为学生提供了必要的知识和技能使他们能够更好地理解和应对更高级别的课程，创造力课程则鼓励学生发挥想象力和创新精神，从而提高他们的学习效率和学习成果。因此，我们将奠基课程中与现实生活息息相关又特别考验学生空间想象力的课与创造力课程相融合，借助学具帮助学生建立空间观念，培养量感，提高思维能力。例如一年级上册里的《一起来分类》、下册里的《动手做一做》《数学好玩之分扣子》、二年级下册里的《认识角》《欣赏与设计》等课程都属于这一种。

类型二：拓展奠基课程的内容作为创造力课程

奠基课程的有些知识内容被呈现得太浅，但这些知识对于学生来说研究起来在后续的学习中是受益匪浅，有利于促进思维的提升。例如在三年级下册学完轴对称图形后，我们用谢龙方块上了一节活动课，引领孩子们自己动手拼出轴对称图形，并把小组内的几幅图案串联起来，编成一个数学故事；在三年级下册学完《分一分》即分数的初步认识后，我们上了一节补充活动课，用“六形六色”拼出你能想到的分数以及与分数有关的图形，孩子们玩得不亦乐乎。

类型三：自编创造力课程

我们自编的创造力课程主要引进台湾的“超脑麦斯”，我们把“超脑麦斯”教材本土化。其实台湾地区的文化与我们大陆的文化还是有很大差别的，有一些课程，我们不能拿过来直接用，所以，我便带领着科组内的老师把这套教材本土化。把其中一些课程进行改编，让它与我们学生的实际情况相结合，例如堆栈高手、拼图达人、谢龙方块等活动，我们都进行了改编，结合本校学生的实际情况，对教材、教学目标进行了重新设置。

四、课程实施

(一)课程设置

1. 具体课程安排如表 7-7：

表 7-7

册别	课时	课题	课程类型
一年级上册	第一课时	分类	类型一
	第二课时	上下	类型一
	第三课时	左右	类型一

续表

册别	课时	课题	课程类型
一年级下册	第一课时	认识七巧板	类型一
	第二课时	制作七巧板攻略	类型二
	第三课时	奇妙的图形	类型三
二年级上册	第一课时	需要几条扣条（一）——3 的乘法口诀	类型一
	第二课时	需要几条扣条（二）——4 的乘法口诀	类型一
	第三课时	分图形——认识平均分	类型一
	第四课时	分梯形——进一步体会平均分的两种情况	类型一
	第五课时	分扣条——大物分法的多样性	类型一
二年级下册	第一课时	拼一拼——有余数除法（口算）	类型一
	第二课时	认识角	类型一
	第三课时	认识直角、锐角、钝角	类型一
	第四课时	认识平行四边形	类型一
	第五课时	欣赏与设计——密铺的初步感知	类型二
三年级上册	第一课时	玩转七巧板（一）	类型二
	第二课时	玩转七巧板（二）	类型二
	第三课时	玩转七巧板（三）	类型二
三年级下册	第一课时	精彩的扣条（一）	类型一
	第二课时	精彩的扣条（二）	类型一
	第三课时	制作七巧板	类型二
四年级上册	第一课时	旋转与角	类型一
	第二课时	立体图形中的规律（1）	类型一
	第三课时	立体图形中的规律（2）	类型一
四年级下册	第一课时	三角形分类	类型一
	第二课时	三角形边的关系	类型一
	第三课时	看一看	类型一
	第四课时	我说你搭	类型一
	第五课时	搭一搭	类型一
	第六课时	密铺（一）	类型一
	第七课时	密铺（二）	类型二
五年级上册	第一课时	三角形的面积	类型一
	第二课时	梯形的面积	类型一
	第三课时	图形中的规律	类型一

续表

册别	课时	课题	课程类型
五年级下册	第一课时	展开与折叠	类型一
	第二课时	露在外面的面	类型一
	第三课时	长方体的体积	类型一
六年级上册	第一课时	搭积木	类型一
	第二课时	初步认识阿基米德多面体	类型三
	第三课时	柏拉图多面体	类型三
六年级下册	第一课时	由柏拉图多面体到阿基米德多面体	类型三
	第二课时	再认识阿基米德多面体	类型三
	第三课时	阿基米德多面体大挑战	类型三

注：类型一奠基课程融入创造力课程；类型二拓展奠基课程的内容作为创造力课程；类型三自编创造力课程。

2. 教学时间安排

海港小学现在共有 38 个教学班，为了保障每个班的学生都能正常上拓展课程，我们将 38 个班分成单双周来上课，这是我们的课程安排表（见表 7–8、表 7–9）。

表 7–8

2019-2020学年第一学期课表（拓展课）

教师课程表（一、三、五年级单周）

	星期一	星期二	星期三	星期四	星期五
早读					
上午 1		五(3)			一(1)
2	五(4)	一(7)	五(1)		一(5)
3	五(6)		一(8)		
4	五(2)	三(6)	一(4)	五(5)	
午读					
下午 1	三(1)	一(6)	三(5)	三(2)	一(2)
2	三(4)	三(3)		五(7)	一(3)

表 7–9

2019-2020学年第一学期课表（拓展课）

教师课程表（二、四、六年级双周）

	星期一	星期二	星期三	星期四	星期五
早读					
上午 1			四(2)	四(7)	
2	四(5)	二(1)	四(1)		四(6)
3	二(4)		四(4)	六(4)	六(2)
4	二(3)	六(1)	四(3)	六(3)	
午读					
下午 1	二(6)	二(2)		二(5)	
2				六(5)	六(6)

（二）实施条件

海港小学数学思维创造力课程实施的条件主要包括以下几个方面：

1. 师资力量

教师是课程实施的关键人物，他们的教学方法和教学态度会直接影响学生的学习效果。实施数学思维创造力课程需要具备一支高素质、专业化的教师队伍。海港小学的教师具备数学、教育心理学、创新思维等方面的知识和技能，能够有效地引导学生培养数学思维和创造力。

2. 课程资源

实施数学思维创造力课程需要充足的课程资源，包括教材、教学课件、教学视频、教学案例等。海港小学数学科组研发了教师用书、学生用书、课件和课程纲要。每个年级结合学生的年龄特点、思维能力特点以及奠基课程的具体内容编写出不同的教学内容，旨在让孩子们在玩的过程中，扩宽思维的宽度和深度，培养学生从多个角度思考问题的能力。这些资源符合学生的认知特点和学科要求，能够帮助学生更好地理解和掌握数学知识，培养数学思维和创造力。

3. 教学环境

实施数学思维创造力课程需要一个良好的教学环境。在学校的大力支持下，我们建立了数学思维活动室。数学思维活动室里面配备了多媒体设备、“超脑麦斯”学具、开发的教学课件，专门定制了利于小组合作的彩色六边形桌椅。营造一个积极向上、轻松愉悦的学习氛围，激发学生的创造力和想象力。现在每个班级每个学期开设 5—8 节数学思维创造力课程，每个班两周上一节数学思维创造力课。为了避免上课“撞车”，我们分单双周去上课，一、三、五年级单周去上课，二、四、六年级双周去上课，这样保障每个班都能充分地利用数学活动室开展活动。

4. 学生素质

实施数学思维创造力课程需要具备一定的学生素质，包括数学基础、学习态度、创新能力等。海港小学的学生具备一定的数学基础，能够理解和掌握数学知识，同时具备良好的学习态度和创新意识，能够积极参与课程学习，发挥自己的创造力和想象力。

（三）实施途径

1. 建立完善的课程体系

根据课程目标，设计合理的课程体系，确保教学内容的连贯性和系统性。

2. 多种途径，提高教师的教学能力

（1）分组教研，共学习

每周三下午 2 点半至 4 点，是数学科组的教研活动时间，现已形成常规化。大家以年级为单位，分组进行备课、研课，每次备课确定主题和主要发言人，大家各抒己见，充分发表自己的见解。有时我们会把自己变成小学生，互相问一问：如果你是学生，听到这个问题，会想到什么？从学生的角度去理解成人提出的问题，会听得懂吗？会产生哪些疑问或是方法呢？对于同一问题，我们希望学生有不同的解决办法，首先我们自己要做到宽思维、深思考、多样化。在教学过程中，我们一般会进行前测和后测，用以指导和改进教学行为。

（2）示范引领，树榜样

海港小学年轻教师比较多，上这种活动课学生特别活跃，课堂组织教学具有一定的挑战性，为了让大家明确如何做到情景模块化、问题核心化、组织多样化、活动探究化、思维可视化，每个年级推荐一名教学经验丰富的教师，上一节校级示范课，引领科组全体老师一起观摩、研讨、学习，大家在听课、思课、聊课、辨课的过程中，碰撞思维的火花，共同成长，共同进步。

表 7-10 海港小学数学科组 2018—2019 第一学期拓展课程教研活动分工表

日期	星期	节数	班级	上课教师	内容	记录员				
						教学环节及时间	提问次数	教师说话时间	回答问题学生点状分布	拍照
12月20日	星期四	第1节	一（2）班	冯昊	《堆栈比赛》	彭生福	罗睿	王金燕	罗睿	彭生福
12月25日	星期三	第1节	二（5）班	李特	《分糖果》	鹏晓樱	鹏晓樱	张怡	张怡	张怡
12月5日	星期三	第2节	三（2）班	庞婧	《长方形的周长》	谢丽纯	马嘉骊	张怡	冯昊	谢丽纯
12月7日	星期五	第1节	四（6）班	周少佳	《立体图形中的奥妙（2）》	梁丽萍	马嘉骊	蔡行明	谢丽纯	梁丽萍
12月28日	星期五	第2节	五（3）班	罗海科	《图形中的规律》	周少佳	梁丽萍	黄金姬	陈智勇	吴小霞
11月22日	星期四	第1节	六（4）班	魏先玲	14面阿基米德多面体（1）	梁桂兰	罗海科	黄金姬	陈智勇	谢勐臻

这是我们上学年示范课安排表（见表 7-10），在听课的环节中，大家一边听，一边思考，从教学环节及时间、提问次数、教师说话时间、回答问题学生点状分布四个维度进行课堂观察，收集数据支撑，评课时有理有据。

（3）录像比赛，展风采

近几年，分别由冯昊、张怡、庞婧、梁丽萍、罗海科、谢勐臻 6 位老师上了拓展课程的录像课。我们以年级为单位，大家集体备课，一遍又一遍地研课、磨课、听课、修改，再多次反复，最后确定。这个活动不是某一个人的事，而是整个备课组共同努力的成果，是大家共同的智慧结晶。迈克尔·桑德尔说：“学习的本质，不在于记住哪些知识，而在于它触发了你的思考。”是的，这个活动触发了每一个参与者的神经，大家完全沉浸其中，每个人在这个过程中都获得了不同的收获，学生有学生的收获，老师有老师的收获，大家都在思考着、努力着、前进着、探究着、困惑着并喜悦着，用张怡老师的话说：过程虽然“磨人”，但收获很是“喜人”。

（4）全面学习，促成长

这几年，我们采用“走出去，请进来”的方式，持续地学习、成长。我们先后邀请深圳市数学教研员李一鸣老师、宝安区数学教研员张维国老师、台湾名师王圣昌老师到海港小学指导教学，名师们从理念更新、教材解读、理解学生、组织教学、情景创设、问题设置等方面为老师们指点迷津。这两个学期，我们先后参加拓展课程年会和“千课万人”的高阶思维培训会，学习全国名师如何设计训练高阶思维的活动，如何设计有层次、有深度的问题引导学生循序渐进地思考，如何做到以学生为主体，如何做到趣味性与思考性共发展等。在高阶思维培训会上，北京教育学院刘加霞教授提道：思维能力分为基本思维能力（想象能力、抽象能力）、一般思维能力（对比、比较、分析、判断、推理等）和高阶思维能力（批判、质疑等能力），同时她还提出：高阶思维具有持续性（专注地长时间思考一个好问题）、证据性（用证据说话）、逻辑性（前后一致，符合逻辑规则，不偷换概念），这些理念是我们教学行动的强有力的支撑，为我们的思维训练教学活动指明了方向。

3. 为学生搭建思维创新的平台

鼓励学生积极参与各种思维活动与竞赛，激发他们的创新热情。

（1）趣味竞赛，练思维

亚里士多德说：“思维自疑问和惊奇开始。”每学年，我们根据每个年级学生的不同思维特点，本着趣味性与思考性相结合的原则，将课内与课外、拓展与综合有机融合，通过开展竞技性的趣味数学活动，进一步培养学生的探究兴趣、探究精神以及思维品质，提高学生的数学核心素养。

考虑到一年级学生每年 9 月入学，年龄太小，故确定每学年的第一学期是二、四、六年级的趣味数学活动，分别是一线生机、24 点、高阶数独；第二学期是一、三、五年级的趣味数学活动，分别是低阶数独、找规律、玩转魔方。每个年级先进行班级初赛，选出 10 人，参加年级复赛，复赛总人数的 10% 为一等奖，12% 为二等奖，30% 为三等奖，一、二、三等奖分别颁发金、银、铜牌以资鼓励。在这个过程中，老师们精心设置活动规则、认真组织活动，学生们积极参与、深入思考、思维活跃，整个场面紧张而刺激，拼搏劲头十足，学生的思维在趣味浓厚的活动中得到了有效的生长。

（2）实践作业，重应用

杜威说：“教育即生活，教育即生长。”我们引领学生从课内走向课外，到生活中去寻找数学，用数学的眼光观察，用数学的语言表达，用数学的思维思考，在生活中应用，在应用中启发思维。例如：五年级学完平行四边形的面积、三角形的面积、梯形的面积，老师给学生布置了一项实践性作业，同一小区的2—4人为一小组，在生活的周边寻找平行四边形、三角形、梯形，几个人合作，先测量所需要的数据，再计算出图形的面积。

这是五（5）班同学的作品（见图7–2）。

图 7–2

在这个过程中，学生们能够做到分工合作、发现数学、提取数据、解决问题。

五、课程评价

我们的课程采用多元化评价方式，关注学生的过程表现，充分挖掘学生的潜能。除了关注学生的学习成绩，还要关注他们在思考问题、解决问题、交流合作等方面的表现，以全面评价学生的创造性思维能力。

（一）过程性评价（见表 7-11）

表 7-11 过程性评价量表

评价内容	具体要求	师评	自评	互评
日常学习态度与学习习惯	遵守课堂纪律，作业认真。（20 分）			
	积极发言，积极讨论与交流。（10 分）			
	大胆提出问题，大胆表达想法。（10 分）			
	善于与人合作，虚心听取意见。（20 分）			
思维能力	能有条理表达意见，解决问题过程清楚。（20分）			
	具有创造性思维，能用不同的方法解决问题，独立思考。（20 分）			

过程性评价采取师评、自评、互评相结合的方式，对照学生的表现给予相应评价。（90—100 分为 A；80—89 分为 B；70—79 分为 C；60—69 分为 D）

（二）学业测评成绩

根据教学内容的不同，我们采取目标多元评价，评价主体可以是组员、组长、教师，评价内容包括知识、技能、情感、思维，多角度、多元素客观、公正、真实地对学生进行评价，充分尊重每个学生。

例如：在六年级学习“柏拉图多面体”一课时，我们设计了这样的学习，多个角度进行评价（见表 7-12）。

表 7-12

第______小组学习单

			一个顶点的角度和（列出算式）	
正多边形	顶点布局	验证（√或X）	列算式	在正确答案下面打√
正三边形				（大手/小手/等手）360°
				（大手/小手/等手）360°
				（大手/小手/等手）360°
				（大手/小手/等手）360°
				（大手/小手/等手）360°
				（大手/小手/等手）360°
				（大手/小手/等手）360°
				（大手/小手/等手）360°
				（大手/小手/等手）360°
我们小组成员有：				
大家是这样分工的：				
我们今天分工合作完成的情况，（优秀、良好、及格、太差了）				
今天的活动，小组内（　）能够积极主动参与学习，给他一个赞！！				
今天的活动，小组内（　）不够认真，希望他下节课能改正。				

例如：在五年级上册学习《梯形的面积》时，我们设计了这样的评价表，运用等级制从知识、技能、情感、思维多个维度进行评价（见表7–13）。

表 7–13

评价内容	等级			
	A	B	C	总评
1. 语言表达是否清晰、正确				
2. 找到的图形是否正确				
3. 测量方式是否正确				
4. 计算结果是否正确				
5. 是否做到了分工合作				
6. 是否能够运用数学思想方法解释梯形的面积为什么是（上底 + 下底）× 高 ÷2				

六、课程建设成效及经验

（一）师生喜获各项荣誉

自本课程实施以来，海港小学数学科组共有教师获奖达 68 人次，其中国家级奖项 7 人次，省级奖项 3 人次，市级奖项 5 人次，区级奖项 53 人次。学生获国家级奖项 3 人次，省级奖项 5 人次，区级奖项 83 人次。

（二）促进学生思维发展

通过这几年的实践，我们从不同的角度，用不同的方式，达到了发展、训练孩子思维能力、培养学生数学综合素养的目的。现在孩子们善于运用发散思维的方式去思考问题，遇到一个问题，往往会想到很多种办法来解决。例如：在四年级下册学习小数四则混合运算这一内容时，（淘气要给希望小学 3 名同学分别买 1 本练习本和 1 个铅笔盒，一本练习本要 2.8 元，一个铅笔盒要 6.1 元，一共要花多少元？）有孩子会想到用分步计算来解决，有孩子会用综合算式来解决，有孩子会运用乘法分配律来解决，让人感到意外的是一个孩子竟然想到用假设方法来解决（把铅笔盒的价钱假设成 6.2 元，因为 6.2+2.8 正好是一个整数，最后再减去多算的 0.3 元）。孩子们在课堂上是你追我赶，大家像比赛一样，看谁的方法多，看谁的方法与众不同，学习氛围特别浓厚。

再例如：五年级上册学到梯形的面积时，有这样一道练习题：

这堆圆木有几根？你能列式计算吗？

（1）有的学生一行一行地数：3+4+5+6+7+8 = 33（见图 7–3）

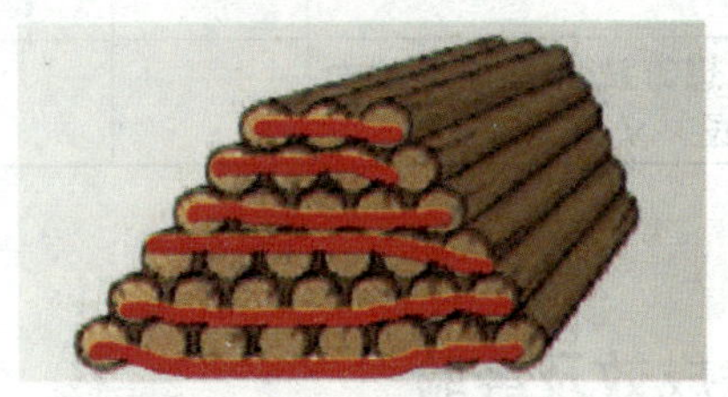

图 7–3

（2）有的学生把每一行都看成有 8 根，一共有 6 行，再减去每一行多看的数量，就是圆木的总数。6 × 8 = 48　　48–1–2–3–4–5 = 33（见图 7–4）

图 7–4

（3）有的学生把这堆圆木分成两部分，右边是一个三角形的样子，可以用 1+2+3+4+5 = 15 表示，左边有 6 行，每行有 3 根，可以用 3 × 6 = 18 表示。1+2+3+4+5 = 15　　3 × 6 = 18　　18+15 = 33（见图 7–5）

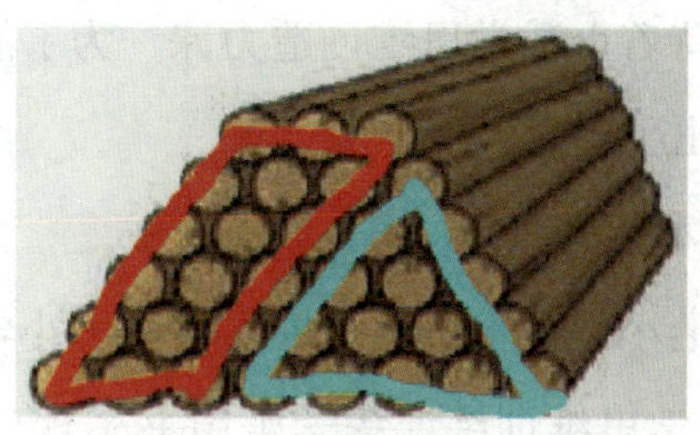

图 7–5

（4）有的学生把这堆圆木看成一个梯形，梯形的面积就是这堆圆木的横截面积，也就是圆木的数量。（8+3）×6÷2 ＝ 33（见图 7–6）

图 7–6

（5）有的学生 3 个 3 个地数。3×11 ＝ 33（见图 7–7）

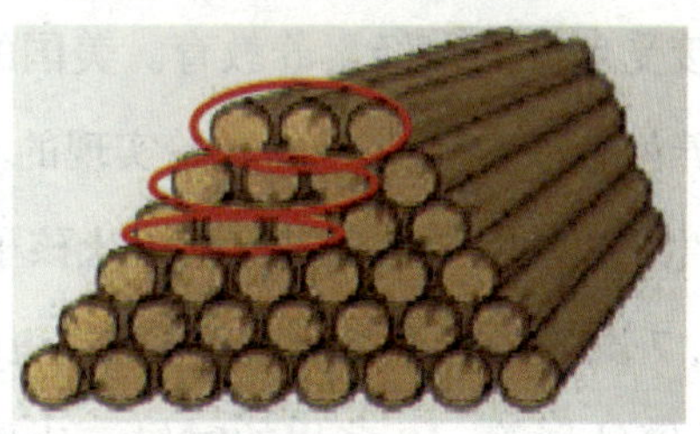

图 7–7

同一个问题，学生可以从不同的角度进行分析，想到用不同的方法解决，发散性思维能力得到了充分的发展。

孩子们的思维变得越来越活跃，越来越有深度。同时他们也越来越喜欢上数学课，越来越期待着上数学思维创造力课，为了能上一节数学思维创造力课，他们对自己提出了更高、更严的要求。

（三）自主开发校本教材

依据本课程，海港小学自主研发的校本教材《小学数学思维训练课程教师用书》和《小学数学思维训练课程学生用书》现已印刷成册，这是我们科组全体成员一遍又一遍实践、探索共同编撰而成，是集体智慧的结晶。

第四节　财经素养教育与小学数学课程融合研究路径的探索与实践

——以海港小学财经素养教育与小学数学课程融合为例

一、研究背景

（一）国外财经素养教育现状

在一些发达国家，财经素养教育已经有上百年的历史了。犹太人的家庭里，孩子从小就开始接受良好的财经素养教育。美国的父母对财经教育非常重视，他们把财经素养教育称为“从三岁开始实现的幸福人生计划”，财经素养被视为一个核心生活能力，比如：3 岁开始让孩子认识硬币及币值，逐渐地区分需要和想要；7 岁的时候开始看价格标签，比较价格，把钱存到账户；9 岁的时候制订开销计划等；10 多岁的时候，让孩子认识金融产品，甚至开设账户，让孩子买卖股票等。到目前为止，有 20 多个国家把财经素养教育作为国家战略，纳入国家的基础教育体系。[1]2012 年开始，世界经合组

---

[1]　王春春 . 国内外财经素养教育政策概述 [J]. 全球教育展望，2017（6）:9.

织的 PISA(国际学生评估项目)也在测评中把财经素养加了进来，成为评价学生素质的一个重要指标。

(二)国内财经素养教育现状

国内对于财经素养教育的开展相对比较晚，最近这几年才有专家和学者提出来。在幼儿园、小学、初中、高中开设相应的课程比较少，涉及面比较窄；国内的家庭教育中，对这一方面的培养也是很薄弱。

(三)海港小学财经素养教育开展情况

在此课程实施前，海港小学没有开设任何形式的财经素养教育课程或活动；班级中的个别家长设置了一些活动，例如：孩子在家里做了 1 次卫生给 1 元零花钱，洗一次碗给 1 元，等等，利用这些日常活动，引导孩子树立初步的财商意识，但这些活动过于零散，过于肤浅，对孩子的财商培养具有一定的局限性，并且只存在于个别家庭中，受益群体比较狭隘。

二、解决问题的过程与方法

(一)内涵解读

罗伯特·清崎[1]曾说过：使一个人富有的，并不是房地产、股票、共同基金、生意或金钱，而是信息、知识、智慧和实践技能，这些统称为理财智慧。因此，我们所倡导的财经素养教育，它不是单纯和钱有关的教育，它更是为了能创造更幸福的生活的一种教育，是一种综合性的教育。

为了惠及更多的孩子与家庭，引导其意识到财商对个人发展的重要性，促进学生形成未来参与经济生活所需要的观念、态度、方法、技能、情感，培养他们作为个体劳动者参与和建设经济社会的合格品质，我们将财经素养

---

[1] [美]罗伯特·清崎 . 富爸爸提高你的财商 [M]. 海南：南海出版公司，2011.

教育与小学数学课程有机融合，以数学思维的视角培养学生的财经素养。

（二）以素养为导向，确定研究目标

1. 总体目标

依据《中国财经素养教育标准框架》（2018 年版）中的"五维三标"，我们将财经素养课程研究融合进海港小学的奠基课程、自选课程、拓展课程和综合课程四大课程体系中，以课堂教学、活动融入、主题活动设计、社会实践开展等主要实践形式开展小学数学课程与财经素养教育实践，提升学生财经素养的校本实践活动，让学生获得基本财经常识的学习，广泛接触与财经素养相关的信息知识，培养学生财经素养能力，促进学生学科核心素养的成长。

2. 学段目标

将财经素养教育内容与海港小学奠基课程、自选课程、拓展课程、综合课程四大课程体系融合，根据学生的心理特征和认知规律，分学段设立目标。

（1）第一学段（1—2 年级）

①让学生认识人民币，知道元、角、分是人民币的单位，知道 1 元 =10 角，1 角 =10 分。

②会在购物活动中进行简单的人民币的加、减法计算。

③初步认识商品的价格，学习简单的购物，体会数学在生活中的应用，增加学习的兴趣，接受爱护人民币的教育。

（2）第二学段（3—4 年级）

①学生学会记录日常的消费情况，比如购买物品的名称、数量、单价和总价等。

②会货比三家，知道怎样购物最省钱。

③初步理解储蓄的重要性，知道如何进行简单的储蓄操作，比如开立储蓄账户、定期存款等。

（3）第三学段（5—6年级）

①初步了解投资：需要了解投资的基本概念，比如股票、债券基金等，并能够理解投资的风险和收益。

②树立正确的金钱观：需要理解金钱并非万能，而且需要学会理智地使用金钱，比如合理消费、节约开支等。

③将热点事件通过辩论赛的形式进行讨论，激发学生对财经知识的拓展。并且能够在生活中将所学的知识进行应用，从而提升财经素养。

（三）以发展为核心，确定实施路径

依据海港小学的发展规划，我们设置了奠基课程、拓展课程、自选课程和综合课程四个维度的课程体系。现在将财经素养课题研究融合进四大课程体系中。

1. 融合奠基课程：借助北师大教材，扎根课堂夯实财经基础。

在奠基课程中，我们将财经素养相关知识与国家教材相结合，设计符合学生认知能力、思维层次的融合课程，初步渗透财经知识，培养理财意识和能力。我们将小学1—6年级数学教材里与财经素养相关的内容整理并分类，一类为相关基础知识学习和储备，如一年级人民币的认识、五年级人民币兑换、六年级利率和利息……另一类为相关知识简单地运用，在运用中掌握简单的财经决策的基本技能，如何租车（船）最省钱，四年级如何购物最省钱（购物满1000元送大礼包，可以怎样组合）、货比三家，五年级包装中的学问（如何使用包装纸最省钱）、复式折线统计图等。结合课题，实时渗透财富来之不易，节约合理地使用财富等价值观的教育。

2. 融合拓展课程：丰富财经视野，拓宽对财经领域的认知

（1）借助社会力量，丰富师生财经知识，提升财经素养。海港小学与宁波银行理财师建立联系，邀请宁波银行理财师为海港小学数学老师讲解有关“人民币升值、贬值给生活带来的影响”“中美贸易战是怎么回事”以及“如何规划自己的资产”等相关知识，引领老师们学习相关财经专业知识，能用

专业的眼光和知识去看待解释财经问题，并能将相关知识很好地与小学数学课程融合，构建具有财经特色的数学课堂。

另一方面请在银行工作的家长走进课堂，带领学生一起了解人民币里的数学文化，感悟如何合理消费和理财，树立正确的价值观。

（2）结合学科阅读，定期给学生推荐一些适合他们阅读的相关财经书籍、视频。在二年级，依据学生的年龄小、喜爱听故事编故事的特点，我们引领学生以编写数学小故事的形式，带领学生感知货币与生活的紧密关系，体会掌握财经技能对生活的重要性（见图 7–8）。

图 7–8

三年级开展阅读货币发展史的读书活动，了解货币的发展演变过程。（见图 7–9、图 7–10）

贝币

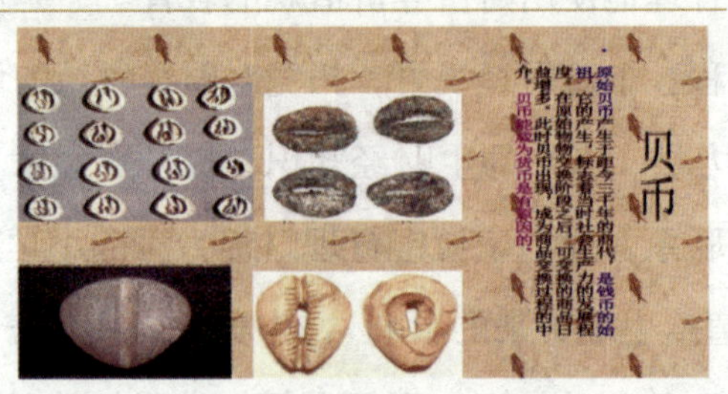

图 7–9

图 7–10

在五年级，我们开展了阅读《小狗钱钱》活动。学期末，我们与信息科组老师合作，将竞赛题目做成“问卷星”形式，先以班级为单位开展阅读竞赛活动，再以年级为单位进行决赛。通过阅读和竞赛活动，学生感受到了理财的重要性，以及如何规划自己的零用钱。

在六年级，我们依据学生的认知能力、搜索信息能力、处理信息能力以及动手能力比较强等特征分别开展了以“新冠脑炎对经济的影响”和“中美贸易战”为主题的数学绘本活动（见图 7–11、图 7–12）。学生们利用互联网，上网查找相关信息，经过判断、分析后，整理信息，制作成具有自己的思想的数学绘本。此项活动，不仅锻炼了学生收集、处理信息的能力，同时培养了学生分析问题和解决问题的综合素养，打开了学生的视野，让学生认识到财经知识与我们的生活息息相关。

3. 融合自选课程：探索未知课程，激发对财经领域的兴趣。

在自选课程中，我们开设了“理财高手”和“职业体验”两个课程，以学生的兴趣为出发点，通过各种体验活动，让学生亲身感受理财的重要性和各种职业不同的职责和任务，为学生未来的成长积累相应的活动体验和情感体验。

图 7–11

图 7–12

4. 融合综合课程：开展丰富活动，形成全面的财经素养。

（1）寒暑假的综合性社会实践活动。暑假期间，布置“暑假在旅途”活动，请学生与家长一起合作，规划暑假外出旅游的相关事宜，包括旅行中需要的餐费、交通费、门票、住宿费等，以表格或是思维导图的形式呈现，旅途结束后，再回头看一看当初做的规划，哪些地方与实际不相符，提出修改意见，分享活动后的心得体会。

（2）财经热门事件探讨。借助互联网了解热点财经知识及事件，并学会收集、整理、分析、归纳信息，不定期地对当下热门事件探讨分享，例如：中美贸易战、明星逃税事件……在这些事件的探讨分享中了解宏观经济政策、国民经济运行、财富积累、价值创造等家国天下的胸怀和大财富大价值的价值观。

（3）财经素养辩论赛。通过对“人民币升值好还是贬值好”这一话题的讨论，经过班级初赛、年级决赛，在层层比拼的活动中，让学生了解当前国际经济贸易形势对我国经济的影响，提升学生财经素养的同时也增强了学生的团队意识，培养学生辩证地看待问题，有利于提高他们的创新和发散思维的能力（见图 7–13）。

图 7–13

（4）借助跳蚤市场活动，引领学生感悟价值和价格的关系，树立正确的价值观。在跳蚤市场上同学们用自己卖出的物品换来的钱，为龙川老隆一小同学们买了校服、鞋子和学习用品，扶贫救困，用自己的实际行动温暖同胞（见图 7–14）。

图 7-14

三、成果的主要内容

（一）探究出财经素养与小学数学教育融合的方法及路径

（二）构建教学资源包

本课题在实施的过程中，我们初步形成了包括教学案例、教学课件、教学录像、学生作品等内容的教学资源包，为后续教学活动的开展提供了有力的保障。

（三）教师的科研水平能力在过程中得到发展

1. 本项目激发了教师的课程意识。在研究过程中，课题组成员经常在一起研讨问题，在激烈的思维碰撞中，教师的观念发生了根本性的变化，转变为为了学生的发展主动去开发、寻找课程资源。

2. 本项目促进了教师教育行为的转变。一方面课题组为适应本课题的研究，认真梳理与财经素养融合的内容，充分领会《标准框架》的理念、深入把握《标准框架》的内涵，探索教育规律、反思完善教学行为。另一方面，在研究探索过程中发现许多的问题，为解决这些问题，教师之间的交流多了、合作多了，教师在合作中逐步成长起来。

四、效果与反思

（一）总体建设现状

1. 在课程融合方面，我们已经探索出符合本校实际情况的一系列课程活动，将奠基课程、拓展课程、自选课程和综合课程四个课程体系与财经素养教育有机融合，并稳步推进。

2. 师生在活动过程中，从多方面、多角度、多层次提升了自身财经素养能力，树立了正确的价值观。

（二）存在问题

1. 教师群体的财经专业素养普遍较低，这种状况导致教学受到很大的制约，不利于工作开展。

2. 目前受到疫情影响，各项活动只能以年级为单位开展，没有办法全校铺开。

3. 课程实施的创新点不够。

（三）应对措施

1. 通过多种渠道、多种途径，提升教师的财经素养。

2. 结合疫情防控要求，以及本校的实际情况，开展切实可行的活动。

3. 多学习、多沟通、多交流，集思广益，找准课程发展创新点。

第五节　提高拼读能力，助力自主阅读

——海港小学英语语音特色课程

一、课程背景

《义务教育阶段英语课程标准（2022年版）》提到，语音是语言教学的重要内容之一，自然、规范的语音和语调，将为有效的口语交际奠定良好的基础。语音教学应注重语义与语境、语调与语流相结合，要通过有意义的语言输入，引导学生在感知理解语言的基础上体会语音的表意功能，发现并归纳语音规则。应为学生提供大量听音、模仿和实践的机会，帮助学生形成语音意识。

系统的语音教学，为初学语言的孩子们，打下纯正发音的基础；通过辨听音素的学习，提高英文听力；用phonics背单词，对小学高年级和中学生有极大的帮助。phonics是阅读必备的技能，依靠phonics技能进行大量阅读，进而扩大vocabulary（词汇量）和提高fluency（阅读流利性），最后提高comprehension（阅读理解能力），这几个部分的有机结合形成了一个人的阅读能力。

二、课程目标

在小学一至三年级，尝试phonics语音教学，按步骤、有系统地结合学校主教材，在不增加老师与学生的负担下，从一年级开始学习自然拼读法，希望三年后能让学生见词就读，听音能写，并结合高频词的学习，启蒙学生英语的初步阅读。

三、课程内容

一年级上学期，结合主教材以及拓展资源 Phonics Kids，学习 21 个辅音的 letter sound 和 letter name；一年级下学期，结合拓展资源《攀登英语——有趣的字母》，在绘本中进一步巩固 21 个辅音的 letter sound，letter name，并开始渗透 5 个短元音的发音。

二年级上学期，结合拓展资源《攀登英语——有趣的字母》，在绘本中学习 Aa，Ee，Ii，Oo，Uu 作为短元音的发音，并开始拼读 VC（短元音 + 辅音）)，例如：a–t=at，CVC（辅音 + 短元音 + 辅音）结构的单词，例如：m–a–p=map；二年级下学期，对之前三个学期所学进行综合的拼读巩固练习。结合拓展资源解码书，开始学习 5 个长元音的发音，并开始拼读 CVCe（辅音 + 短元音 + 辅音 +e）)，例如：m–a–k–e=make。同时，我们结合拓展资源 *Sight Words Kids* 学习高频词 1 级和 2 级。

三年级上学期，结合拓展资源《攀登英语阅读系列·神奇字母组合》，在绘本中学习辅音群 consonant blends，例如 bl，br，cl，cr，st，sk，spr 等常见字母组合发音以及其拼读。复合辅音 consonant digraphs（两个辅音在一起只念一个音），如 ch，gh，sh，th，ph，ng，ck，nk 等以及其拼读。同时，结合拓展资源 *Sight Words Kids* 学习高频词 3 级。导入《攀登英语阅读 1 级》和《攀登英语阅读 2 级》，让孩子们开始自行阅读；三年级下学期，结合拓展教材《攀登英语阅读系列·神奇字母组合》，在绘本中学习字母组合 letter combinations：wh，ple，th，th，sp，sh，ph，ea，dr，ck，ch，ar，ai，all。同时，导入《攀登英语阅读 3 级》，让孩子们尝试自主阅读。

四、课程实施

《义务教育阶段英语课程标准（2022年版）》中提到语音教学，应注重语义与语境、语调与语流相结合，要通过有意义的语言输入，引导学生在感知理解语言的基础上体会语音的表意功能，发现并归纳语音规则。应为学生提供大量听音模仿和实践的机会，帮助学生形成语音意识。

在语音教学中，主要采用以下拓展资源：视频 *Phonics Kids*、绘本《攀登英语阅读系列 · 有趣的字母》《攀登英语阅读系列 · 神奇字母组合》和《攀登英语分级阅读》。这些资源短小精悍、富于节奏、充满童趣、贴近教材而异于教材。

在语音教学上，如果是新授课，一般采取短课10分钟模式：针对主教材中“Let’s learn”出现的核心词汇，学习核心词汇的首字母。例如，针对核心词汇 Book，学习字母 B 的语音。“What does letter B sound? Let’s watch phonics kids.”视频有两段，第一段听完，老师问：“What other words begin with the sound of b? ”学生说出相应的单词，老师通过思维导图的形式板书。复习课时，复现 *Phonics Kids* 的视频，学生一起读一起唱，结束后，让学生说出视频之外的更多的单词。每个月，老师会布置一次字母发音的思维导图。每节英语课前诵读，我们都把这些单词和儿歌作为一年级英语课前诵读的内容。

在学习了辅音字母 B 的发音后，接下来就通过有趣的攀登绘本 *The Biscuits*，进行巩固复习。第一遍听，理解绘本大意，提出 general question : What can the biscuits be? The biscuits can be...。虽然是语音绘本，但是绘本还是以看图理解大意为先，然后，在理解内容的基础上，学习语音，这也是整体教学体现。即语音的学习，不是孤立单独地学习发音，而是在绘本内容的情境中，巩固学习字母B的发音。《义务教育阶段英语课程标准（2022年版）》提到，语言活动中情境很重要，任何形式的语言运用都是通过特定情境下某一话题的具体语言活动实现的。一切语言活动都离不开特定的条件和情境。把语音学习放入有趣的故事情境中，学生很快就能接受并觉得有趣。学生找出绘本中首字母发音为B的单词，老师用思维导图的形式板书，教读B发音的单词。学生在家通过预读、跟读和独立朗读多层次地读，老师在校利用短课时间泛读复现，学生最终可以输出绘本内容。

《义务教育阶段英语课程标准（2022年版）》中提到，语篇是话题内容的载体，歌曲、歌谣、韵文和音频视频也是语篇的形式。语音教学应注重语义与语境，语调与语流相结合，要通过有意义的语言输入，引导学生在感知理解语言的基础上体会语音的表意功能，发现并归纳语音规则。应为学生提供大量听音、模仿和实践的机会，帮助学生形成语音意识。我们在语音教学中，综合运用了歌谣、歌曲、绘本音频和视频资源，让语音学习生动有趣。

以下案例的学习主体是三年级的学生，他们经过了两年的语音学习，基本能拼读单词，有比较好的语音拼读能力，同时学生已经有了初步朗读绘本的能力，对语音绘本故事有着浓厚的兴趣（见表7–14）。

表7–14 三年级（上） 神奇的字母组合ck 10分钟教学课例

<table>
<tr><td>授课教师姓名</td><td>张青</td><td>微课名称</td><td>学习字母组合ck发音
小学英语</td></tr>
<tr><td>知识点来源</td><td colspan="3">□学科：英语 □年级：三年级上学期 □教材版本：《攀登英语》
□所属章节：《神奇的字母组合》</td></tr>
<tr><td>录制工具和方法</td><td colspan="3">Camtasia Studio，PPT</td></tr>
<tr><td>设计思路</td><td colspan="3">通过绘本故事“Tick–tock Goes the Clock”帮助学生学习字母组合ck的单词，从而学会尝试用拼读的方法阅读故事，领会故事的趣味</td></tr>
</table>

续表

授课教师姓名	张青	微课名称	学习字母组合 ck 发音 小学英语
教学设计			
	内 容		
教学目的	通过听与说绘本故事，学生能够在图片的帮助下感知理解，基本掌握故事的大意；通过朗读绘本故事，在完整的语篇中学会 ck 字母组合的发音，以及能运用所学的语音拼读方法拼读相关的单词		
教学重点难点	如何用拼读方法拼读含 ck 的单词，并尝试阅读		
教学过程	环节一：借助学生耳熟能详的歌曲 Hickory-Dickory-Dock 歌曲，回顾旧知，提炼出核心关键词 clock，从而引出本课主题：Tick-tock Goes the Clock，在理解绘本的基础上学习字母组合 ck 的发音。 环节二：从 clock 发散学生思维，鼓励学生总结旧知所学的含有 ck 字母组合的单词，复习旧知，并回忆拼读方法，为后面的拼读学习做准备。 环节三：第一次学习故事，整体感知故事，学生看故事、听故事，尝试抓住故事的整体脉络和主线，回答 general question: Does Granny Mock like the clock? Why? 在理解故事过程中，提取关键词组：pick the clock， in a sock，lock the clock， kick out the clock。 环节四：第二次学习故事，在理解文本内容基础上，细节观察、自行尝试拼读新单词：Mock， pick， sock， lock， kick，duck， tick， tock，clock，朗读故事。一方面鼓励学生用已经学过的拼读方法拼读新学的含有 ck 字母组合的单词，另一方面指导学生在朗读中提取信息。 环节五：鼓励学生提炼出故事的核心词块，通过关键字和图片回顾故事，并让学生尝试复述。 环节六：练习与拓展：给出更多含有字母组合 ck 的单词，让学生进行拼读训练。并布置作业，找出更多含有字母组合 ck 的单词并尝试拼读		
教学反思	这次我在三年级制作微课，选用的教材是《攀登英语阅读系列·神奇字母组合》字母组合 ck 学习，同时结合了牛津教材在一二年级出现的有关 ck 组合发音的单词。本节课旨在通过学习绘本故事 Tick-tock Goes the Clock，帮助学生提炼含有字母组合 ck 的单词，从而学会用拼读的方法尝试阅读故事，领会故事的趣味。本节课难点就是提炼含有字母组合 ck 的单词，用拼读单词的方法拼读单词，尝试阅读故事。		

续表

授课教师姓名	张青	微课名称	学习字母组合 ck 发音 小学英语
教学反思	本节课上完后，我发现学生对本节课掌握的情况良好。主要体现在以下几点： （1）在特定情境中，借助学生耳熟能详的歌 Hickory-Dickory-Dock 回顾旧知，提炼出核心关键词 clock，从而引出本课主题：字母组合 ck。事实证明这种方式是非常成功的。短短的 10 分钟语音课程，涵盖了歌曲、绘本音频、视频等语篇。《义务教育阶段英语课程标准（2022 年版）》中提到，语篇是话题内容的载体，语篇分为不同的类型，包括口语书面等多模态形式的语篇，涵盖不同文体形式，如对话、访谈记叙文、说明文、应用文、议论文等连续性文本，图表、图示、网页广告等非连续性文本以及歌曲、歌谣、韵文和音频视频等。 （2）从 clock 发散学生思维，鼓励学生总结旧知所学的含有 ck 字母组合的单词，复习旧知，并回忆拼读方法，学习效果很好。另外，在故事内容上，发散学生思维：What will Granny Mock say to the duck? 学生给出的答案丰富多彩：Oh， my god!... Get out! I hate you， the ugly duck! 有趣味。 （3）绘本的两次学习非常有趣，学生不仅在绘本中感受到故事的有趣性，而且能有效学习到新的单词，并学会了拼读方法。《义务教育阶段英语课程标准（2022 年版）》提到，语言活动中情境很重要，任何形式的语言运用都是通过特定情境下某一话题的具体语言活动实现的。一切语言活动都离不开特定的条件和情境。把语音学习放入有趣的故事情境中，学生很快就能接受并觉得有趣。 但是，在上完课后也发现了一个问题，学生有时候分不清哪些组合发一个音，哪些分开读，因此，在以后的教学中需要进一步加强学生拼读单词的训练		

五、课程评价

每个学期末，学校都将进行英语口语检测，其中，语音内容是口语检测内容的必检项目，具体考查内容如下：

（一）一年级上（口语检测中包含两道题评价教学效果）

1. 听音选择正确的字母群；

2. 看字母说出 letter sound，letter name 和两个代表单词。两道题各 10 分，

得分在8分以上为优秀，6分为合格。

（二）一年级下（口语检测中包含两道题评价教学效果）

1. 看字母说出 letter sound，letter name 和五个代表单词；

2. 读一本字母绘本故事。两道题各10分，得分在8分以上为优秀，6分为合格。

（三）二年级上（口语检测中包含两道题评价教学效果 & 笔试中包含一道评价题目）

1. 看单词进行拼读；

2. 单词选择单词；

3. 笔试检测中包含一道评价题目：听音，写出单词缺少的字母。

以上三道题各10分，得分在8分以上为优秀，6分为合格。

（四）二年级下（口语检测中包含两道题评价教学效果 & 笔试中包含一道评价题目）

1. 看单词进行拼读；

2. 听单词选择单词；

3. 笔试检测中包含一道评价题目：听音，写出单词。

三道题各10分，得分在8分以上为优秀，6分为合格。

（五）三年级上（口语检测中包含两道题评价教学效果 & 笔试中包含一道评价题目）

1. 看单词进行拼读；

2. 背诵一个字母组合的语音故事；

3. 笔试检测中包含一道评价题目：听音，写出单词。

三道题各10分，得分在8分以上为优秀，6分为合格。

（六）三年级下（口语检测中包含两道题评价教学效果 & 笔试中包含一道评价题目）

1. 看单词进行拼读；

2. 背诵一个字母组合的语音故事。

3. 笔试检测中包含一道评价题目：听音，写出单词。

三道题各 10 分，得分在 8 分以上为优秀，6 分为合格。

六、课程建设成效及经验

（一）学生层面

1. 95% 以上学生能够“见词就读，听音能写”。

2. 95% 以上学生能够自由阅读学校教材《攀登英语分级阅读》三级以内的绘本。

3. 30% 学生能够自由阅读学校教材《攀登英语分级阅读》三级以上的绘本。

（二）教学层面

形成系统的短课 phonics & sight words 教学模式，有效帮助教师和学生打下扎实稳固的语音基础，为英语原著阅读打下基础。

（三）课程层面

1. 形成三年课程体系的资源包以及校本教材《海港小学一至三年级“P+S=FR”课程》。

2. 教学形成富有语音特色的课程模式，辐射影响宝安区域，带动一批有相同计划的学校与教师，服务社区。

第六节　项目化学习在小学科学课程中的实践探索

——以海港小学“探秘红树”项目式学习为例

一、研究背景

红树林是以红树植物为主体的常绿乔木、灌木组成的湿地植物群落，分布于热带、亚热带海岸潮间带。红树生长在陆地与海洋的交接处，面对着严酷的生存环境，它们不仅进化出对应的方法，还聚合在一起形成了丰富的生态系统。红树林不仅为鸟类、鱼类和其他海洋生物提供食物和栖息环境，而且在防浪护岸、调节大气、净化水质等方面也起到了作用。

在《广东省红树林资源调查报告（2002 年）》中提到，广东红树林面积在 20 世纪 80 年代起逐步下降，至 21 世纪初持续下降的势头逐渐得以遏制，并缓慢回升。截至 2020 年，广东红树林总面积约 1.4 万公顷。尽管红树林区域有一定的恢复，但粤港澳大湾区内的人类活动（如过度捕捞、填海造陆、水污染等）依然对红树林造成破坏及构成威胁。深圳市福田红树林主要受到工业污水、生活污水和海上固体废弃物等的污染，水质指标大部分严重超标，对生物多样性造成严重危害。

2022 年 11 月 5 日，国家主席习近平以视频方式出席《湿地公约》第十四届缔约方大会开幕式并发表题为《珍爱湿地 守护未来 推进湿地保护全球行动》的致辞，提出“中国将推动国际交流合作，保护 4 条途经中国的候鸟迁飞通道，在深圳建立‘国际红树林中心’，支持举办全球滨海论坛会议”。

在本次项目化学习筹备中，选择红树林生态系统作为研究主题，一方面是基于深圳本土实际情况，另一方面是由于红树林有着与众不同的生活习性。在深圳市内，红树林具有较广泛的分布，如福田红树林自然保护区、福田红树林生态公园、深圳湾红树林海滨生态公园、宝安西湾红树林公园等地，让“探秘红树”有丰富的资源让学生充分经历探索的过程。

红树林生态系统是世界上最富多样性、生产力最高的海洋生态系统之一。红树是植物，却具有“胎生”习性，像动物一样繁育后代；它生长在泥土里，“根”却反向地性而生，露出地面呼吸；它的枝叶都是绿色的，却有“红树”的称呼。红树林扎根有“绝招”。红树林生长于海与地的相拥处，这个听上去诗意的地方其实异常险恶。潮涨潮落、海水浸蚀、海浪侵袭，很难想象，还有哪种植物能像红树林一样，如此坚韧顽强。为了在海浪的袭扰中占有“一席之地”，红树林练就了许多“独门绝技”，值得学生一探究竟。

二、解决问题的过程与方法

（一）内涵解读

2022年年初，新的科学课程标准发布，《义务教育科学课程标准》中指出“科学课程有助于学生保持对自然现象的好奇心，从亲近自然走向亲近科学，初步从整体上认识自然世界，理解科学、技术、社会与环境的关系”。小学科学课程注重学生思维能力，特别是问题解决能力的培养。也就是说，学生不仅要理解科学知识，而且要能够从科学的角度发现、认识、分析和解决实际问题，体现出科学知识的作用，知道其不是仅仅用来“应付”考试的。新课标所强调的核心素养实际上都是围绕着学生如何正确有效地应用科学知识进行的。

相比于传统的知识型教学模式，以学生为中心的项目化学习能够更好地结合问题及问题情境，学生在教师的帮助下完成项目任务，在学习的过程中获得知识和经验，锻炼自身能力，这对小学生科学核心素养的发展有更大的帮助。

为了贯彻落实立德树人的根本任务，大力推进五育并举教育方针，落实全学科育人的总体目标，全面提升学生综合素养，海港小学积极探索项目化学习，进一步实践项目化学习的实施路径。基于此，我们借鉴项目化学习的模式组织“探秘红树”，更加关心学生解决问题的过程，锻炼学生在解决问题时的思维及实践能力。

（二）明确目标与研究问题

在 2022 年《义务教育科学课程标准》中明确提出，学生综合运用所学知识解决问题，寻找学习的动机与兴趣，形成学生智力的多元发展，启迪学生的智慧，激发学生创造的活力，培养学生的学科核心素养为课程内涵，这为项目化学习的开展指明了方向。通过项目化学习，学生们能够主动地去探索科学问题和挑战，在这个过程中不仅能够领会到更加深刻的知识与技能，而且还可以锻炼学生们的创造力、团队合作与领导力、动手能力、计划以及执行项目的能力。

依据《义务教育科学课程标准》在“生命系统的构成层次”“生物体的稳态与调节”“生物与环境的相互关系”“生命的延续与净化”和“人类活动与环境”五个学科核心概念的学习内容，我们分学段拟定学习目标（见表 7–15）。

表 7–15

年段	学习目标
低年段	1. 意识到保护环境的重要性，能做到珍爱生命，保护身边的动植物 2. 初步尝试绘图记录的方法，能前往红树林近距离观察，以绘画等方式记录红树林中的鸟类，能说出红树林中一些鸟类的名称及其特征 3. 初步了解红树林中不同生态层的生物种类

续表

年段	学习目标
中年段	1. 了解人类的生活和生产可能造成环境的破坏，具有参与环境保护活动的意识，愿意采取行动保护环境 2. 近距离观察，能以适当方式记录红树林中一些动植物的特征和生命活动 3. 通过观察和资料查阅，了解红树的外部特征结构对维持植物生存的作用 4. 通过观察和资料查阅，了解人们对红树林中动植物生存产生的影响
高年段	1. 认识到人类、动植物、环境的相互影响关系，了解人类活动对环境会产生正面和负面的影响，自觉采取行动，保护环境 2. 通过观察和资料查阅，了解红树林中动物在环境变化时的行为 3. 通过现场调研和资料查阅，了解市内红树林生态系统的生物多样性现状，了解人们对红树林生态系统产生的影响，提出保护生物多样性的可行措施 4. 通过现场调研和资料查阅，了解深圳市内红树林及红树林自然保护区的变迁历史

在“探秘红树”的大主题下，教师结合各自年段的科学知识水平、探究实践能力和科学思维程度，在不同年段设置不同的学习主题以及核心问题。（见表 7–16）

表 7–16

年段	学习主题	核心问题	主要负责人
低年段	绘声绘色识禽类	生活在红树林中的鸟类有什么不同的特征？起到什么作用？	彭生福
中年段	小小红树大智慧	红树林相关植物的生理机制和红树林有什么共存关系？	梁宇鑫、骆红梅
高年段	红树林，生态与城	红树林生态系统面临着哪些环境问题？我们如何保护？	尚再智、胡志杰、吴佳娴

（三）开展过程

“探秘红树”项目化学习通过前期科普阅读，中期实地调研，后期成果展示，学生切身参与项目化学习，切实提升学生综合素养。

1. 科普阅读

教师根据学生年龄特征，挑选合适书目，分年段向全体学生推荐书目（见表 7–17）。

表 7–17

年段	书目
低年段	《家在红树林》《深圳观鸟地图》
中年段	《深圳自然读本（学生版）》《家在红树林》
高年段	《谁能吃掉谁——深圳红树林食物链大揭秘》《深圳自然读本（学生版）》
选读	《深圳自然笔记》《深圳自然博物百科》《海岸守护神红树林》

除了科普读物，我们还向学生推荐微信平台端的公众号，如福田红树林生态公园、红树林家族、内伶仃福田国家级自然保护区等，让学生了解市内关于红树林的实时资讯，丰富阅读面。

2. 户外直播课堂

在 2022 年 5 月 3 日劳动节假期期间，科学科组教师组织开展了题为《红树林里的鸟类朋友》的户外直播课，全校各年级学生在企业微信观看直播（见图 7–15、图 7–16）。

图 7–15

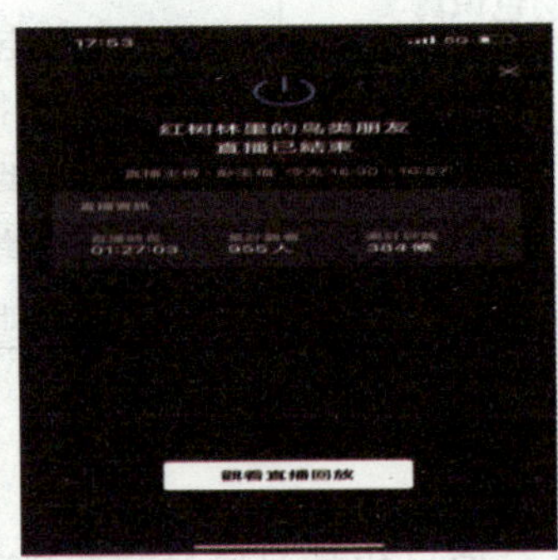

图 7–16

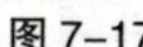
图 7-17

图 7-18

本次直播课堂由深圳大学的生物化学研究生、红树林基金会志愿者崔文浩作为主讲嘉宾，给我们带来了专业的观鸟解说。老师们提前收集同学们有关于红树林或水鸟生活的疑问，在直播中现场解答。此次户外直播课堂为海港小学线上线下、校内校外学习深度融合做出尝试（见图 7–17、图 7–18）。

3. 学生户外主题学习

各年级学生在老师的引导下，在周末、假期的时间，走出学校家门，开展主题探索学习（见图 7–19 ~ 图 7–22）。

低年段学生走进深圳不同的红树林观察鸟类和红树林中各生态层生活的生物。记录时间、地点，利用拍照、图画等方法记录外观特征及生活环境。

图 7-19

图 7-20

中年段学生和家人自行安排时间前往深圳不同的红树林观察，利用拍照、视频或绘图等方法记录红树植物的生活环境、根、茎、叶、花、果实、种子的结构或特殊现象，查阅资料，了解这些特殊结构或现象对维持红树生存的作用，完成调查报告。初步形成植物的结构是与功能相统一、与环境相适应的认识。

图 7-21

图 7-22

高年段学生自行安排时间前往深圳红树林公园实地观察并记录，了解这些生物之间存在的捕食关系和市内红树林主要分布区域、发展历史、生态现状和面临的环境问题，以后市民的哪些举措有助于维护和修复红树林生态系统。

三、成果主要内容

此次项目化学习的成果主要体现为学生的学习成果，部分成果呈现如图 7-23 ~ 图 7-25 ：

图 7-23 低年段学生学习成果

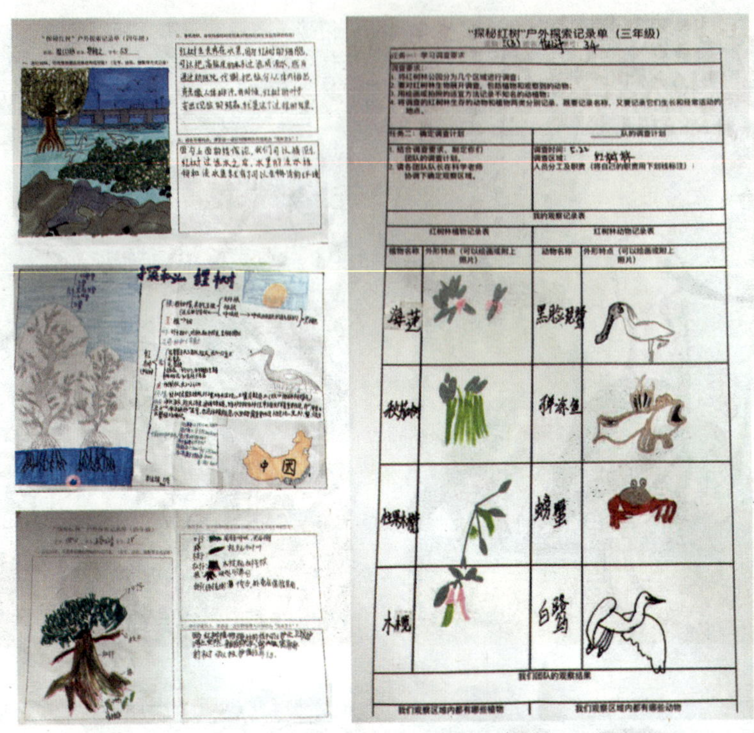

图 7-24　中年段学生学习成果

图 7-25　高年段学生学习成果

四、效果与反思

（一）活动成效

2022 年伊始启动的“探秘红树”项目化学习，强化学科整合，实现全学科育人，为后续开展“读书活动月”“运动，健康”“中西文化节活动”等学科综合课程项目提供借鉴。

在当时疫情背景下，海港小学克服困难，创新地以项目化学习形式组织科技节，打破校内校外学习壁垒，创新运用户外直播课形式面向全校开展科普活动。

本次活动我们邀请了专业人员给同学们进行更全面的讲解，把社会优秀的教学资源融入学生学习当中。另外，由于疫情，很多同学居家学习除了看老师讲课外，在深圳湾的直播课让同学们耳目一新，与主播的互动更积极。本次活动很好地让学生了解了红树林的相关知识，体会到红树林对于深圳对于环境来说的重要性。如学生在标记深圳拥有红树林的海岸线时，对于红树林的不连续性表示出担忧，从提出不应开发红树林，到人与红树林和谐共处的理念，也很好地拉开了学校与社会知识资源的合作序幕。

（二）反思

受限于疫情，福田红树林自然保护区未能面向公众开放，学生无法走进红树林核心区域开展深入研究。未来，还值得与红树林保育机构的联系，继续拓宽与社会资源的合作渠道。

第七节 “有地一族”——劳动课程探索与实践

一、课程背景

依据《关于全面加强新时代大中小学劳动教育的意见》和《大中小学劳动教育指导纲要（试行）》等文件精神，围绕海港小学“人人在劳动中有所作为”的指导思想，促进五育并举。为进一步加强海港小学劳动教育，增强了学生的劳动观念、劳动技能和实践能力，依托海港小学“风情农场”劳动实践基地，开设以“认养一块地，我与海港共成长”为主题的“有地一族”校本课程。

海港小学占地面积23159.5平方米，校园建筑错落有致，合理规划校内空间，充分利用资源，为孩子们打造了多个劳动实践基地。前期学校组织校队利用劳动实践基地栽种绿植，但因涉及的学生较少、植物难以养护等问题，劳动范围有限，也难进行人人实践和项目研究。为了让更多学生深切感受种植劳动的温度和热度，学校在校园操场东侧重新规划了班级劳动实践基地，这里是每个班级的“自留地”，是孩子们的“责任田”。分年级、分班级，让学生在真实情景中体验播种、浇水、施肥、收获的全过程，将劳动课程中学到的种植知识应用于实践，真切地感受到蔬菜的生长，体验劳动带来的快乐。

二、课程目标

1. 通过参与“风情农场”劳动基地的实践，初步了解农作物的名称、生长特点等，掌握相关种植方法。

2. 培养学生的劳动观念，激发学生的劳动热情，体会劳动人民劳动的艰辛。

3. 激发学生的好奇心和求知欲，初步养成从事探究活动的正确态度；使学生获得一些亲身探索的体验，培养学生提出问题、分析问题、解决问题的能力。

4. 培养学生的观察能力、调查分析能力、收集相关信息，并对收集到的信息进行简单加工处理和应用的能力。

三、课程内容

以学校“专注六年，幸福一生”的办学理念为指导，深圳市宝安区海港小学秉承“人人都是劳动者”的劳动教育理念，以培养具有社会责任感、科学精神和动手实践能力的“有为少年”育人目标为出发点，以培养学生劳动素养为核心，以“五育”融合为视角，充分发挥劳动教育独特的育人价值，筑牢立德树人基础。从空间、时间、课程、评价等方面进行顶层设计和重构，打造家校社一体化，即“家校共育，社会融合”，构建“有地一族”劳动教育校本课程。主要分为三个课程：作物种植类课程、作物观察类课程、药食同源类课程。

四、课程实施

（一）课程设置（见表 7-18）

表 7-18

周次	时间	班级	教学主题	负责教师
二	2 月 17 日	一至六年级双数班级	种植基础知识与安全知识；育苗播种	胡志杰、蔡行明、尚再智、魏丽茵
三	2 月 24 日	一至六年级单数班级	种植基础知识与安全知识；育苗播种	吴佳娴、骆红梅、梁宇鑫
四	3 月 3 日	一至六年级双数班级	浇水	胡志杰、蔡行明、尚再智、魏丽茵
五	3 月 10 日	一至六年级单数班级	浇水	吴佳娴、骆红梅、梁宇鑫
六	3 月 17 日	一至六年级双数班级	施肥	胡志杰、蔡行明、尚再智、魏丽茵
七	3 月 24 日	一至六年级单数班级	施肥	吴佳娴、骆红梅、梁宇鑫
八	3 月 31 日	一至六年级双数班级	识别常见杂草及除草	胡志杰、蔡行明、尚再智、魏丽茵
九	4 月 7 日	一至六年级单数班级	识别常见杂草及除草	吴佳娴、骆红梅、梁宇鑫
十	4 月 14 日	一至六年级双数班级	收获及整地	胡志杰、蔡行明、尚再智、魏丽茵
十一	4 月 21 日	一至六年级单数班级	收获及整地	吴佳娴、骆红梅、梁宇鑫
十二	4 月 28 日	一至六年级双数班级	识别常见害虫及防治	胡志杰、蔡行明、尚再智、魏丽茵
十一	5 月 5 日	一至六年级单数班级	识别常见害虫及防治	吴佳娴、骆红梅、梁宇鑫
十四	5 月 12 日	一至六年级双数班级	了解肥料	胡志杰、蔡行明、尚再智、魏丽茵

续表

周次	时间	班级	教学主题	负责教师
十五	5月19日	一至六年级单数班级	了解肥料	吴佳娴、骆红梅、梁宇鑫
十六	5月26日	一至六年级双数班级	了解农作物生长所需条件	胡志杰、蔡行明、尚再智、魏丽茵
十七	6月2日	一至六年级单数班级	了解农作物生长所需条件	吴佳娴、骆红梅、梁宇鑫
十八	6月9日	一至六年级双数班级	休耕准备	胡志杰、蔡行明、尚再智、魏丽茵
十九	6月16日	一至六年级单数班级	休耕准备	吴佳娴、骆红梅、梁宇鑫

（二）实施空间

海港小学“风情农场”劳动实践基地、劳作工坊。

（三）实施途径

1. 稳抓必修课程，扎实开展劳动教育

为推荐“有地一族”课程建设工作，充分发挥基地的劳动实践教育功能，按照耕种计划和蔬菜种植时令，每周五下午在班主任的组织下，学生以小组的方式参加与其身心相应的劳动实践活动，扎实推进劳动教育，在本课程中我们注重教育实效，注重对学生在生产劳动中的种植知识、安全知识等教育，以此形成以劳树德、以劳增智、以劳强体、以劳育美的劳动教育实践新路径，实现劳动育人。

2. 推动学科联结，有机渗透劳动教育

在“五育并举”的形势下，劳动素养的培育需要学校课程化实施，更需要教师立足学科教学，与学科核心素养的培育相渗透，所有学科都承担着劳动育人的重担。学校鼓励各学科探索学科主题式劳动教育，指向解决真实问题，开掘学科自身的劳动教育元素，融合跨学科课程，找准不同学科的联结点，有意识地创设劳动环境与劳动机会，将劳动素养的培育与学科素养培育相融。

“有地一族”课程正百花齐放。“风情农场”播下的第一颗种子，学生们就开始观察种子的生长变化，随时记录农作物的生长变化，把自己的所见、所闻、所学、所悟，有滋有味地表达出来。我们还可以测量农作物株距、计算基地周长面积，将数学学科知识运用到劳动实践中，提升学生在生活中运用数学的能力，将课堂知识与劳动实践结合起来，让知识真正服务于生活。语文老师会带着大家一起观察、体验、发现、思考、积累，带着学生写观察日记。这里还是学生的美术写生基地、科学探究场所呢，让学科融合发展学生的劳动思维，在学科中挖掘隐性的劳动教育功能并进行渗透融合，提升整体育人的效果，实现劳动教育在跨学科方面的自主创新。

3. 盘活家长优质资源，打造劳动教育共同体

家庭是人生的第一所学校，父母是孩子的第一任老师。家庭是开展劳动教育、实施劳动教育的重要场所，在“有地一族”的劳动校本课程中，学校将家庭劳动教育作为学生劳动教育的重要力量，充分发挥家长在学生劳动养成中的重要作用，家校携手共同育人，构建学生劳动的教育共同体。

学校开设“有为家长学校”课程，开展“种植顾问大计划”，各班邀请家长担任“种植顾问”，对当季的各种蔬菜瓜果的习性与种植要求进行详细讲解和指导。此外，还组织“家校携手共耕耘”活动，充分发动家长，发挥家长的力量，我们的劳动实践基地周末里时常能看到家长们忙碌的身影，以手拉手的劳作方式，传播、普及家庭劳动教育理念，宣传小学生劳动教育重要意义，家校同步推进劳动教育。

（四）学习策略

在“有地一族”课程中我们主要以开展研究性学习探索为主。根据学

生的认知规律，采用“专题学习”模式，通过创设问题情景，营造研究性学习氛围，让学生带着任务在问题情景中产生对完成任务的目标驱动。其次，利用小组合作，充分发挥学生在学习中的主体地位，调动学生的学习积极性，发展其创造性思维，把学生的兴趣作为研究性学习渗透的切入点，保护学生的自主发现和自主探究精神，以此来开展劳动技术的研究性学习。

五、课程评价

（一）评价原则

1. 坚持发展性

学校特别注重学生进阶式的成长，关注学生纵向发展，鼓励学生自定目标、自主发展、自我激励，做到“今日之我胜于昨日”。重视评价方式的多元化、评价内容的多样化、评价过程动态化及评价主体互动化。

2. 坚持多元性

在评价中我们遵循“多元化”原则，既讲究评价主体多元和评价内容多元，又注重评价方式多元；既注重学生在学习过程中的表现，又关注学生的学习效果，旨在让每一个学生的成长都能被看见。重视评价主体的多元，强调评价内容的多元，注重评价方式的多元。让有效的评价在真实情景及时将每个学生的动态成长信息、成果等全过程、全要素地加以展示和存留，从而更好地发挥评价的育人功效，促进学生全面发展。

3. 坚持过程性

“有地一族”课程评价秉持过程性原则，采取目标与过程并重的价值取向，与教学过程相互整合，关注学生智能发展的过程性成果，更关注动态的学习表现，强调“促进”，强化过程评价，聚焦学生的成长过程，着眼于学生核心素养的涵养，从评价改革入手落实立德树人的根本任务。

（二）评价方法

在劳动教育探索中，我们不断优化评价体系，注重评价主体的多元、评价时空的拓展和评价增值。除了劳动观念与劳动能力的评价，我们还注重对学生劳动习惯、劳动品质、劳动精神的评价，更关注学生的情感态度、社会实践能力和价值观的发展。

一方面学校积极拓展劳动教育空间，以项目化学习为载体，以“思辨理念”为导向，创造性地将项目化学习和劳动教育有机结合，每学年围绕“有地一族”开展的“一起‘颜’究”系列项目化劳动课程。为此，学校在项目化劳动教育评价中充分利用线上 + 线下的评价方式，创造性地构建“云端展示 + 现场发布”多维度多层面的评价机制，坚持过程性与结果性、整体性与个体性相结合的原则，将评价指标指向劳动观念、劳动能力、劳动习惯和劳动素养，覆盖项目规划、项目执行、项目反思和项目成果展示四个阶段。

以学校实施的“本草纲目”这个药食同源类课程为例。创新劳动实践的过程性评价和结果性评价，在设计“本草纲目”的劳动项目评价表中，遵循螺旋式递进的原则，明晰“小而细、实操性强”的劳动行为内容，全面而又个性化地记录所学的劳动技能、项目活动中的表现和成果反思，力求实证记录劳动行为。打通智慧校园平台，通过中草药的“云”种植、“云”记录、“云”分享、“云”展示、“云”点赞等途径全面全程关注学生参与劳动实践的情况，实现相关评价数据域的信息计算、处理。最终以线下成果发布会的形式由评审团根据评分细则予以评定。

六、课程资源及保障

（一）课程资源

以学校为主体的劳动教育课程资源开发，合理规划校内空间，充分利用资源，为孩子们打造了多个劳动实践基地，推进“有地一族”课程资源的科学开发，优化中小学生的劳动认知环境。以教师为主体的劳动教育课程资源开发，一支具有专研精神的教师队伍为劳动教育活动提供新创意、新拓展以及新策略，科学推进“有地一族”校本课程走向物质优化、实践推进、主体参与、提质增效的方向。以社会为主体的劳动教育课程资源开发，借助社会力量创设多种多样的研学基地，为中小学生创设出丰富多彩的劳动实践机会，拓展小学生的劳动类型与知识范畴。

（二）课程保障

学校具有先天的地理位置，优越的物质条件，先进的技术支撑，且用一支年富力强、踏实肯干、积极上进、具有专研精神的教师队伍，在严谨、务实、创新、勇于拼搏的校领导带领下，为“有地一族”课程建设提供了有力的保障；为加强和完善“劳动实践基地”管理，使“有地一族”的校本课程建设更规范化、制度化、科学化，海港小学制定了《海港小学劳动实践基地管理办法》，保证了“有地一族”校本课程的顺利进行。

七、课程建设成效及经验

海港劳动教育经验正走上大舞台。2022 年 7 月，《“立德、笃行、培能”的劳动教育评价体系建构与实施》由教育部《人民教育》杂志全文刊载；同年 12 月获评深圳市劳动教育特色学校年度奖，成为对海港小学打造劳动教育先行示范的最好肯定。

第八节　基于新课标理念下的小学美术连环画校本课的探索与实践

——以海港小学大单元连环画创新课程为例

一、研究背景

连环画教学发展的现状

根据文献检索可知，学校将连环画当作一门课程项目开发是很少的，大部分是动漫教学、绘本教学为主，因此通过连环画教学检索出来的结果内容欠缺，有几篇是关于连环画教学的意义、作用的探讨，还有一些是关于连环画教学的反思、教案、课堂实录等，连环画教学在小学阶段相对落后。目前小学阶段开展的连环画教学大致有以下三方面：1. 课堂连环画教学；2. 校内社团连环画教学；3. 校外培训机构连环画培训。

桦甸市苏密沟中心校的于治津老师在《连环画在小学美术教学中的作用与运用》中写道：“在小学美术教学中，教师应充分利用连环画的艺术影响和教育作用。引导学生欣赏连环画，并利用连环画所带来的积极作用，及时对学生进行思想品德教育，使连环画成为小学生健康成长的催化剂。”[1] 连环画在青少年成长过程中，对提高学生的美术素质、进行思想道德教育，都有很好的教育作用。

（一）基于学生层面

连环画作为艺术的一种表达方式，它来源于人民的生活，而连环画之所

---

[1]　于治津 . 连环画在小学美术教学中的作用与运用 [J]. 新校园 (阅读版),2015(12):132.

以能够传承至今，是因为它优秀的文化思想经久不衰。小学生都喜欢看连环画，因为连环画的直观、有趣味的故事情节和简洁独特的绘画形式。基于小学生热爱漫画、具有丰富的想象力、感情的强烈性，特别是中高段的学生很喜欢画卡通漫画。因此在小学美术教学中，教师可以引导学生通过对连环画的欣赏，激发学生学习美术的兴趣，教师可以通过连环画教学实践，从绘画技巧、语言表达、美术素养、情感道德等方面提高学生的综合能力。

（二）基于学校层面

海港小学开办以来，绘本教学是我校发展的主要特色，语文、英语、数学等科目的教学都与绘本进行了融合。美术科组也一直致力于绘本课程的开发与研究，从平面绘本到立体绘本教学，普及每位学生，绘本教学的融入让美术课堂更加生动有趣，但之前的绘本创作大部分偏向手工制作和绘画，而欠缺整体的故事内容、文字叙事，缺乏内涵和美术文化理解，绘本教学也到达瓶颈期，需要寻找突破口，以此来增加学生的绘图表达能力、艺术素养和提升教师的教学能力。连环画是集故事性与艺术性为一体的，其独有的图文配合方式，深受学生喜爱。

目前美术学科希望能够尝试将大单元教学与连环画教学相结合，以大单元教学促进连环画教学的发展。以更大的视野、更高的层面，建构连环画教学。在传承传统连环画优点的前提下创作故事内容、创作绘制手段、创新交互方式等多元化探索发展，做到创新与传承。将新课标下的大单元教学、绘本教学与连环画相互融合，保留连环画传统优秀的艺术特点，汲取教育新理念和新技术的精华，以多元化崭新的面貌展示于现代艺术中。

二、课程目标

（一）总目标

小学生绘画能力有限，而连环画可以绘画和文字相互弥补，在画面上表达不出来的，可以在文字上进行概述，因此对于画画能力较弱的学生来说连环画可以增加他对绘画创作的信心和动力。现代社会要求我们更加重视人才的培养，保护学生独特的个性，并给予学生发挥个性的自由和肯定。海港小学美术的大单元课程无论从课程设计、课程选题，还是在课堂中对学生的引领、实施过程、课堂评价都是紧紧围绕新课标的核心素养之下进行的，大单元体现课程性质、反映课程理念、确立课程目标，老师们经过对课程的思考，然后重组、扎实推进。在美术课上，我们将拓展课程的内容融入日常大单元教学中，围绕核心素养和学科校本特色，对不同学段的培养目标进行了划分。通过连环画实践教学让学生走进一个精彩的美术世界，并使学生的综合素质得到全面提高。

（二）具体目标

通过对理论知识方面的了解，以核心素养为方针，从而明确方向，再根据海港小学美术教学情况，制定适合的教研路线。

1. 进一步思考设计单元教学计划，从宏观、整体的角度把单元教学任务分配到各课时，确定具体教学进度，保证单元教学目标的实现。确定单元和研究型教案的基本格式。

2. 尝试将大单元主题教学与连环画教学相结合，从教学过程、学生绘画练习中证实本课题的效果，以学生是否能通过大单元连环画教学将知识掌握得更好更透彻、是否因此有更多的学生热爱画连环画以及能够提升自身素养为最终目的。根据出现的问题不断调整教学设计，形成完善的大单元主题下的连环画教学模式。

3. 将连环画与不同的艺术表现形式相结合，以创新的方式展现连环画，培养学生的创新思维，提高学生的综合素养能力。

4. 连环画技法的训练。为了提高学生绘画连环画的能力，可以从临摹、写生、构图、连环画欣赏等方面进行循序渐进的练习。

5. 培养学生编写故事的能力，与语文学科或其他学科进行融合。尝试可以与语文课本、成语故事相融合。

三、课程内容

根据本校培养目标，美术学科设置四个维度的课程。奠基课程、拓展课程、专项课程、综合课程组成我们学科的课程体系。拓展课程是指每一位学生都要体验的提高性课程，“绘本”“连环画”特色课程即为海港小学的拓展课程。

（一）基础奠基课程

确定大单元内容。在不同学段的教学大纲当中，选取适合重组成大单元连环画相关的内容，重新编排、设置情景。着重练习从美术的基本知识和分析能力，如线条与块面在构图中的应用、色块给人带来的情绪变化、景别在连环画中的应用、蒙太奇效果在绘画当中如何体现，为接下来的创作打下基础。

（二）拓展课程

依据课程标准、教材和学情确定大单元主题内容，制定符合学情的大单元连环画教学方案。并在大单元学习中介入真实情境与任务，增强连环画教学趣味性和文化价值。根据年段和学生学情将不同艺术形式（线描、剪纸、油画棒、水彩、国画、版画、超轻黏土、剪贴、立体书等）与连环画相结合，以多元化形式呈现连环画作品。注重对于文字的说服力、构图能力、人物刻画和文化理解、创作中各种技巧的归纳与运用。

（三）专项课程

选择专业特长的学生，让学生发挥主观能动，应用美术知识，深入创作高品质绘本、连环画作品，比如绘本融合立体纸艺创作，连环画融合定格动画创作，等等。

（四）综合课程

为了提升教师能力，展现学生风采，在校内定期举行连环画相关的教学教研展示活动、学生连环画作品成果展示活动。

1. 在 2023 年 5 月举行了宝安区小学美术大单元连环画创新课程实践教研展示活动（见图 7–26、图 7–27）。

图 7–26

图 7–27

2. 多次在校园举办学生连环画作品展示活动（见图 7–28 ~ 图 7–30）。

图 7–28

图 7–29

图7–30

四、课程实施

（一）课程设置

每个大单元包含单元概述、大概念、大问题、大情景、单元组成部分、各个子单元的学习目标、评价要点、对应核心素养。设计的大单元连环画课程立足于以特定的文化，以有意义的主题为导线。例如我们可以结合航天科技主题、新春佳节、青山绿水、垃圾分类、我爱劳动、小小旅行家、家乡美食等等的情景来作为引入。

案例一：五年级《我劳动的一天》8 课时　授课教师：任思媚

这个大单元集合了教材中不同单元不同年级的内容，把教材中《我的一天》和《画家笔下的劳动者》《我们的影子》等等相关联内容的课文整合为一个单元。设置以劳动为主题的情境，主要安排见表 7–19：

表 7–19

《我劳动的一天》	主题一：《劳动的由来——如何以剪影形式描绘劳动者》	1	劳动节的历史
		2	欣赏照片中的劳动人民
		3	以剪影形式体现劳动人民
	主题二：《画家笔下的劳动者》	1	画家是如何刻画劳动人民
		2	如何体现劳动人民的特征
		3	表达了怎样的情感
	主题三：《体验劳动，观察生活中的劳动者》	1	课后体验劳动过程
		2	观察生活中的劳动者
	主题四：《如何画劳动者的动态》	1	演一演
		2	学会画人物劳动动作、表情刻画、如何用涂色方法画出立体感
	主题五：《以连环画形式表达我劳动的一天》	1	连环画的构图方法
		2	以劳动为主题发散想象，编写故事
	主题六：《制作可播放的盒子》	1	制作盒子
		2	将连环画放入盒子播放

案例二：六年级《迎接新春》12 课时　授课教师：任思媚

大单元思路：将六年级上册第二单元“设计天地”内容整合为《迎接新春》，书中本单元共有 5 课内容，都是主题不一样的手工课，我将这几节课的手工课整合为一个主题的立体绘本形式，以“迎接新春”为主题，分别用 4 种立体方法制作，最后集合成一本新春绘本（见表 7–20）。

表 7-20

<table>
<tr><td rowspan="13">《迎接新春》</td><td rowspan="3">第一课（新春生肖邮票）</td><td>1</td><td>旋转机关制作</td></tr>
<tr><td>2</td><td>邮票设计</td></tr>
<tr><td>3</td><td>旋转机关画面设计</td></tr>
<tr><td rowspan="3">第二课（春天花卉）</td><td>1</td><td>鲜花绘画</td></tr>
<tr><td>2</td><td>开合机关制作、蝴蝶绘画</td></tr>
<tr><td>3</td><td>机关与绘画拼接</td></tr>
<tr><td rowspan="3">第三课（新年小礼盒）</td><td>1</td><td>礼盒平面图和花纹设计</td></tr>
<tr><td>2</td><td>新年字体设计</td></tr>
<tr><td>3</td><td>礼盒制作</td></tr>
<tr><td rowspan="2">第四课（舞龙表演）</td><td>1</td><td>机关制作、绘制龙</td></tr>
<tr><td>2</td><td>绘制人物</td></tr>
<tr><td rowspan="2">第五课（合并成立体书）</td><td>1</td><td>绘画新春立体书封面</td></tr>
<tr><td>2</td><td>将前几课的内容整合成一本绘本书</td></tr>
</table>

（二）实施空间

为了学生有更好的体验过程，连环画创作会根据不同的表现形式来安排合适的实施场地，以绘画为主的课程一般局限性不大，可在教室或者功能室进行。以剪贴、版画、国画等需要使用到特殊工具的，一般在美术功能里开展。

（三）实施途径

为了连环画课程的推进实施，以课题的研究来带动教师们专业的发展以及学科特色的发展。形成课题研究《基于大单元教学的小学美术连环画课程的开发与实践》，明确成员的分工，从如何教连环画？老师们需要相应提升哪些教学技能？连环画教学如何体现大单元教学，有哪些创新的表现形式，它与立体书之间怎样结合，并且根据学年段建立阶梯式的教学内容，等等，最终形成一个完整的大单元连环画教学体系。一个课题，将科组成员的力量紧紧地聚集在一起，以研究者的态度，明确各自阶段的任务和目标，深入了解连环画教学，希望在本课题中生成专门知识。

（四）课程实施路径图（见图 7-31）

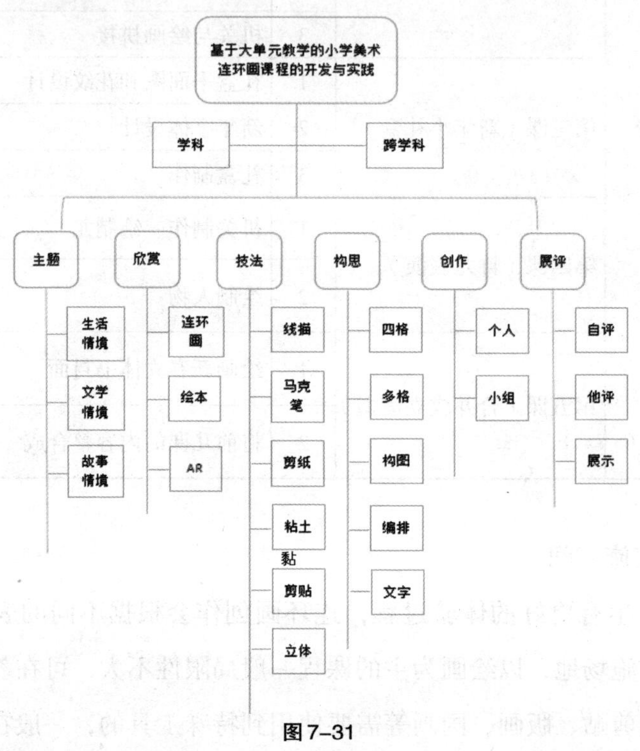

图 7–31

（五）学习策略

学生通过学、练、创进行学习。学即是观察、自学、导学；练即是提问、分层练习；创即个性、艺术性、时间管理。学生通过教师的引导下，找出关键词、艺术规律、制作的方法、教师的作用是引导学生大胆想象，将自己的生活经验与艺术相结合的过程。学生创作不是模仿教师动作的过程，而是在教师指引下，学生自我意识的具体呈现。

五、课程评价

结合课程目标、核心素养，指定评价项目，做到学评一致。而美术课堂作业评价标准分层进行实践，以提高学生绘画兴趣和提高绘画作业质量为最终目标。真正做到因材施教，点燃学生对美术的热情。评价标准的分层能让学生在统一的任务当中找到自己相应的能力点，完成相应的任务。

标准主要围绕以下几点：审美感知、绘画能力、动手能力、构图能力、小组合作、创意思维等等，每一项分A、B、C等级。

(一)评价原则

根据不同层次的学生给予相对应的评价，以鼓励为主。根据课程评价，结合本课题的特色，做到学评一致，并制定相应的评价要点。评价要点也要一直贯穿于每一个课时当中，体现"学—教—评"一致性。

(二)评价方法

采取不同的评价方式，学生根据本节课评价项目进行自评、他评以及讲评，交互式评价方式，以评促学。如：从审美感知的角度进行评价，给以学生相应的专业术语，来阐述作品美在哪，给我们带来怎样的感受。

教师应及时给予学生作品正面的引导和能力的肯定，以鼓励为主，同时包容不同类型的学生作品。发挥作品引领示范的作用，以提高学生的学习情趣为主导，并轮流展示学生的作品，让学生相互之间懂得尊重作品、欣赏作品。

六、课程建设成效及经验

在大单元连环画课程当中，学生经过一系列主题的学习，将一系列的主题又合成一件作品，在这过程中，学生不仅是获得一件值得收藏和纪念的作品，收获的更是文化素养、能力素养。

（一）以小（大）观大（小）情感共鸣

艺术源于生活，高于生活。我们根据学生学情、生活经验，再结合社会热点，设计的大单元连环画课程立足于以特定的文化，以有意义的主题为导线。引导学生从情感出发、从生活出发、从美出发，让学生得到体会，去感悟和思考，为创作提供灵感和剧本。

（二）内化理解 以艺达意

大单元可以说是一个将教材知识被重新分解、规整、再包装的重组单元。从单一知识走向多元知识，知识从浅入深的递进关系，通过大单元的学习，必定会让学生从浅层理解走向深度理解，而绘本、连环画作为一种情感传递的方式，学生再以图文并茂的方式表达自己的想法和情感，最后形成整体观念。

（三）以量质变 指向素养

量变引发质变是事物发展的规律。当一个知识点被反复推敲，抑或是递进叠加，知识质变、内化成素养。在大单元主题连环画当中，学生经过一系列主题的学习，将一系列的主题又合成一件作品，在这过程中，学生不仅是获得一件值得收藏和纪念的作品，收获的更是文化素养、能力素养。

（四）以美育人 呈现价值

通过连环画的课程，我们希望学生能够传承艺术家的精神，传承美的情感价值，更要传承好的思维方式，这也是我们实行大单元的最终目的。

学生连环画作品（见图 7–32 ~ 图 7–34）：

图 7-32 《我的校园生活》主题连环画 六 (4) 班万易夫 李惠茜

图 7-33 蒙太奇手法应用连环画 四 (5) 班 吴宇萍

图 7-34 《我的航天梦》连环画 四（5）班邓子晨

第九节 班级合唱课程

一、课程背景

（一）宏观层面

音乐教育理念：人人都有接受音乐教育的权利，而歌唱是音乐教育的基础。天天唱歌和天天体育运动，同等地发展孩子的身心。

本课程重视识谱教学。合唱对于音准的要求非常高，而音准又有赖于学生识谱能力的高低。从专职音乐教师纳入学校正式编制以来，社会上普遍存在一个疑惑：小学生经过了小学六年的音乐教育后应该能识谱，但事实是只有少部分在外面培训机构学习乐器的学生才会，大部分都不会。著名音乐家乔纳森 · 拉帕波特在《音乐教育家》杂志里的《在瞬变社会中发展音乐读写技能的替代方向》这篇文章以及在“读者的意见”和作者的回应，都指出了一个音乐教育工作者重新探索方法学与教学法的结合如何影响视唱及音乐技能的教学实践的机会。这两篇文章，反映出了音乐教师所面临的有关音乐识读和写作教学的巨大挑战。

1988年，莱尔戴·维森、拉里·斯科利普斯和帕特里夏·威尔士指出：任何一种教授乐理的教学法都会影响学生们对表现与吸收音乐知识以及记谱法的理解的能力。借助一种不能反映认知研究的方法教授特定的视唱体系，可能是使学生们很难获得识谱能力的一个重要因素。

因此，识谱教学的教材系统及知识的衔接非常重要。对应的教学策略是使用从声音到符号为教学的音乐曲目，准备、呈现和练习音乐理论的构造，把教学的结构公式化，最终，教师们会将这些要求与他们自身的创造力相结合，来适应不断改变的教学情况。教学结构的一个重要部分，是与学习的认知、结合和消化阶段相关的各种问题，这些问题为学生们提供了一个了解教学过程和结果的元认知平台。我们叙述了一个根据学生的体验，引导他们从声音的认知角度理解音乐的教学过程，即一个学习和教学的模式。

本课程重视合唱教学。合唱需要良好的歌唱状态，轻声高位、身体自然站立的站姿或坐直，小学1—3年级是学校的低年段，这个年龄段的孩子行为习惯还没养成，孩子天生就大声说话、喊叫，怎么才能让他们做到轻声高位，歌唱时能做到身体自然站立或自然坐直；班级合唱教学面向全体学生进行普及，不同于音准和声音条件都优秀的校级合唱队，班级合唱会有一部分音乐水平弱（音准、节奏）的学生存在，会拖累整体合唱效果，但又不能不管他们。

针对以上问题，根据教学内容和学生特点，使用系统的教材，将柯达伊教学法在课堂上进行大胆的实践，以“审美”为核心，我们可以鼓励孩子愉快地歌唱，同时促使他们使用正确的音高和适当的音色，挖掘教学内容的可能性及教学侧重点，在音乐歌唱实践中对音乐的理解及歌唱技能的运用中，建立班级合唱教学模式，促进儿童行为习惯养成、识谱能力提高、合唱合作能力提升，整体提升音乐素养。

（二）学校层面

海港小学创办于2013年9月。学校以“专注六年，幸福一生”为办学理念，以“让学生过一种幸福完整的教育生活”为办学目标，努力使每一位学生都成为“有为少年”。学校所处地理位置优越，学区内的一部分适龄儿童已经有一定的音乐学习经验，大部分家长的受教育程度较高，对学校教育的期望值也很高。

初期建立学校基础模式时，我们科组就提出合唱是参与度最高的音乐活动模式。歌唱是每个孩子都与生俱来的，它的参与度是最高的。当时科组教师一致达成共识，把班级合唱作为科组教学的拓展课程。“有情趣、有才艺、有表现力”为科组宣言，以音乐课堂教学为核心，日常扎实开展以“班级合唱”为特色的教学探究。在2015年我们科组申报了班级合唱的研究课题，当时也是宝安区最早开展班级合唱课题的学校。

班级合唱有别于校级合唱，班级合唱讲求的是整体学生歌唱能力的提高；而校级合唱主要是每班选择的优秀学生，培养合唱特长为目的。我们科组小伙伴们通过整合音乐教材与合唱课堂的改革、新媒体教学工具的创新性，在传统的课堂大班齐唱上课的模式下，将新型的教学方式与现状中的教材内容相结合，让第二课堂有限的排练实践渗透到课堂，使兴趣班的合唱课程得到大大的延伸，提高学生整体的参与率，提高班级合唱整体能力。

综上所述，在学校的大力支持下音乐科组开展班级合唱为主题的课程探究，面向全体学生进行合唱普及教学。

二、课程目标

（一）总目标

1. 提高学生识谱能力

通过学习，获得有关音乐基础知识，初步感受节拍、节奏及旋律在音乐中的应用，并能够根据年级要求识读歌谱。

2. 掌握音乐曲目知识的能力

儿童作为文化和音乐遗产的守护人，拓展歌唱曲目以增长学生关于儿歌、游戏、童谣、艺术音乐和新创作音乐的知识，能够对应所属年级要掌握的歌曲标准，记忆并能够演唱所有歌曲。

3. 提升学生合唱合作的能力

激发学生演唱的兴趣，在对歌曲进行合作演唱的过程中，培养学生和谐合作的团队精神，提升学生合唱合作的能力。

（二）学段目标（见表 7-21）

表 7-21

年段	学习目标
低年段（一、二年级）	1. 打好音准、节奏基础，能把 1（do）、3（mi）、5（sol）三个音的手号及 音符唱名记住并能运用，能参加小组合作进行歌唱表演； 2. 打好音准、节奏基础，能把 1（do）、2（re）、3（mi）、4（fa）、5（sol）、6（la）、7（si）、i（do’）八个音的手号及音符唱名记住，能参加小组合作进行歌唱表演，能进行简单的二声部轮唱合作
中年段（三、四年级）	熟练应用 1（do）、2（re）、3（mi）、4（fa）、5（sol）、6（la）、7（si）、i（do’）八个音的手号及音符唱名，能参加小组合作进行歌唱表演，能进行简单的二声 部轮唱合作，能进行简单的歌曲创作
高年段（五、六年级）	1. 进一步音乐知识的渗透。 2. 通过音乐知识渗透过渡到多声部合作演唱

三、课程内容

本课题研究的内容是基于《义务教育音乐课程标准（2022年版）》提出：在演唱等艺术实践中建立规则意识和合作意识。我们希望通过开展课程，找到实现学生在校期间能够掌握合唱的基本知识、基本技能及培养学生审美情操的方法，培养学生的合作意识，进而形成海港小学的音乐教学特色。

课程教学内容包括以下几项：

1. 学生识谱能力的培养

研究表明，孩子一生中决定性的音乐体验是在6—16岁获得的。通常在这个成长阶段，孩子的接受能力较强并更能显示出才华。小学生处于这个成长期的最初阶段，接受歌唱体验教学是最适合的；合唱对于音准的要求非常高，而音准又有赖于学生识谱能力的高低。从专职音乐教师纳入学校正式编制以来，社会上普遍存在一个疑惑：小学生经过了小学六年的音乐教育后应该能识谱，但事实是只有少部分在外面培训机构学习乐器的学生才会，大部分都不会。

因此识谱教学的教材系统及知识的衔接非常重要。对应的教学策略是使用从声音到符号为教学的音乐曲目，准备、呈现和练习音乐理论的构造，把教学的结构公式化，最终，教师们会将这些要求与他们自身的创造力相结合，来适应不断改变的教学情况。教学结构的一个重要部分，是与学习的认知、结合和消化阶段相关的各种问题，这些问题为学生们提供了一个了解教学过程和结果的元认知平台。我们叙述了一个根据学生的体验，引导他们从声音的认知角度理解音乐的教学过程，即一个学习和教学的模式。

2. 音乐曲目的知识积累

通过本课程的开展，我们科组教师开发海港小学班级合唱教学的教学渠道，通过整合国家制定教材的优秀曲目、本校教师创编的歌曲、世界名曲、流行音乐等音乐元素。综合开发了1—3年级校本教材，促进老师的互相学习与提高，逐步提升教师的教学能力与科研能力，也为学生在学习中，积累了更多优秀音乐曲目知识储备。

3. 学生合唱合作能力的锻炼

合唱需要良好的歌唱状态，轻声高位、身体自然站立的站姿或坐直。小学1—3年级是学校的低年段，这个年龄段的孩子行为习惯还没养成，孩子天生就大声说话、喊叫，怎么才能让他们做到轻声高位，歌唱时能做到身体自然站立或自然坐直；班级合唱教学面向全体学生进行普及，不同于音准和声音条件都优秀的校级合唱队，班级合唱会有一部分音乐水平弱（音准、节奏）的学生存在，会拖累整体合唱效果，但又不能不管他们。

针对以上问题，根据教学内容和学生特点，使用系统的教材，将柯达伊教学法在课堂上进行大胆的实践，以“审美”为核心，我们可以鼓励孩子愉快地歌唱，同时促使他们使用正确的音高和适当的音色，挖掘教学内容的可能性及教学侧重点，在音乐歌唱实践中对音乐的理解及歌唱技能的运用中，建立班级合唱教学模式，促进儿童行为习惯养成、识谱能力提高、合唱合作能力提升，整体提升音乐素养。

四、课程实施

（一）课程设置

班级合唱顺利开展需要良好的学习行为习惯、掌握一定的音乐基础知识和歌唱技能，班级合唱课堂教学模式具体如下：

1. 音乐知识结合歌唱技能的学习是班级合唱的主要任务

音阶练习→歌曲主干音练习→歌曲节奏、旋律学习→新节奏新音高学习→学唱歌词→表现歌曲

（1）音阶练习：根据各年段教学目标及内容，选择对应的音阶指导学生进行练习，用柯尔文手号辅助，在巩固学生的音准同时也训练了学生对歌曲调性的把握。如：在学习三年级上册《捕鱼歌》歌曲时，这是一首台湾地区的宫调山地民谣，让学生进行宫调五声音阶练习，不但感受了歌曲的调性，还加深了学生对于民谣的认知。

（2）歌曲主干音：组织学生练习歌曲主干音，便于把歌曲中出现的难度较大的旋律音程先练习，有了音程感再来学唱旋律，同时进行发声合唱合作练习，事半功倍。

（3）歌曲节奏、旋律学习：利用已有节奏、旋律元素经验，运用模仿或乐器演奏等形式指导学生练习。

（4）新节奏新音高：通过节奏及旋律元素的练习，学生能根据已有的节奏、旋律元素经验，轻易找出新节奏或新音高，再进行练习加以巩固提高。

（5）学唱歌词：创设情境，让学生感受到歌曲的意境，再按节奏进行歌词朗诵，用教师范唱、听音乐唱、跟琴唱、分组互相配合唱旋律和歌词，到无伴奏演唱，为歌曲的声部合作做好铺垫。

（6）表现歌曲：通过音阶、歌曲主干音、节奏旋律等练习，学习内容的基础已打好，用师生合作、学生和乐器合作、小组合作等方式进行练习，表现歌曲，指导学生聆听声部合作时的音准及音色，提高学生的声部合作能力。

2. 良好的班级管理是班级合唱顺利开展的有力保障

合唱需要安静，需要聆听，良好的班级管理是班级合唱顺利开展的有力保障，如：

（1）设定身体动作表示各种指令，通过这些训练让学生能不用讲话来进行管理。如结合海港小学的课堂五级音量管理对学生进行声音力度的训练，设定用手指的数量代表音量，如一个手指代表1级，两个手指代表2级，以此类推到五级。

（2）小组合作互助对班级合唱合作意识有更好的互补。

在一个50多人的班级合唱集体里面，作为老师只能关注到一些表面突出的现象，而且给多数学生单独展示的机会不多，因此，有时把大的合唱集体分成若干个8人左右的小组，对促进学生的合作意识会有很好的帮助。如进行旋律模唱，分发旋律卡片到小组，让小组练习汇报。在汇报过程中，小组之间互相模仿，起到互相促进作用。

本课程教学安排如下（见表7–22），以一、二年级为例：

表 7–22

年级	节奏元素	旋律元素	音准合作练习
一年级	1. 理解四分音符、八分音符、四分休止符、重拍及小节线的名称和写作标志。用2/4拍指挥。 2. 有意识地用四分音符和八分音符演奏固定音型	1. 用儿歌演唱唱名和手势语（五声音阶的二音音列和三音音列）：so、mi、la和由它们形成的音程（so—mi、mi—so、so—la、la—so、mi—la、la—mi）。 2. 学习通过传统节奏谱识读so、mi和la。 3. 通过手势语和传统的节奏谱，读或写出已知的节奏或旋律片段	1. 练习音程的同时使用手势语。 2. 使用四分音符、八分音符和四分休止符的固定节奏型为歌曲伴奏。 3. 使用la、so或mi的固定旋律音型为歌曲伴奏。 4. 用准确的音高、清晰的歌词、清晰的发音、歌曲的分句与呼吸、适当的强弱对比与速度演唱每一首歌曲
二年级	1. 识别和演奏二分音符、全音符、二分休止符和全休止符。数出拍数并用节奏音节识读。 2. 表演二声部的节奏练习和卡农	1. 复习五声音阶的二音音列和三音音列（so—mi—la）。 2. 学习大调五声音阶的唱名音节、手势语以及书写符号识读与写作。 3. 通过手势语、符干谱和五线谱，识读和写出知名的节奏型或旋律型	1. 了解并演唱3至5首卡农、重唱或简单的两声部的改编歌曲。 2. 小组或班级合作演唱一首简单的二声部歌曲。 3. 通过以下方式歌唱二声部：①简谱；②节奏谱；③手势语并分声部转换。 4. 以准确的音高、清晰的歌词、清晰的音头、音乐分句/换气、适当的力度和速度演唱所有歌曲

（二）实施空间

学校常规课室基本可满足课程实施需求，有条件的学校都在音乐功能室进行教学效果更佳。所需教学器材包括钢琴、有音高打击乐器、无音高打击乐器、电脑、投影等。

（三）实施途径

海港小学现在已形成了以“识谱教学＋音乐曲目知识＋歌唱技能，培养学生的班级合唱能力”为主的合唱教学渠道，让学生掌握大量音乐曲目知识、有效识谱、掌握一定的歌唱技能、提高班级合唱合作的能力成为可能（见图 7–35）。

其中，让学生掌握大量的音乐曲目知识采用识谱背唱方法，通过集中识谱、演唱歌曲的节奏音节和旋律的方式来提升识谱效率；识谱教学采用读、拍、写方法，以歌曲的节拍、节奏音节及旋律为基本素材，运用集中听辨、模仿、读拍、写作的形式来提升识谱效率；另科组成员还克服重重困难，对花城版 1—3 年级的教材进行分析、改编、创作及重新分册，即将形成海港小学校本课程，对于培养学生班级合唱能力将是一大助力。

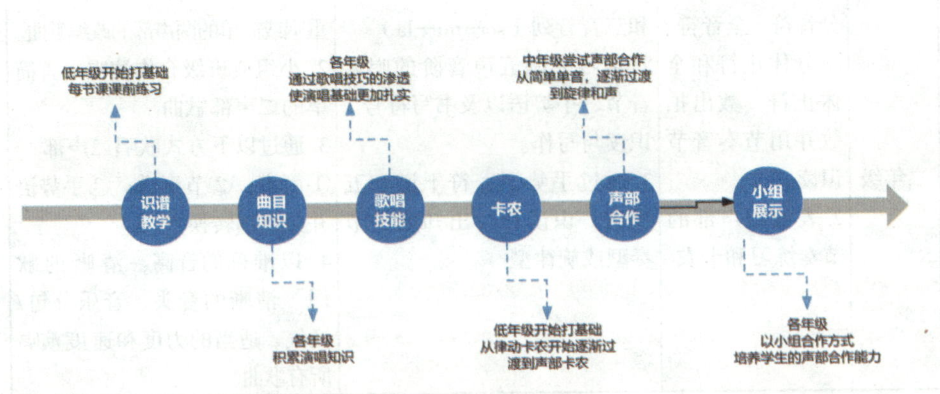

图 7–35　课堂教学模式图

（四）学习策略

1．建立平等师生关系，营造和谐的课堂氛围。

2．丰富教学模式，增强音乐课堂的趣味性。

3．合理运用教学评价，激发学生的学习兴趣。

4．利用现代化教学手段，鼓励学生自主探究。

5．课堂教学与课外实践相结合，提高学生的综合实力。

五、课程评价

（一）评价原则

1. 考核学生对中外不同作品的感受与理解。合唱音乐属于美育的范畴，是实施美育的主要途径，其教育方式是以情感人、以美育人。所以合唱课程评价首先关注的是情感态度与价值观这一指标，具体评价内容就是考核学生对中外不同题材、形式的音乐作品情感内涵的感受、理解和表现力，以及学生的学习兴趣、合唱意识和团队意识等，这是我们合唱课程评价的核心。

2. 合唱课程各项能力的评价。注重考查学习过程与方法的有效性。在教学中，关注学生能否真正主动地参与到合唱课程的活动中，包括对发声、音准、节奏、合唱作品学习的评价。

3. 重点测评学生艺术实践的综合能力，即通过视唱、演唱等活动，检测学生的艺术表现力和音乐欣赏能力，使“以评激学”“以评促学”成为课程评价与知识技能提升的最佳结合点，使评价起到激励和促进的作用。

（二）评价方法

1．教师评价

在日常课堂，教师对学生的形成性评价主要结合教学内容，采用观察、谈话、提问、考勤等方式进行；而终结性评价主要采用作品和视唱的考核为主，再把评价内容融入艺术实践活动中，之后再对学生做出总体评价。

2. 课堂排练定性评价与定量评价相结合

在排练过程中，进行定性评价，包括学生的参与度、合作精神、课堂表现等内容；对表现优秀的学生提出表扬，对表现欠佳的同学进行提醒。

3. 学生评价

评价以学生评价为主体，所以评价采用学生自评、互评及他评等多元化评价相结合，让学生敢评、爱评、乐评，同时发挥教师的导评作用，促进学生综合素质的全面发展。

以刚入学的一年级学生为例（见表 7–23）：

刚入学，课程实施前：一年级学生小组合作打手号歌曲表演检测情况（满分 100 分）

表 7–23

班级	人数	歌曲《春天到，百花开》					
		优良人数（85分以上）	优良率（%）	合格人数（60分以上）	合格率（%）	不合格（60分以下）	不合格率（%）
一（1）	51	18	35.3	45	88.2	6	11.8
一（2）	51	16	31.4	43	84.3	8	15.7
一（3）	51	19	37.3	46	90.2	5	9.8
一（4）	52	17	32.7	42	80.8	10	19.2
一（5）	50	20	40	40	80	10	20
一（6）	51	21	41.2	45	88.2	6	11.8
一（7）	51	16	31.4	42	82.4	9	17.6
年级总人数	357	127	35.6	303	84.9	54	15.1

课程实施后：小组合作打手号演唱歌曲测试调研分析

一年级期末小组合作打手号演唱《瑶家儿童爱唱歌》检测情况（见表7–24）

表 7–24

班级	人数	歌曲《瑶家儿童爱唱歌》					
		优良人数(85分以上)	优良率（%）	合格人数（60分以上）	合格率（%）	不合格（60分以下）	不合格率（%）
一（1）	51	42	82.4	50	98	1	2
一（2）	51	30	58.8	50	98	1	2
一（3）	51	42	82.4	50	98	1	2
一（4）	52	45	86.5	50	96.2	1	3.8
一（5）	50	43	86	50	100	2	4
一（6）	51	48	94.1	51	100	0	0
一（7）	51	47	92.2	51	100	0	0
年级总人数	357	297	83.2	352	98.6	5	1.4

六、课程资源及保障

（一）课程资源

1. 以花城版教材为依托，选出合适的曲目进行教学。

2. 与班级合唱相关的参考书籍。

3. 适当利用网络上的资源，下载优秀的合唱作品，让学生进行欣赏学习。

4. 科组教师成员中，有作曲系的教师，利用自身资源自行创作的歌曲补充音乐教材。

（二）课程保障

1．师资方面

课程任课教师都拥有大学本科以上学历，专业涉及面广，有声乐、钢琴、作曲，专业基本功过关。

2．生源方面

海港小学所处地理位置优越，自建校以来，学校积极倡导素质教育，音乐教学在教研与教学方面在校外有一定的口碑。很多学生有一定音乐学习经验，学校音乐艺术氛围浓厚，学生在学习和锻炼中不断成长。

3．学校学习空间保障

为保证校本课程的顺利开展，海港小学有专门的音乐教室，能满足各种形式的排练和演唱，室内多媒体、音响等各种设施齐全，可以保证学生上课的需要。

七、成效及经验

（一）音阶、节奏及旋律练习为学生的识谱能力奠定了基础

科组教师在各自所属的班级里大力推进识谱教学，进行大量的音阶、节奏及旋律练习，通过这些练习来推进学生的识谱能力，通过识谱来提高歌唱能力。实践证明，通过学习大量的音阶、节奏及旋律练习对学生识谱能力起到了极大的推动作用。

（二）通过探究，申报了《童声合唱班级合唱表演工作坊研究》的区级课题，完成1—3年级班级合唱校本教材与教师用书

科组成员在不断的理论学习、教材分析和展示交流中，在激发学生歌唱兴趣、提高学生识谱能力、培养学生班级合唱能力的同时，也以课堂为主阵

图 7–36

地，关注教学研讨，乐于分享，不断反思改变。现今，班级合唱教学模式已探索形成，同时也完成了 1—3 年级教材的系统性整改，为班级合唱教学的后续推进提供了有力保证；科组课题《童声合唱班级表演工作坊研究》所有资料已结集汇编成；课题的研究课例完成多次对外交流展示，课题在学区域内已具一定影响力。

（三）开展多场班级合唱校级展演活动，学生的合作能力、音乐素养得到提升。多次参加市、区级班级合唱展演活动，并取得好成绩

通过多年的探索与实践，海港小学学生在合唱合作过程中激发出对音乐学习的兴趣，形成良好的学习常规，学生能读写节奏旋律、能合唱合作，表现出乐学会学、阳光自信的学习状态。为了让学生的班级合唱更富有表现，通过期末固定小组表演测试，学校举办一年一次的班级合唱比赛，以及参加教育部门组织的班级合唱展示活动提高学生的合唱合作能力。

（四）为校级合唱团培养优秀的人才。

班级合唱会发现在歌唱方面比较擅长的学生，并且会在班级合唱中担任比较重要的角色，充分地得到锻炼。在班级合唱中不断发现问题，解决问题，逐步提高歌唱能力，增加自信心。长此以往，可以从班集体里不断踊跃出优秀的歌唱人才，参与到校级合唱队中。

第十节　发展花样跳绳　彰显体育课程

摘　要：跳绳运动是一项全身性的运动，场地要求不高，是锻炼效果极佳的有氧运动，能使学生的身体素质得到全面提高。目前小学校园场地较小难以满足学生的锻炼需求，开展跳绳这类场地要求不高的运动项目对促进学生健康成长具有很大现实意义。海港小学将教学理念“办‘有为教育’、育‘有为少年’”融入体育运动项目，开展多样化的跳绳运动，并不断丰富教学形式和教学手段，以组织活动和比赛的形式不仅提高学生参与跳绳运动的积极性，还有益于学生身体素质的提高及德智体美全面发展，培养学生勇敢、坚持不懈的精神。

关键词：跳绳　花样跳绳　人文价值

近年来，有关青少年体质健康的现状调查及对策研究一直成为热点和亟待解决的难题，从 1985 年开始进行全国青少年体质健康检测，调查表明我国青少年的体质水平在持续下降，肥胖和近视问题仍然突出，现代生活环境及饮食方式的变化成为主要因素，体质水平的降低很难靠“补课”来提高，因此，学校体育运动成为改善青少年体质的重要手段。目前小学校园体育场地设施正在改善但普遍存在人多地少的现状，选择一些简单易行、场地限制不高且锻炼效果有效的运动项目尤为重要。近几年来，跳绳及花样跳绳在小学校园深受师生欢迎，本校也将跳绳运动作为体育课程文化建设中的特色项目。

为贯彻新课标 2022 年《义务教育体育与健康课程标准》精神，落实“生命—和谐”教育理念和阳光体育行动，全面实施素质教育，培养德智体等全面发展的人才，积极贯彻“健康第一”“落实教会、勤练、常赛”“每天锻炼一小时，健康工作五十年，幸福生活一辈子”的现代健康理念，以全面实施《国家学生体质健康标准》、大力推进体育大课间活动为重点，蓬勃开展“阳光体育活动”。

花样跳绳发展到现今已成为一个集健身、娱乐、观赏、竞技于一体的现代运动项目。它不仅是大众体育的热门运动，更是小学体育运动中的新潮流。学校教育要贯彻“一切为了学生，健康第一”的可持续发展的理念，切实加强体育工作，让每一个学生都能感受到运动的快乐，从而丰富校园生活，促进学生身心健康和谐发展。基于加强青少年体育、提升青少年体质，全国亿万学生“阳光体育”行动的背景下，许多中小学加大了跳绳运动的校本课程开发和普及力度，如开展花样跳绳创编，组织形式多样的跳绳竞赛等来引导学生积极参加体育锻炼。

花样跳绳运动在其发展过程中较好地处理了传承与发展的关系，构成了完整的能够彰显时代文化气息的人文价值体系。具有健身、休闲娱乐、文化教育、美学表演、情感、创新等价值，充分挖掘花样跳绳运动的人文价值。[1]

[1] 吴琼，张鲲．论花样跳绳运动的人文价值 [J]. 四川体育科学，2015,34(2):4–6.

花样跳绳运动在融入海港小学教学理念显现的价值，主要从以下 6 方面来阐明：健身价值、休闲娱乐价值、文化教育价值、美学价值、情感价值和创新价值等。跳绳自萌芽开始就与人们的娱乐活动密切相关，尤其对青少年来说跳绳带来的快乐是无法比拟的。在人文精神“以人为本”的基础上，既要考虑其对学生身体的有形价值，又要重视其带来的无形价值。花样跳绳形式多样、跳法繁多，不管是初学者还是跳绳老手，跳绳技术和难易兼具的跳绳技巧都会给人以无限遐想，使人在不经意间萌生出创意和挑战。不论是跳法的创新还是不同动作的组合，花样跳绳从来都不会使人觉得乏味枯燥，随时可令人感受到成功的体验和进步的快乐。[1]

一、跳绳运动的健身价值

焦佳欣通过实验表明 12 周花样跳绳运动对小学生体质的影响主要体现在身体成分、骨密度、机能、力量和速度素质的改善，其中女生减脂效果尤为明显。[2]

《国家学生体质健康标准》中，一分钟跳绳三年级男生 126 次、女生 139 次为满分，六年级男生 157 次、女生 166 次为满分。自海港小学将跳绳运动作为校特色项目发展推广以来，从体育跳绳课堂、大课间、跳绳兴趣队、各类学生跳绳比赛为切入点在学校普及，各年级的跳绳测试成绩都有了很大的提高。

跳绳运动是一项需要手、臂、腰、腿、足全面配合的全身运动，能够

[1] 王海英 . 花样跳绳运动研究 [J]. 宝鸡文理学院学报（自然科学版）,2014,34(2):82–85.

[2] 焦佳欣 . 12 周花样跳绳运动对小学生体质及日常体力活动量的影响 [D]. 上海体育学院 ,2016.

使速度、灵敏度、力量、爆发力、耐力等各项身体素质得到全面提高，同时增强人体心血管、呼吸和神经系统功能，增强肌肉力量，促进骨骼的生长发育。跳绳可以增强人的心肺功能，促进新陈代谢，是减肥的最佳运动。跳绳时的全身运动及手握绳对拇指穴位的刺激，会极大增强脑细胞的活力，提高思维和想象力，因此，跳绳也是健脑益智的最佳选择。[1] 花样跳绳能够锻炼和培养学生的平衡感和节奏感，跳绳时的动作可谓左右开弓，上下齐动，有助于学生左脑和右脑平衡、协调地发展，还可以培养学生的节奏感；花样跳绳能帮助学生确立方位感和培养其整体意识，学生在跳绳过程中，有时是单人跳，有时是双人跳，有时是多人跳，这有利于学生形成准确的方位感。在跳绳过程中不断地数数，使其大脑皮层处于兴奋状态，有助于其将抽象记忆转化为形象记忆；能促进学生心灵手巧，人的机体在运动时会把信息反馈给大脑，从而刺激大脑进行积极思维，学生跳绳时自跳自数，可以提高大脑的思维灵敏度和判断力，有助于学生体力、智力和应变能力的协调发展，与海港小学培养学生勇、智、美的教学目标相切合。

二、跳绳运动的娱乐价值

何效永在《花样跳绳对小学生心理健康积极影响的探析》中提出花样跳绳对正处于生长发育时期的小学生来说，在生理、心理和情感方面有着诸多的积极作用。[2] 越来越繁重的学习压力使学生在家庭和校园环境中神经容易紧张，使正常的生理感受变得单一、枯燥乏味，以调动性、娱乐性较强的

[1] 杨小凤，李建国，林承德，陈鹰．花样跳绳对 13 ~ 15 岁少年健身效果影响的实验研究 [J]. 上海体育学院学报，2011,35(3):68–70.

[2] 何效永．花样跳绳对小学生心理健康积极影响的探析 [J]. 基础教育论坛，2014(27):50–51.

花样跳绳运动来调节学生的学习生活，可缓解压力、丰富课余活动内容，有效地提高学生对学习、生活和社会的适应能力。学校近两年来建立跳绳俱乐部，每周三下午安排80分钟时间练习花样跳绳，俱乐部已编17种跳绳形式，既可单人跳、双人跳，也可集体跳，再配上动感的音乐能充分调动学生参与的积极性。跳绳的方式花样繁多，可简单可复杂，随时可以进行，容易学会，学生也可自己创编花样，这就需要手脑结合才能做出令人眼花缭乱的花式，这项运动充分体现了学生的主体作用。

三、跳绳运动的文化教育价值

在2008年北京奥运会这个大舞台上，在世界眼前展现了我国许多民族体育项目，不仅让世界了解了这些运动项目，也促进了东西文化的广泛交流和相互借鉴。海港小学在举办花样跳绳比赛中，要求参赛者具有良好的精神面貌和团队协作意识，具有勇于挑战极限、挑战自我的意志品质，还可以培养积极乐观的生活态度。花样跳绳运动作为民俗传统体育项目，其不断借鉴创新发展的过程，参加校内或校外的跳绳比赛，是学生学习体育文化的过程，是交流和借鉴经验的过程，也能让各校师生和家长领略体育文化的风采。

四、跳绳运动的美学价值

海港小学坚持教育要做到学生德、智、体、美全面发展，以培养学生智、勇、善、美优秀品质为目标。快节奏的音乐能让学生迅速加入进来，跳绳运动不仅可以增加学生的身体锻炼，也能改善学生的形体。体育运动是塑造学生性格和品质的重要手段，在跳绳运动中，花样跳绳因其形式多样，队形可变换而具有较强的观赏性，从而许多学校将花样跳绳编成体育表演项目，不仅能增加学生的参与积极性，还能在表演中展现学生的风采，提高学生对运动美的追求，展现海港小学特色体育文化，进一步推进校园体育文化建设。

五、跳绳运动的情感价值

花样跳绳运动是由过去的一项民俗活动演变而来，以不断改变其形式单一、内容枯燥而广受民众欢迎。小学生参与花样跳绳运动，不仅锻炼学生的身体协调性，还能培养同学之间的默契和相互信任，加强班级的凝聚力和合作精神。自古以来，跳神运动的普及性很高，人们自记事起就参加过或看到过这项运动，在学校的普及可以召唤学生对幼时的美好记忆，并在玩耍和练习中摸索出新的游戏方式。在游戏或活动中能让孩子放松心情，拉近同学之间的距离，促进团结互助，培养共同的目标。在花样跳绳比赛中，要求参赛者具有良好的精神面貌和团队协作意识，具有勇于挑战极限、挑战自我的意志品质。此外，经常进行花样跳绳练习，还能培养积极乐观的生活态度。

六、跳绳运动的创新价值

花样跳绳运动在小学校园不仅可以作为一项休闲娱乐项目，它的竞技性更能调动小学生的积极性。随着历史发展，它融合不同时代的体育需求，并表现出更现代的形式；在保留原有的技术特点上融入了不同地域、不同文化，人们通过不断的交流借鉴、推陈出新，使现代跳绳包括花样跳绳呈现出更符合时代要求的特点。由古代单一的跳绳方式和组织形式，发展成为现在组织形式和内容上日益丰富的花样跳绳，其中融入了许多创新的元素。现在的跳绳运动，融合了音乐、体操、武术、街舞等元素，使得跳绳变得更加有节奏、韵律，愿意参与的学生数越来越多，学校的大课间活动越来越好，且越来越有观赏性。

结论

自建校以来，海港小学跳绳运动在几年间得到了不断普及和推广，但目前本校学生跳绳技能和体育教师跳绳教学水平存在普遍不高的现状。通过课题组研究与分析原因主要是：跳绳运动开展形式和组织形式较为单一，教学体系不完善，教师的专业水平、教学能力有待提高。围绕我们的教学理念目标“办‘有为教育’、育‘有为少年’”，跳绳运动在不断提高学生锻炼积极性的同时，也彰显了这项项目本身的时代价值，即健身价值、娱乐价值、文化教育价值、美学价值、情感价值及创新价值，在弘扬和传承民族传统体育文化下构建了学校特色体育文化，培养了学生勇、智、善、美的优良品质，进而形成海港小学的体育课程文化之中跳绳特色项目。

建议

1. 为进一步促进跳绳俱乐部与花样跳绳比赛发挥其积极作用，教育行政部门、学校要增加举办跳绳比赛的力度，根据不同的年龄阶段定期举行不同级别、难度和层次的跳绳比赛，学校可以根据自身的实际情况以体育课、体育大课间活动为突破口，形成跳绳运动教学、训练和竞赛的学校体育特色。

2. 加强对跳绳运动的宣传和推广力度，提高学校领导、学生、家长及相关职能部门对跳绳运动的认知，给予政策、资金等方面的支持，促进跳绳运动健康发展。

3.学校跳绳比赛能有今天耀眼的成绩离不开学校开放的教育观念影响，在教师团队建设上应不断壮大特色教学项目的师资队伍，学校领导应加大支持力度，增加教师参与培训的机会，培养专业的花样跳绳教师，为完善《乐享跳绳》校本教材的内容体系和学生大课间花样跳绳套路提供基础。

第十一节 任务驱动式教学探索与实践 [1]

摘 要：通过学习编程来培养小学生的计算思维已经越来越受到重视，结合GoC编程工具的特点，以计算思维形成一般过程中的分解问题、模式识别、抽象概括、算法设计等四要素为导向，将计算机思维培养融入任务驱动式教学中。以粤教B版六年级下册信息技术第5课“筑长城”为例，对小学GoC编程绘图教学任务进行优化设计，把教学任务分解成让学生容易理解的子任务，层层迭代上升，从而优化小学生的学习体验，提升小学生的计算思维能力。

关键词：计算思维 任务驱动教学 小学生 GoC编程画图

2017年教育部颁布的《高中信息技术课程标准》明确将“信息意识”“计算思维”“数字化学习与创新”“信息社会责任”确定为信息技术

[1] 本文系深圳市宝安区教育科学“十三五”规划2020年度立项课题“基于小学生计算思维培养的任务驱动探究式教学实践研究”（课题编号：yb2020070，课题负责人：范海明）的研究成果。

学科的核心素养，其中“计算思维”是指个体运用计算机科学领域的思想方法，在形成问题解决方案的过程中产生的一系列思维活动。[1] 目前通过学习计算机编程是培养学生计算思维的主要途径。长期以来小学生学习编程主要是使用 Scratch、LOGO 等可视化的编程工具，但是这些可视化的编程工具在使用过程中存在不能满足更高级别的代码编程应用，不能很好地满足计算思维的培养。GoC 是专门针对小学和初中学生开发的趣味编程入门语言。GoC 的特点就是简单易上手，并且保留了 C/C++ 的全部语法结构。GoC 编程为小学生学习真正的编程提供了很好的载体。那么利用 GoC 编程环境，如何通过设计任务驱动教学法来培养小学生的计算思维素养呢？

一、任务驱动式教学的基本思想及问题

任务驱动式教学是一种建立在构建主义学习理论和教学理论基础上的，教师引导学生提出任务，学生以任务为导向，自主探究式学习的一种信息技术学科常用教学方法。任务驱动式教学法是小学信息技术课中最常用的教学方法之一，任务驱动式教学法的核心内容：（1）任务完成的主体是学生；（2）知识和技能蕴含在一个个具体任务中；（3）学生们通过分析、实践等完成任务，从而实现知识构建。

但在小学信息技术课的教学实践中，往往存在关注编程工具的具体功能使用，缺乏计算思维渗透的方法，关注编程任务分析，缺乏指导学生建模的方法，从而弱化了计算思维训练和创新能力的培养。

[1] 任友群，黄荣怀．普通高中信息技术课程标准解读 [M]. 北京：高等教育出版社，2018.

二、融入计算思维培养的任务驱动式教学的一般过程

目前关于计算思维的定义虽然并没有形成较为统一的定义，但在进行计算思维的阐释时，很多学者都描述了计算思维的主要构成元素。学者们对要素的意见都较为一致，综合来看，主要包括抽象、概括、分解、算法、调试等。尽管关于计算思维所包含的内容和评估计算思维发展的策略不尽相同，但都普遍认为计算思维是一种关于问题解决的复合思维能力，包含计算视角下解决问题的多个要素——问题识别、问题分解、抽象、算法和逻辑等。Google 认为计算思维包含了四个核心元素，分别是分解问题、模式识别、抽象概括、算法设计。[1] 在任务驱动式教学中，可以将计算思维的核心元素融入教学过程中，融入计算思维培养的任务驱动式教学的一般过程如图 7–37 所示。

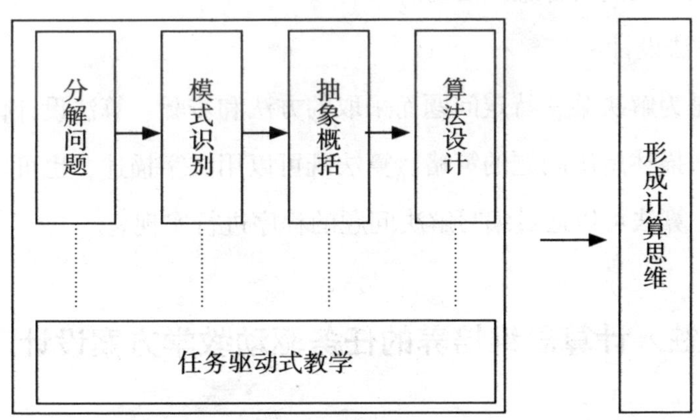

图 7–37 融入计算思维培养的任务驱动式教学的一般过程

---

[1] Google. Computational Thinking Course[EB/OL]. https://computationalthinking course. withgoogle. com/course? use_last_location =true. 2018–01–04.

（1）分解问题

分解问题是人们解决问题常用的方法，通过分解能够将一个复杂的问题转化成若干个子问题，可以降低解决问题的复杂度，使问题得到简化，从而达到解决问题的目的。其核心就是将数据、流程或问题分解为更小、易于处理的几个部分。

（2）模式识别

模式识别是指对表征事物或现象的各种形式的（数值的、文字的和逻辑关系的）信息进行处理和分析，以对事物或现象进行描述、辨认、分类和解释的过程。

（3）抽象概括

抽象是指抽取客观事物的一般的、本质的、属性的思维方法；概括是指把抽象出来的个别事物的本质属性连接起来，推及其他同类事物上去，从而归结全类事物的共性的思维方法。抽象概括是指从具体的具有共性的事物中揭示其本质意义的两种思维活动。

（4）算法设计

算法是为解决某一特定问题而采取的方法和步骤。算法设计代表着采用系统的方法描述解决问题的策略。算法既可以用文字描述，也可以用流程图进行描述。算法可以通过编写解决问题的程序进行实现。

三、融入计算思维培养的任务驱动教学方案设计

将计算思维形成过程的四个要素落实到具体的小学编程教学中，需要对任务驱动式教学进行计算思维“要素化”的设计，下面就以粤教B版六年级下册信息技术第5课《筑长城》为例，运用GoC编程工具实现融入计算思维培养的任务驱动教学设计方案。教学对象是深圳市宝安区海港小学六年

级的学生，这些学生之前已学过 Scratch 和诺宝编程，有一定编写程序的知识基础，具备一定的信息素养。

（一）分解问题

首先是分析任务，由易到难逐一分解，分解为更小、易于处理的几个部分。在如图 7-38 所示的四个绘制图形任务中，引导学生对图形由易到难地进行观察，发现图形生成的规律，帮助学生根据任务由简单到复杂地进行推理和分析。

任务一图形分解成6个一样的“几”；任务二图形分解成7个一样的“小山丘”；任务三图形分解成 6 个大小一样的正三角形；任务四分解成 12 个大小一样的五角星。可以看出任务一到任务四分解出来的图形复杂度是层层递进的，只要先绘制出这些分解出来的最小基本图形，就可以通过程序指令生成相应的复杂图形。

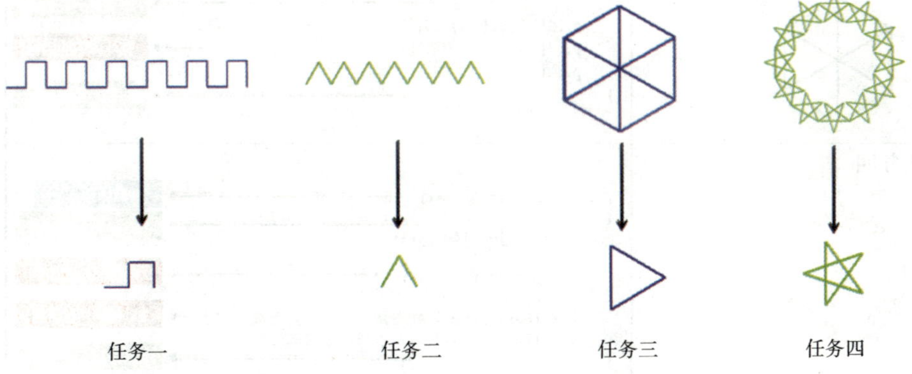

图 7-38 “筑长城”任务驱动分解图

（二）模式识别

观察数据，从中找出相同的模式、趋势和规律。模式识别的具体过程，观察任务一到任务四的图形的程序代码，每个任务都用到了循环，循环体里都是被分解出来的最简单图形代码；被分解出来的基本图形代码从任务一到任务四出现了从简单到复杂的趋势（见表 7–25）。

表 7–25　计算思维模式识别任务表

任务	程序代码

任务一 	for(int i=1; i<=6;i++)
	{
	p.rt(90).fd(30).lt(90).fd(30).rt(90).fd(30).rt(90).fd(30).rt(180);
	}
	for循环首语句
	for循环开始标记
	循环体中的语句
	for循环结束标记

任务二 	for(int i=1;i<=7;i++)
	{
	p.rt(30).fd(30).rt(120).fd(30).lt(150);
	}
	for循环首语句
	for循环开始标记
	循环体中的语句
	for循环结束标记

任务三 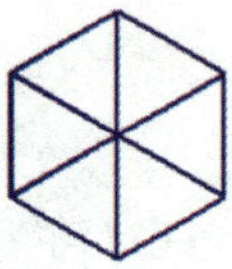	for(int i=1; i<=6;i++)
	{
	p.fd(30).rt(120).fd(30).rt(120).fd(30).rt(120);
	p.fd(30);//让画笔前进到画下一个三角形的起点
	p.rt(60);//让画笔的方向转到合适的方向
	}
	for循环首语句
	for循环开始标记
	循环体中的语句
	for循环结束标记

任务四 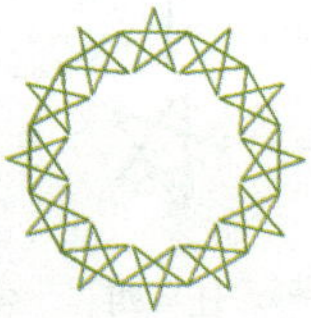	for(int i=1;i<=12;i++)
	{
	for(int j=1;j<=5;j++)
	{
	p.fd(60).rt(144);
	}
	p.fd(60);//让画笔前进到画下一个五角星的起点
	p.rt(30);//让画笔的方向转到合适的方向
	}
	for循环首语句
	for循环开始标记
	嵌套循环体中的语句
	循环体中的语句
	for循环结束标记

任务一旋转的角度是 90 度，最后 RT（180 度）是让笔的方向回到初始角度，容易理解；任务二图形下面加一条辅助直线，那每个小山丘就是一个等边三角形，那每个内角就是 60 度，外角就是 120 度，就能理解开始 RT(30 度)，到了顶点 RT（120 度），最后回到初始方向 LT（150 度）；任务三图

形根据任务二的基础上知道画三角形画外角是 RT（120 度），紧接着让画笔前进到画下一个三角形的起点，并初始到合适的角度；任务四图形根据前三个任务的基础上寻找规律，获得正 N 多边形外角的公式 360/N，从而得出旋转角度是 144 度，前进到起点，画笔方向转到合适方向。由易到难，形成任务驱动的效果。

（三）抽象概括

确定产生这些模式、趋势和规律的一般原理。通过对四个图形任务的代码模式识别，可以抽象概括出：（1）复杂图形分解成基本图形，基本图形作为循环体，用循环模式解决问题，从而概括出了复杂问题简单化，简单问题自动化的思维模式原理。（2）理解初始化概念，在画出第一个基本图形后，都要确定好画下一个图形的初始位置和方向，这是解决问题的一个关键初始规律。（3）通过画正三角形旋转 120 度、画正六边形旋转 60 度、画正 12 边形旋转 30 度……抽象出画正 N 边形外角旋转的角度公式为 360/N。任务驱动，迭代上升，抽象概况能力得到提升。

（四）算法设计

设计解决问题的算法。根据任务图形，模拟程序执行过程，编写代码，根据平时教学实践，学生操作任务一时，往往会用到顺序算法，教师可提出如果画 1000 个“长城”基本图形怎么办呢，引出循环算法，修改变量，具体要画多少个循环的基本图形就设置循环多少次，由计算机自动执行，理解自动化思维概念；任务三和任务四还可以引出循环的嵌套算法，初步体会模块化抽象。任务驱动，通过一个个由简单到复杂的任务构造，不断优化算法，提升算法思维。[1]

[1] 王荣良．中小学计算思维教育实践 [M]. 上海：上海科技教育出版社，2019.

四、融入计算思维培养的任务驱动教学的实施与反思

《筑长城》这节课是在学生学习“变量定义和赋值及运算符的使用”基础上，结合计算思维的四个核心要素分解问题、模式识别、抽象概括、算法设计，让学生找规律，探索循环的秘密，要求学生会用 for 语句重复多次操作，同时掌握正多边形旋转角度的计算方法；灵活运用循环体中旋转角度的命令改变图形的形状绘制创意图形。因此，在本节课的教学过程中，教师采用基于任务驱动的教学方法，利用设计好的四个任务引导学生由易到难地学习通过 GoC 编程绘制不同的图形，让学生体验到信息技术课堂中学习的建构性特征，帮助学生形成计算思维。在这个过程中学生体会到用 GoC 编程的乐趣，充分调动学生的学习兴趣，激发学生的创造性思维。

培养小学生的计算思维就是培养学生发现和洞察事物背后规律及其相互联系的能力；就是培养学生对问题进行解构并且会归纳总结的能力；就是能够构建模型并寻找易被计算机解决方案的能力。这样就能够让学生面对未知、模糊、复杂或开放的问题，知道从哪里开始、知道如何系统分析、知道用计算机解决问题的方法和步骤，提升学生解决问题的能力和自信心。因此，就信息技术课堂教学而言，培养学生的计算思维，就是教师要帮助学生搭建现实与用“计算机解决”之间的桥梁。

五、结束语

计算思维素养的培养是希望学生像专家那样去思考利用信息技术解决问题的方法与过程。因而融入计算思维培养的任务驱动式教学不能局限于程序设计本身，还应体现在各种内容的学习中，根据学生的自身问题开展教学，

根据学情和问题分析设计任务，使教学更有效地激发与培养学生计算思维能力，引导学生理解与掌握利用信息技术解决问题的学科方法，从而提高解决问题的能力，发展学科素养。

第十二节 学科融合，活动育人

——小学道德与法治课程

一、课程背景

十八大提出，要把立德树人作为教育的根本任务。小学生是好习惯和好品格培养的关键时期，而“道德与法治”课堂是一个非常重要的阵地，道德与法治老师是引路人。习近平总书记指出，“青年一代有理想、有本领、有担当，国家就有前途，民族就有希望”。教育以儿童为中心，把他们培养成“有理想、有道德、有文化、有纪律”的社会主义接班人，是我们每位海港教师的教育理想。

海港小学“道德与法治”学科，注重开发更贴近儿童生活的课程资源，使作为生活当事人与学习者的学生，两种角色在课程中相交汇，让他们的生活经验和情感体验融为一体，从而将学生培养成为有信念、懂法治、全面发展的社会主义接班人。

二、课程理念

（一）坚持培养时代新人

“道德与法治”课程标准是对全面建成社会主义现代化强国、实现中华民族伟大复兴等党和国家高度关注的重要问题予以回应和体现，突出和强调用习近平新时代中国特色社会主义思想铸魂育人，发挥“道德与法治”课程在立德树人方面的关键作用。

（二）坚持正确价值引领

“道德与法治”课程是义务教育阶段的思想政治教育课程，是以提升学生思想政治素质、道德修养、法治素养和人格修养为主旨，融道德教育、生命安全与健康教育、法治教育、中华优秀传统文化与革命传统教育、国情教育等为一体的综合性课程，具有政治性、思想性和实践性等特征。

（三）坚持核心素养导向

“道德与法治”以政治认同、道德修养、法治观念、健全人格、责任意识为学科的核心素养，课程要培养的学生核心素养是本课程育人价值的集中体现，是学生通过本课程学习而逐步形成的正确价值观、必备品格和关键能力。

三、课程目标

“道德与法治”课程是义务教育阶段的思想政治教育课程，是以提升学生思想政治素质、道德修养、法治素养和人格修养为主旨，融道德教育、生命安全与健康教育、法治教育、中华优秀传统文化与革命传统教育、国情教育等为一体的综合性课程，具有政治性、思想性和实践性等特征。

四、课程内容

小学“道德与法治”课程，基于核心素养对1—6年级课程内容进行一体化统筹设计，根据不同阶段学生发展特点和生活经验，分学段设置差异性课程主题，构建学段衔接、循序渐进、螺旋上升的课程内容体系（表7–26）。

表 7-26 “道德与法治”课程 1—6 年级内容主题序列

学段	1—2 年级	3—4 年级	5—6 年级
内容主题	入学课程、“十项”常规养成课程、好习惯有为少年、交通安全教育、中华优秀传统文化教育	思想道德教育、生命安全与健康教育、法治教育、中华优秀传统文化与革命传统教育、国情教育、社会实践和研学教育	心理健康教育课程、爱国教育、“善解童贞”课程、“初中我来了”、“毕业，就出发”、“毕业典礼”、“青春纪念册”

基于核心素养五个方面选择和建构内容主题，以学生不断扩大的生活范围为暗线，明线上突出“道德与法治”的基本内容。以主题组织课程内容，包含道德教育、生命安全与健康教育、法治教育、中华优秀传统文化与革命传统教育、国情教育等课程主题，强化中华传统美德、革命传统和法治教育，有机融入国家安全、信息素养、金融素养教育等相关主题和劳动教育。

课程内容选择更加突出政治性和时代性。课程标准着力确立学生学会做人、做事的道德与法治基础，增强“党的领导”、伟大建党精神、全过程人民民主等党和国家发展中的重大理论创新、实践创新和制度创新成果，增加反映文化传承创新、最新社会发展热点、国内外重大时政事件、与学生生活密切结合的各类情境内容。

五、课程实施

（一）实施空间

海港小学“道德与法治”课程，因地制宜地拓展教学时空。教师将本课程的教学与相关学科以及班队活动、学校德育活动、社区活动、社会重大事件等紧密结合，从中捕捉、挖掘鲜活的素材，调动学生在课外学习和活动中获得的经验和知识，充实本课程的教学过程，同时将课内学习延伸至其他学科的学习或校内外其他活动中，从而提高教学的实效性。

海港小学教师根据实际条件，创造性地发掘和利用学校、家庭、社区、媒体已有的资源，以及购物、旅游、访友等机会，引导学生适时地开展体验、考察、调查、制作、游戏等活动，通过学生熟悉的材料拉近学生与学习对象的距离。

例如，可以让学生在平时上学和放学的路上，注意观察某类公共设施的分布、使用情况和变化，并做简单的记录，经常性地利用班会或课前几分钟相互交流和提问。在学习相关课程内容时，就可以提取这些积累的调查成果设计教学。

在学习其他国家的内容时，可以让学生观察家庭、学校和商店里的进口商品或品牌，在世界地图上寻找这些商品或品牌所在国家或地区的位置，从学生熟悉的商品或品牌切入，学习某个国家或地区的地理、历史、经济方面的知识。还可以结合奥运会、世界杯等国际性活动，利用广播、电视和网络，收集和学习主办国或地区的地理、历史知识和风土人情，以及该国或该地区与我国的联系。

同时，培养学生收听收看新闻、观察事物、积累材料的习惯。可以通过开展如每日两分钟轮流播报新闻或见闻的活动，来培养学生的这种习惯。

（二）实施途径

基于“双减”背景下，海港小学在“道德与法治”实践型作业设计上开展校本化研究，从五个维度着手落实，研读教材—基于学情—紧扣时代—角色体验—巧用资源，对这五个维度进行系统的研究和规划。通过看一看、写一写、算一算、读一读、画一画、演一演、做一做和拍一拍等方式，将学科知识与现代科技相结合，与实践相融合。知行合一的作业设计更贴合学生实际需求和学生学情，从而能够与时俱进地布置学生喜闻乐见的作业形式。

最后，通过独立完成、小组合作、家长参与和社会实践的方式开展，让实践型作业落到实处，扎根在学生的心中，真正做到知行合一，在做中学，在学中悟。以下是校本课程具体开展情况：

1. 专家引领，推进学科发展

海港小学多次邀请省区市教科院领导和专家来海港小学指导教研工作。对学科老师开展讲座和课堂教学指导。

2. 开展教研活动，促进实践型课堂发展

郭建文校长执教的《回首光辉历程，争做时代新人》实践型课堂展示课。阮瑜校长执教的《1965·1985·2005·2035——中国梦，我的梦》实践型课堂展示课。刘金融副主任执教的《勇敢的我》实践型课堂展示课。曾婷婷老师执教的《分享真快乐》实践型课堂展示课。

3. 推动学科联结，有机渗透实践型课堂模式

通过“道法 +”的形式，鼓励我们老师立足学科教学，探索学科主题式道德与法治教育，发掘学科自身的道德与法治教育元素，融合跨学科课程，找准不同学科的联结点，提升道德修养、法治观念、健全人格和责任意识。

（1）道法 + 少先队活动：让孩子们感受仪式教育、组织教育和实践教育，增强集体意识。

（2）道法 + 学雷锋系列活动：传承雷锋精神，争做有为少年，海港学子是雷锋精神的最好代言人。

（3）道法 + 清明节主题活动：学生通过祭扫的实践活动，缅怀先烈（见图 7–39）。

4. 基于实践型课堂，开展校外实践项目化学习

向阳花中队的队员们，在老师和家长的陪同下，开展了校外实践教育活动，参观和体验了西乡消防中队的各项体验活动。参观体验完后，学生和家长们纷纷写了本次活动的观后感（见图 7–40）。

图 7–39

图 7–40

5. 基于实践型课堂，开展红色实践项目化学习

学生积极参与红色实践教育活动，参观绮云书院、学习强国线下体验馆等红色基地，这些活动是学生“道德与法治”学科核心素养教育的重要力量（见图 7–41）。

6. 基于实践型课堂，开展项目化学习

“探秘红树”项目式学习：学生们在老师、家长的带领下亲近自然、细致观察、详细记录、主动探索，还利用“线上 + 线下”的方式，组织了“红树林里的鸟类朋友”户外直播课堂（见图 7–42、表 7–27）。

7. 基于实践型课堂，开展寒暑假项目化学习

海港小学 2023 年寒假主题综合课程，“玉兔迎春喜话成长，有为学子乐集六福”。分别设置了健康福、朗读福、阅读福、运算福、创造福、欣赏福，学

图 7-41

图 7-42

表 7-27

年级	学习主题	核心问题	主要负责人
一年级	绘声绘色识禽类	生活在红树林中的鸟类有什么不同的特征？起到什么作用？	彭生福
二年级	各有所长各安家	红树林中的生物生活在哪一个生态层？	彭生福
三年级	红树这样求生存	红树林相关植物的生理机制和红树林有什么共存关系？	梁宇鑫
四年级	小小红树大智慧	红树植物究竟有怎样的“生存智慧”呢？为何会被称为“海岸卫士”？	骆红梅
五年级	红树林中谁吃谁	红树林所处的生态区域内存在哪些食物链和食物网？	尚再智
六年级	红树林，生态与城	红树林生态系统面临着哪些环境问题？我们如何保护？	胡志杰

生在寒假期间，通过集齐六福的综合实践性学习，形成学习报告（见图 7-43）。

2021 年是我们中国共产党成立 100 周年，在这个具有历史意义的暑假里，作为小学生的我们也应该承担起一定的责任：了解历史、读懂过去、奋

图 7–43

图 7–44

发刻苦，努力学习，做红色基因的传承人！海港小学暑期实践作业开设了“七个一”的“红色暑期课程”。“七个一”具体指什么？一个习惯练就本领；一本好书浸润童年；一个实验解密热点；一个技能促进成长；一个地标走近历史；一部经典影响童年；一个报告彰显能力。这些是学生完成红色暑期实践作业成果展示（见图 7–44、图 7–45）。

（三）学习策略

本课程的学习活动方式多样，如阅读、讨论、辩论、参观、调查、访问、游戏、角色扮演、模拟活动、两难问题辨析，以及撰写报告书、制作图

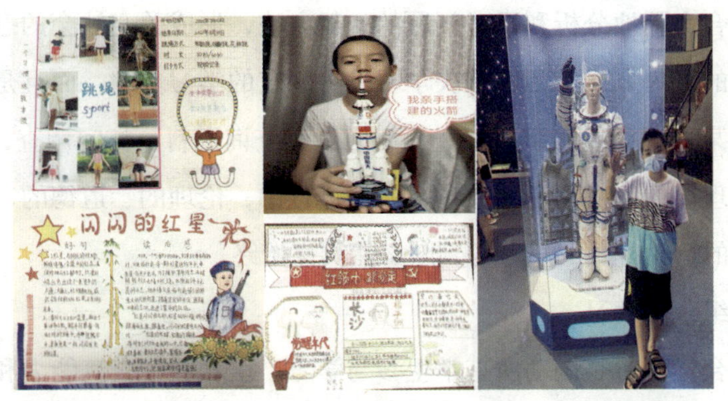

图 7–45

表等，每一种活动都有其适用的范围和价值，学生需要在教师的引导下，根据教学目标和内容，选择合适的学习策略。课程学习的主要策略有以下四种：

1. 体验学习

体验学习是学习者通过身体的各种感官进行学习的一种方式。体验学习的种类多种多样，大体可以分为直接体验和间接体验。体验学习的重要价值不在于学会某种操作方式、获得某种技能，而在于每个人在活动中获得的真实感受，这种内心体验是形成认识、转化行为能力的原动力。

2. 探究学习

探究学习重要的是通过探索性活动，使学生获得探求知识的学习方式，形成科学精神、科学态度，对于学生来说，探讨和把握获得探求结论的方式和途径，往往比学习和记忆知识结论更有价值。探究学习包括发现问题，设立假说，收集信息、资料、数据，处理数据，验证假说等步骤，整个过程必须为学生留下思维和行动的足够空间，不能将过程和答案直接呈现给学生。

3. 问题解决学习

问题解决学习是使学生直接面对实际问题，学习、研究并尝试提出某种解释问题或解决问题方案的学习方式。问题解决学习的目的，在于使学生在寻求解决或解释某个具体的社会问题的过程中，学会综合地、关联地、多角度地、切合实际地分析和思考问题的一般方法，形成关心社会的态度和参与社会生活的行为方式。问题解决学习没有固定的学习步骤，而且是针对社会生活中的某种现象或实事，通过提出问题、查询资料、访问调查，提出有针对性与合理性的解决问题方案，在学习过程中，伦理的、道德的、对社会价值观和人的行为方式的思考与判断必然贯穿始终。

4. 小组合作学习

小组合作学习是调动所有学生参与学习，培养合作交流能力和民主意识的途径，提供了开展探究学习所必需的交流平台，小组有多种组合方式。小组成员的人数不宜过多，以4—6人为佳。教师应关注学困生和人际交往能力较弱的学生，帮助他们融入小组学习，同时指导其他学生接纳和帮助这些同学。教师应指导小组成员进行合理分工、平等讨论，并让每个学生轮流担任组长，负责组织小组的活动、交流和汇报，使小组学习成为培养学生平等民主意识与合作交往能力的过程。

六、课程评价

（一）评价原则

本课程评价的根本目的在于积极促进学生发展，全面了解和掌握学生的道德和社会认知、判断、行为，以及发现和解决问题等方面的能力，以帮助教师改进教学，提高教学的实效性，保证课程目标的实现。

评价原则，面向全体学生，从每个学生的原有基础出发，尊重学生的个性特点。主要有注意认知和操行相统一原则，综合性和简约性相统一原则，显性表现和隐性品质相统一原则，采用多元的评价方式激励学生。

（二）评价方法

本课程倡导采用多主体、开放性的评价，教师可根据具体情况，选用或综合运用评价方式。其主要的评价方法有：

1. 多元性

多元性是指评价的内容、方式、评价主体、评价尺度的多元。内容既有对学生道德认知、社会认知、法律常识的考核，也有对学习过程中学生情感、态度、能力方法等学习品质的评价；方式上除了纸笔测试外，还有行为表现的描述性评语，学生作品情况的等级鉴定等；评价的主体既有教师，也有学生，可以是学生个体，也可以是学生小组或整个班级，鼓励家长和其他有关人员参与；评价的尺度不完全统一，要尊重儿童的差异，关注每个儿童在原有基础上的发展。

2. 过程性

过程性强调对学生的形成性评价，把评价作为儿童的学习过程，重视对学生在学习过程中所表现出的态度、情感、行为以及付出努力的程度进行评价。例如关注儿童在学习活动中是否积极投入，努力探索、思考、想办法解决问题，主动与同学讨论，克服困难等。

3. 发展性

发展性是指在承认每个学生都各有所长的基础上，以鼓励和激励学生发展为评价的出发点，凡在原有基础上有进步、有发展的学生，都应该得到鼓励或奖励，淡化评价的奖惩功能，在注重学生共性的同时，体现对学生个性发展的关注。通过评价充分发展学生的学习潜能、创新精神和创造能力，激励全体学生积极参与到学习活动中。

七、课程资源及保障

（一）课程资源

本课程的资源是多样的，课程资源的利用应为教学服务，力求切合实际。在课程实施过程中，我们做到以下三点：

1. 有效整合和利用校内资源

教科书以及教学所需要的教学参考资料、其他各类图书、教学用具（包括地球仪、挂图等）、音像资料、教学软件、校内环境设施和校园网络、图书馆等是学校中基本的资源。在课程实施过程中得到充分和有效的利用。

同时，结合少先队活动、主题班会、课外活动小组、文体活动、校本课程等，丰富和拓展本课程的内容。

2. 因地制宜利用社区环境资源

社会公共设施和场所，如商店、纪念馆、博物馆、公园、少年儿童活动中心、文化体育场馆、校外教育基地以及区域自然景物、人文景观等是需要因地制宜地充分加以利用的课程资源。

3. 合理利用和挖掘多种社会资源

学校师生、家长、社区人员以及周边从事各种职业的人都是重要的资源。本地区的民风民俗、传说故事、传统节日、文化活动、社会公益活动等，学生生活中发生的一些事例，国家和地区的一些重要事件或突发事件等，也是需要教师关注并加以整理、开发的资源。在开发和利用课程资源的过程中，要注重利用网络、电视、电影、广播、报纸、杂志等信息媒体。

（二）课程保障

课程保障，主要包括专业保障、制度保障、条件保障、资源保障，具体情况如下。

1. 专业保障

小学道德与法治课的教师应具备丰富的教学经验和专业知识，并且有持续的教育培训机会，以保证教师的素质和教学水平。科组现有 35 人，6 人研究生学历，29 人本科学历。现有一级教师 19 人，学科组宝安区骨干教师 24 人。

2. 制度保障

习近平总书记多次强调，课程教材要发挥培根铸魂、启智增慧的作用，必须坚持马克思主义的指导地位，体现马克思主义中国化最新成果，体现中国和中华民族风格，体现党和国家对教育的基本要求，体现国家和民族基本价值观，体现人类文化知识积累和创新成果。使用统编版的小学道德与法治教材能够满足该课程的教学需要，而且教材符合国家课程标准和教学要求。

3. 条件保障

学校可以提供良好的教学环境和设施，例如宽敞明亮的教室、多媒体投影设备等，以便于教师开展教学活动。

4. 资源保障

充分发挥家长在学生的道德与法治教育中起着的重要作用，鼓励他们积极参与学生的学习生活，加强家校联系，共同促进学生健康成长。充分挖掘社会资源，积极与社会各界展开密切的合作，引入专业机构、行业协会等资源，共同创建良好的教育生态环境，推动小学道德与法治教育的开展。

八、课程建设成效

（一）科组获奖丰富

郭建文校长的思政课例《回首光辉历程，争做时代新人》参评宝安区校长思政课例，课程深受老师和学生们的喜爱。阮瑜校长的思政课例《生命至上，人民至上》获得宝安区“十佳思政金课”。刘金融副主任课例《勇敢的我》道法课例荣获深圳市二等奖、宝安区一等奖。曾婷婷老师课例《分享真快乐》获得深圳市一等奖、宝安区一等奖（见图 7–46 ~ 图 7–49）。吴欣蓉、马倩、王聪、王莎莎老师指导的课本剧《“律”法森严》荣获深圳市

图 7–46　郭建文校长思政课

图 7–47　阮瑜校长思政课

图 7–48　刘金融副主任执教的课例《勇敢的你》

图 7–49　曾婷婷老师执教的课例《分享真快乐》

二等奖、宝安区一等奖。林洁珍、蒋巧梅、陈玲、陈柳青老师指导的法治课本剧《迷“网”知返》获宝安区一等奖（见图 7–50、图 7–51）。

（二）理论成果丰硕

海港小学道德与法治教育评价已从定量、定性向赋能转变，从“理论性”向“实践性”转变，实现多元评价对学生学习过程的全域观照。

海港小学郭建文校长，被评为“第一批广东省基础教育教研基地（深圳市）教研基地优秀成员”。我校曾婷婷老师的课例《分享真快乐》获得深圳市一等奖。

（三）教学成绩卓越

郭建文校长的思政课例《我和我伟大的祖国》荣获深圳市首届思政课改

图 7–50 法治课本剧《“律”法森严》师生合影

图 7–51 法治课本剧《迷“网”知返》师生合影

革创新系列优秀成果二等奖。郭建文校长的《回首光辉历程，争做时代新人》思政课例参评市区级荣誉，该课例也深受老师和学生们的喜爱，参评市区级荣誉。阮瑜校长的思政课例《生命至上，人民至上》获得宝安区“十佳思政金课”、《1965·1985·2005·2035——中国梦，我的梦》参评市区级荣誉。

刘金融副主任课例《勇敢的我》道法课例荣获深圳市二等奖、宝安区一等奖。曾婷婷老师课例《分享真快乐》获得深圳市一等奖、宝安区一等奖。曾婷婷老师参加宝安区道德与法治基本功比赛获宝安区二等奖。

吴欣蓉、马倩、王聪、王莎莎老师指导的法治课本剧《“律”法森严》，荣获深圳市二等奖、宝安区一等奖。林洁珍、蒋巧梅、陈玲、陈柳青老师指导的法治课本剧《迷“网”知返》，获宝安区一等奖，参评市级荣誉。

第十三节 海港小学新生入学课程与学科融合路径的探索与实践

一、研究背景

2021 年 3 月，教育部发布了《关于大力推进幼儿园与小学科学衔接的指导意见》(以下简称《指导意见》)，强调小学要强化衔接意识，将一年级上学时期设置为入学适应期，将入学适应教育作为深化义务教育课程教学改革的重要任务。幼儿园到一年级，是儿童成长过程中的一个重要转折期。外部环境和儿童角色的变化，很容易导致儿童在学习体验、社会交往、情绪情感等方面出现不同程度的不适应状态。[1] 因此，通过实施科学有效的入学课程帮助儿童做好身心全面准备和适应，保证儿童顺利过渡显得尤为重要。

海港小学办学以来，以“专注六年，幸福一生”为办学理念，以儿童身心发展规律和教育规律为依据，调整一年级的课程计划，减缓教学进度，以课程建设为抓手，通过优化校内外资源，探寻多元、科学、有效的幼小课程衔接路径，把一年级上学期设置为入学适应期，重点构建适切的“有为学子”入学课程体系，旨在“让学生过一种幸福完整的教育生活”，为孩子终身优雅而幸福的生活奠基。

[1] 刘亚荣，高艳，张俊. 小学入学适应课程构建与初步实践 [J]. 基础教育参考，2021(11):21-24.

二、解决问题的过程与方法

（一）以学生的终身发展确定研究目标

从儿童立场角度看，课程实施的首要目标通过设计生活化、游戏化的教学活动，帮助一年级新生习得小学生需要的关键素质，包括身心适应、生活适应、社会适应和学习适应四个方面的内容，以尽快适应“小学生”这个新身份，顺利完成幼小过渡，成为一名积极阳光的合格小学生。

从家校共育层面看，希望通过实施入学课程实现双向奔赴，共促成长。一年级的家长高度重视孩子成长，但在认识方面和心理方面仍然存在对角色转变的不适应。因此，我们抓住这个重要契机，通过一系列教育活动，让家长了解一年级孩子的特点、面临的困难以及家长的角色变化，将学校教育延伸到家庭教育，最终缓解家长的“衔接焦虑”，实现家校协同育人，共同助力孩子健康快乐成长。

从教师发展层面看，入学课程的建设是促进教师专业能力提升的重要抓手。在课程的开发和实施的过程中班主任逐步建立课程意识，在实践中不断反思自身的育人理念和育人方式，逐步完善班级建设，进而提高教师的专业素养和学术修养。

（二）以研究目标为导向确定课程内容

海港小学根据一年级孩子的年龄特征和《小学入学适应教育指导要点》（以下简称《小学指导要点》），我们从身心适应、生活适应、社会适应和学习适应这四个维度设计了以“你好，一年级”为主题的入学课程的内容。身心适应方面重点了解校园环境，认识老师和同学，适应小学的生活；生活适应方面重点养成良好的生活、卫生和作息的好习惯；社会适应方面要尽快融入班集体，感受班集体的快乐；学习适应方面要适应以课堂教学为主的学习方式，养成良好的学习习惯。

（三）以核心素养为核心确定实施路径

1. 构建“三化”课程体系，确保课程实施的适宜性

《指导意见》提出要改革一年级教育教学方式，国家课程主要采取游戏化、生活化、综合化等方式实施，强化儿童的探究性、体验式学习。因此，为了做好幼小衔接，海港小学入学课程以生活为切入点，根据一年级新生的学习特点，通过创设丰富、有趣的活动，把课程内容与儿童现实生活相互关联，相互融合，激发孩子们参与活动的兴趣和热情。开学前一天为新生入学报到课程实施阶段。这一阶段重点在身心适应和社会适应维度实施课程，助力新生适应新环境。第一周到第四周则是入学课程实施阶段。我们将语文、数学、艺术类课程、特色课程和体验类课程适当搭配，将抽象、理论性强、需注意力高度集中的课程安排在上午，将有趣的体验类的课程安排在下午（见表 7–28、表 7–29）。

例如，“入学报到”课程中，我们根据一年级孩子爱玩爱吃的特点，通过创设生活情境：“海港小学是个充满挑战的魅力宝藏花园，恭喜大家成为小学生了，接下来我们玩三个闯关游戏，第一关是要和爸爸妈妈一起寻找属于你们独一无二的糖果班级，第二关是要和哥哥姐姐们‘大手牵小手’到校园寻宝，第三关是要举行‘糖果萌娃见面会’，在全班同学面前大胆地介绍自己。”这三关的活动让一年级的孩子积极主动参与到丰富多彩的活动中，显得特别有趣，特别神秘。孩子们沿着不同颜色的糖果，在爸爸妈妈的陪伴下一起寻找糖果班级，这个生活化过程既让父母参与到孩子的成长过程，又培养了孩子独立探索的能力；“大手牵小手寻宝记”由五年级的哥哥姐姐带着一年级的孩子进行，以游戏化的教学提升了一年级孩子参与课堂的积极性和主动性，这既诠释了学校“我能贡献什么”的精神引领，又培养了孩子们的合作能力；“糖果萌娃见面会”这一环节，一年级的孩子在全班面前进

行自我介绍，这是一次师生、生生交往的过程，无形中创造了良好的师生氛围，让孩子们在情感上找到了归属感。经过这三关的铺设，孩子们变得更加大方、勇敢、自信。

表 7-28 开学报到课程（开学前 1 天）

课程维度	课程主题	课时	任课教师
身心适应	绘本《小魔怪要上学》	1	语文教师
	最美入学礼	1	班主任、各科任教师
	探秘美丽海港	3	班主任、各科任教师
	文明如厕	1	班主任
社会适应	集队礼仪	2	班主任、体育教师

表 7-29 入学适应课程

课程维度	课程主题	课时	任课教师
身心适应	我们的学校	1	班主任、副班主任
	我们的班级	1	班主任、副班主任
	同学，你好	2	班主任、副班主任
	老师，您好	3	班主任、副班主任、体育老师、美术老师
	绘本《大卫上学去》	1	语文教师
生活适应	我们的作息	1	班主任
	文明用餐	1	数学教师
	我是整理小达人	3	班主任、副班主任
	手牵手，一起走	3	班主任、副班主任
	爱护我们的眼睛（眼操）	2	体育教师

续表

课程维度	课程主题	课时	任课教师
社会适应	我们的安全（课间安全、上下学安全、学具使用安全）	3	体育教师、班主任、英语教师
	我们的礼仪（问候礼仪、着装礼仪、课堂礼仪、就餐礼仪、音量礼仪、集会礼仪）	6	各科任教师、班主任
	绘本《我有友情要出租》	1	语文教师
	我是班级小主人	1	班主任
学习适应	我是常规小明星	7	各科任教师
	生活中的数学	1	数学教师
	快乐的体育课	2	体育教师
	握笔姿势与写字姿势	1	语文教师
	美丽的颜色	1	英语教师
	我是专注小精灵	1	班主任
	我是小小科学家	1	科学老师
	上学歌	1	音乐老师
	我眼中的校园（校园写生）	1	美术老师
	我是劳动小能手	1	劳动教师

2. 跨学科融合建构，增强课程实施的生动性

近年来，海港小学落实新课标跨学科融合理念，探索入学课程的实施途径。各科教师围绕同一个课程主题，整合课程资源，注重课程的活动化、游戏化和生活化的学习设计，采取了跨学科主题备课方式，着力设计充分尊重一年级学生认知发展水平且能够激发他们学习动力的内容和活动。例如，我们围绕"老师，您好"这一主题，体育老师精心设计了《我和老师们的快乐时光》，通过师生互动游戏，孩子们与各科任教师很快融为一体，也为师生之间的相互信赖打下了坚实的基础。美术课上，美术老师为孩子们呈现了

每个老师的生活照，孩子用画笔画出了心目中老师最美的样子。语文课上，老师们使用故事法，创设“猜猜她是谁”学习情境，讲述各科任教师的小故事，孩子们在老师的循循善诱下，与老师欢快地互动着，既充分调动了孩子们的感官，又给予他们愉快的学习体验。音乐课上，音乐老师根据每班的科任教师特点，创编歌曲，在轻快的乐曲声中，孩子们把老师唱进了内心。

3. 盘活教育资源整合，助力课程实施的有效性

为了凝聚教育新合力、新动能，最大限度发挥教育的促进作用，海港小学打破地域壁垒，多渠道、多角度、多领域整合优质教育资源，搭建园、家、校、社“四位一体”的幼小衔接网络，建立多方教育力量的协同合作机制，共同为孩子的全面发展营造良好的教育环境，创造良好的教育条件。

每年的招生季，在教学处的统筹下，海港小学与华海金湾幼儿园、机关二幼小阳光海幼儿园携手，建立幼小双向衔接联合教研组，一方面，幼儿园的小朋友在老师和家长的带领下走进海港校园，另一方面，海港小学的教师带着先进的育人理念和充满童趣的课走进幼儿园，通过开展丰富多元的衔接活动，加强了幼儿园与小学之间的交流和互动，为儿童搭建了从幼儿园向小学生活过渡的交流平台。

我们还通过开展家长“开学第一课”，帮助家长学会适应小学生家长的新身份。通过一年级新生家长培训、新生家长会、“有为”家长课堂等方式，促进家校共育。每年的开学报到课程完结之后我们便会从家长的立场出发组织新生家长培训会。我们会邀请幼小衔接方面的专家学者到校讲座，主要从幼儿园教育与小学教育的区别入手，引导家长如何科学幼小衔接。我们也会邀请二年级的家长代表进行经验分享，全方位、多角度地帮助新生家长了解一年级。

通过课程培训，家长更加全面了解了一年级孩子的生命特点、从幼儿园到小学孩子的适应过程、家长的自我心态的调节、小学生日常习惯的养成等

方面，为家长们帮助孩子做好幼小衔接指明了方向，提供了方法。

同时，海港小学加强与社区的密切合作，利用社区的资源，为新生家长提供优质的咨询服务，逐步建立起家、园、校、社“四位一体”的协同育人机制，实现多方奔赴，共同携手帮助孩子们顺利度过幼小衔接阶段，为孩子的终身发展奠定良好的基础。

4. 完善课程评价体系，推进课程质量提升

（1）评价的原则

客观性原则。通过客观性评价给学生和教师客观、正确的价值判定，从而检验课程的实施是否起到了减缓幼儿园与小学的衔接坡度的作用，同时对新生是否适应小学的学习生活也起到了客观的评价作用。

适切性原则。每个孩子都是独立的个体，不是流水线上的产品，家庭背景、个性等原因导致学生存在个体差异性。适合的教育才是最好的教育。入学评价的最终目的不是给学生评最终的等级，分出胜负，而是给他们明确目标和方向，激发他们喜欢上学，喜欢同学和老师。所以，入学课程遵循适切性原则，根据每个孩子的不同特点选择相应的评价指标，而不是全局一盘棋。

发展性原则。入学课程的评价应着重关注学生真实发生的进步。相比较学生入学初的情况，经过一个月的课程实施，整个一年级地持续跟进孩子是否在成长，这比直接关注学生的结果更加科学、有意义。

一致性原则。在入学课程的实施过程中，我们把目标前置，告知学生和家长们的课程要求，并在实施的过程中相机嵌入，在持续实施的过程中还会根据学生的实际情况改进教育教学方式，从而达到教、学、评的一致性。

（2）评价方法

为充分发挥评价的导向、激励、反馈作用，海港小学入学课程坚持做到从定量、定性向赋能转变，从“趋同化”向“个性化”转变，实现多元评

价对学生的学习过程的全域观照，注重生成性结果的判断描述。[1]

“六小有为币”实现过程性评价。在课程的实施中使用学校的特色评价体系，采用“六小有为币”（整理小达人、常规小明星、文明小使者、专注小精灵、习惯小标兵、交往小天使）的方式对学生进行鼓励，在评价的过程中融合学生自评、生生互评、教师点评、家校共评的立体多元评价方式，帮助一年级新生正确认识小学生身份，建立自信，激发他们的潜能。尊重儿童的发展规律，实施多元性评价。例如，为了鼓励学生尽快熟悉老师和同学，鼓励师生交往和生生交往，我们设立了“交往小天使”币，每次认识了五个同学或者老师，就可以获得一枚币；再如设立了“常规小明星”币，只要每节课都按照要求做好了各科课前准备，坐姿站姿等达标就可以获得此币。每位老师都会在课内课外鼓励学生通过自己的努力获取不同内容的有为币，每周的周五都会根据获得有为币的数量授予学生“有为学子（全能星）”或“有为学子（单项星）”，并授予奖状。这样的过程性评价既强化了学生更多方面的习惯，同时也激发了他们争章向上的动力。

多方联动突出个性评价。一年级是学习的起步阶段，为了让学生能加快适应学校生活，尽快融入班级，各班结合学校的评价体系，融合学生自评、生生互评、教师点评、家校共评为一体的立体多元评价方式，设置了在校和在家的评价指标和细则。根据评价指标和结果既让家长了解了孩子在学校的表现，又在客观上引导了家长正确看待孩子成长和不足，从而全面关注孩子各方面的能力成长。而老师也能够看到学生在家的表现，为进一步的家校沟通提供了更多的依据，促进家校共育（见表 7–30）。

---

[1] 阮瑜.立德、笃行、培能的劳动教育评价体系建构与实施[J].人民教育,2022(12):54–56.

深圳市宝安区海港小学入学课程评价指标体系

指标体系	一级指标	二级指标	学生自评	教师评价	家庭评价	整体评价
身心适应	喜欢上学	能记住学校名称、班级名称和位置。				
		能积极参加学校和班级的活动。				
	快乐至上	上学时能保持积极愉快的情绪。				
		在学习和生活中，遇到困难愿意尝试自己解决，无法解决时懂得求助他人。				
	积极锻炼	喜欢上体育课，积极参加跳绳、拍球等体育活动。				
		养成每天坚持锻炼一小时的好习惯。				
	动作灵活	能灵活熟练使用剪刀等工具				
		握笔姿势正确，运笔自如。				
生活适应	生活习惯	规律作息，养成早睡早起的好习惯，上学不迟到。				
		能合理安排好课间如厕、饮水。				
		准确掌握爱眼体操的做法，懂得爱护眼睛。				
	自理能力	在学校，文明用餐，安静午休。				
		能自觉做好课前准备，有序整理收纳好自己的书包、文具。				
		能做好自我服务，独立穿脱衣服、系鞋带。				
	安全自护	上学、放学能遵守交通规则，活动时能远离有危险标识的场地和设施。				
		课间活动不追赶、打闹，有序上下楼梯，防止踩踏。				
		遇到危险懂得自护和求助。				
	热爱劳动	积极主动参加班级劳动，如值日、午餐分餐。				
		在家帮助父母做力所能及的事情，如洗碗，择菜等。				
社会适应	融入集体	知道自己是班级的一员，有集体融入感，并主动融入班级。				
		喜欢参加班级的活动并能在活动中感受快乐。				
	人际交往	有亲师的愿望，遇到困难能寻求老师的帮助。				
		能与同学和睦相处，有经常一起玩的玩伴。				
		懂得互帮互助，能与同学合作完成任务，发生矛盾懂得协商解决。				
	遵规守纪	能积极参加班级约定的制定，并自觉遵守班级约定，有规则意识。				
	品德养成	有初步是非观念，做错事敢于承认，并知错能改。				
		热爱祖国，热爱家乡热爱班级和学校。				
		诚实守信，答应别人的事情要做到。				
学习适应	乐学好问	在课堂上，遇到不懂的问题敢于提问。				
		生活中，遇到不懂的问题善于提问和追问。				
	学习习惯	上课遵守课堂纪律，认真倾听，不随意发言，善于表达观点。				
		写字时坐姿端正，握笔姿势正确。				
		课后积极主动完成作业，字迹工整。				
	学习兴趣	喜欢阅读，积极参加班级的阅读沙龙活动。				
		对新事物，新知识充满兴趣，积极参加社团活动。				
		乐于用数学方法解决生活中的简单问题。				
	学习能力	能在阅读中独立识字，初步掌握汉字的基本笔画笔顺。				
		能在日常生活中发现并提出简单的数学问题，并尝试自己解决。				
		在课堂上积极举手回答问题，学会合作解决问题。				

表 7–30　海港小学入学课程评价指标体系

三、成果的主要内容

（一）初步形成了课程资源

在入学课程实施的过程中，我们初步形成了包括教学案例、活动案例、活动录像等内容的教学资源包，为后续教学活动的开展提供了有力的保障。

（二）班主任的教研水平得到稳步提升

本项目激发了班主任和各科任的课程意识。在研究过程中，课程组成员合作开发课程资源，促进了班主任教育教学方式的转变和专业素养的提升。

（三）初步构建了课程的评价体系

海港小学站在儿童立场，从身心适应、生活适应、社会适应和学习适应这四个维度构建了入学课程评价体系。评价的过程中，我们拓宽评价空间和场域，充分发挥家长、老师、学生等不同评价主体的作用，力求通过科学、多元的评价，强化教师的课程意识，同时实现监督和管理的功能，促进每一个孩子良好品质的发展，从而真正实现立德树人。

四、效果与反思

（一）总体建设现状

我们立足于校情和学情实施“你好，一年级”入学适应课程。经过多年的探索，学生在“身心适应、生活适应、社会适应、学习适应”各方面均取得了良好的效果。孩子们上学情绪积极乐观，能积极融入班集体，主动参与学校的各项活动，师生交往、生生交往积极融洽，养成了良好的学习、生活习惯……

（二）存在问题

课程的建构还不够完善。课程内容的选择还可以更具有针对性和丰富性，实施的途径还可以更加多元。此外，课程的评价体系还不完善。

（三）应对措施

1. 继续完善入学课程体系。

2. 继续完善与课程相适应的配套评价体系。

第十四节　小学毕业课程与学科融合研究路径的探索与实践

——以海港小学毕业课程与学科融合为例

一、研究背景

（一）国外小学毕业课程实施现状

对于小学毕业课程的研究，国外大多数学者从心理学的角度出发，侧重于研究学习适应性方面的影响因素。大部分学者认为，从小学到初中，因为环境的变化、学生角色的变化和青少年阶段出现的生理变化、心理发展的不稳定性导致了学生学习自信心不足，成绩下降等现象，但这些研究更偏向于理论研究，缺乏具体的操作性指导，更没有根据小学生不同的年龄特征，进行小初衔接规划，实施相应的毕业课程。

（二）国内小学毕业课程研究现状

近年来，对“小初衔接”这一课题的研究呈现上升趋势，研究的成果也越来越多，也越来越多学校提出了“小初衔接”的课程或毕业课程的概念。但通过查阅文献，我们发现关于毕业课程或者小初衔接课程的研究比较单一，更多的是从理论上探讨语文、数学、英语等这些具体学科的衔接策略，缺乏课程整合意识；更多的是停留在一场毕业典礼的策划与展演，缺乏顶层规划；更多的是关注开展的形式，没有立足于儿童立场出发去思考课程的内容，导致价值和意义没能得到很好的体现。

（三）海港小学毕业课程开展情况

建校以来，海港小学以“专注六年，幸福一生”为办学理念，致力于根据学生的实际需要，科学、精准地对六年级毕业生进行长程的课程规划，以便打破小学、初中的界限，帮助孩子实现小学教育到初中教育的平稳过渡。从一开始单一的典礼仪式到现在的基于学科融合视角下系统的课程设计，海港小学一直在实践中探索，在探索中完善，在完善中总结。目前，海港小学的毕业课程分为四大板块：感恩成长、走进初中、心理素养、点亮未来。

二、解决问题的过程与方法

（一）内涵解读

本文中的毕业课程是基于大课程观的课程，指的是为了帮助六年级的学生实现从小学到初中生活的平稳顺利过渡，从毕业生成长的需要出发，尊重儿童的成长规律所开展的包括学习、心理和行为习惯等方面所有的衔接性教育活动。为了提升毕业生对未来初中生活的适应能力，以激发学生的学习意识，唤醒他们的综合能力，满足他们的发展需要，我们将毕业课程与学科教学进行融合，最大限度让学生参与到课程的开发和实施过程。

（二）以素养为导向，确定研究目标

1. 总体目标

我们以学生的核心素养为毕业课程实施的出发点和归宿，整合课程资源，加强校内外结合，联动“学校、家庭和社会”，在六年级第二学期中序列推进。既有涉及学科学习方法、学习习惯的课程，也有心理适应等方面的衔接课程；既有环境体验课程，也有专家讲座、学长经验分享课程等。通过形式多样，内容丰富的课程帮助学生养成良好学习习惯和行为习惯，形成正确的世界观、人生观和价值观，以适应即将到来的初中生活（见表 7–31）。

2. 具体目标

（1）通过毕业课程中的“感恩成长”这一板块，让学生通过回顾在母校的六年生活点滴，培育学生的感恩意识。

（2）通过毕业课程中的“走进初中”板块，让学生提前全方位、多层次了解中学校园和中学的学习生活。

（3）通过毕业课程中的“心理素养”这一板块，让学生明晰走向中学意味着面对全新的环境，要拥有良好的心理品质和人际关系，尽快地主动适应更快的学习节奏，明白学习的意义和价值，帮助学生树立正确的人生目标。

（4）通过毕业课程中的“点亮未来”这一板块，让学生在活动中树立目标，提升学生解决问题的能力和实践能力。

（三）以发展为核心，确定实施路径

1. 基于“儿童立场”设计毕业课程

毕业课程作为学校德育课程体系中的一分支，是学生成长路上的重要一课。六年级学生正值青春期前期，在生理、心理和社会性发展方面都处在复杂发展又充满矛盾的时期。从六年级到初中，他们的学习环境发生变化，新的师生关系，同伴关系；学习特点发生变化，初中课程增加，难度增大，因此学习压力增大；学校的管理方式发生变化，小学更多的是“治理”化管理，而初中更侧重学生的自主管理。如此变化导致学生心理、学习和生活等各方面的不适应，出现种种困惑。因此，课程的设计与实施要立足于学生的成长需要，思考他们即将遇到的困难并给他们提供更加自主、更具挑战的成长环境，更加丰富全面的教育资源促使他们确认自己的价值。课程内容的选择要在尊重学生的成长规律的基础上唤醒学生的自主学习意识，重视感恩意识的培养和合作交往关系（朋辈关系和亲子关系）的引导，重视学生综合素养的培养和可持续发展。

因此，海港小学六年级毕业课程从儿童立场出发，通过创设学习场景、生活场景、交往场景等不同场景，设计了面向学生的课程和面向家长的课程（见图 7–52）。我们不拘泥于学习的地点，选择了孩子喜欢的课程内容，采用了灵活多变的学习方式去唤醒激发每个学生的潜质。

表 7-31 毕业课程之学生课程

板块与主题	课程内容	课程目标	课程导师
感恩成长	绘最美校园：难忘那片风景	通过活动旨在鼓舞毕业生回顾总结六年的小学生活，品成长，道感恩，抒发对母校、同学和老师的眷恋之情，提升学生的审美力，创造力	美术老师
	访最美教师：镜头下的老师		语文老师
	做最美纪念册：最美时光有你		班主任
	唱最美校歌：校歌再唱响		音乐老师
走进初中	感受环境：参观校园，衔接零距离	初步感知未来学习的环境、学习的内容以及参与的活动，进一步明确目标，提升学生的社会交往能力和活动能力	班主任
	观摩课堂：玩转课堂，品多彩课程		班主任 各科教师
	体验活动：缤纷社团，全面促成长		各科教师
	分享经验：学长引航，中学不迷茫		班主任
心理素养	环境篇：最温暖的家	通过课程，更好地帮助学生提前了解青春期的相关心理健康知识，引导学生用积极阳光的心态面对新的环境、学业和生活，尽快平稳地向初中学生生活过渡	心理教师
	学习篇：时间大富翁		心理教师
	朋友篇：老师同学，你好！		班主任
	亲子篇：解亲子矛盾之小妙招		心理教师
点亮未来	演讲比赛：少年有理想	在活动中树立学生的目标感，提升学生解决问题的能力和实践能力，让学生带上海港的烙印向未来出发	语文老师
	职业体验：职业体验一日营		班主任 劳动教师
	毕业典礼：忆“港”时光，筑梦未来		班主任、体育老师
	项目式旅行：毕业，就出发		班主任、信息老师、数学老师、英语老师、语文老师、科学老师

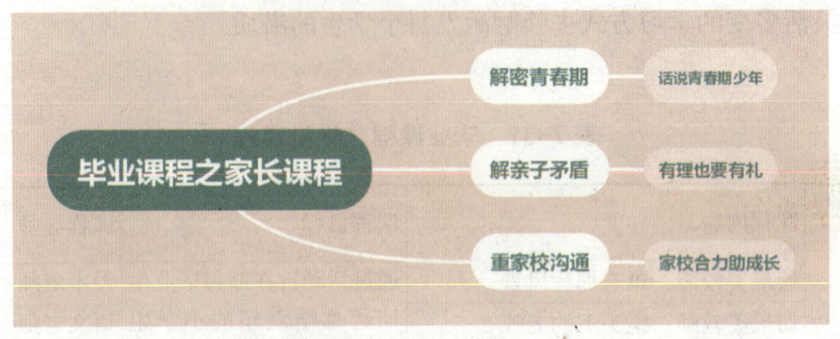

图 7–52 毕业课程之家长课程

2. 基于“学科整合”实施毕业课程

海港小学毕业课程在现有国家课程的基础上，基于主题学习进行跨学科统整，以班主任为课程领衔人，围绕共同的学习目标，多学科联动，以协同的方式指导学生开展课程的学习。学生通过“感恩成长、走进初中、心理素养、点亮未来”这四大板块的综合学习全面提升综合素养。这个课程的设计体现了“从过去到未来——时间的变化，从校园走向社会——空间的拓展，从学科教师到家长——交往对象的改变，从总结归纳到探究规划——能力的提升”这四方面的全域观照。下面，我们以学生课程板块中的第四板块“点亮未来”课程为例，阐释这一板块的课程与学科之间是怎样进行有机整合的。毕业课程的第四板块由演讲比赛、职业体验一日营活动、毕业典礼的仪式活动和项目式研学这四大课程组成。

这个阶段的学生对自己的目标不明确，因此在语文老师的主导下，我们从班级—年级—校级开展了三级“以梦为马话理想”的演讲比赛。通过比赛，不仅锻炼了学生的表达能力，同时也进一步增强学生树立远大梦想的意识。

在“职业体验一日营”这个主题学习中，我们首先面对全体六年级家长招募了 20 个不同的岗位，再由学生设计招募海报，现场招募职业体验小队，最后在各班家委的统筹下定时定点体验各行各业的魅力与风采并完成了职业体验学习报告单。在实地考察的过程中孩子们体会到了每一份职业的辛苦，也清晰地认识自己和反思自己，同时也促发孩子们萌发职业梦想的幼芽。

毕业典礼是一个非常重要的仪式。学生精心设计电子邀请函、毕业门、签名墙，在仪式上聆听学生代表、家长代表和校长的致辞，双手接过校长颁发的毕业证书，这样充满仪式感的活动一定能久久地留在师生心里，成为每个孩子珍藏一生的集体记忆。

《国家中长期教育改革和发展规划纲要（2010—2020年）》中提出：“教育学生学会知识技能，学会动手动脑，学会生存生活，学会做人做事，促进学生主动适应社会。”[1] 因此综合考量六年级学生的年龄特征和成长需要：自我意识日益强烈，已经有较强的策划能力，沟通交往能力和分析问题、解决问题的能力，我们设计了STEAM综合类课程——毕业研学项目，初步培养孩子的未来领导力、统筹能力、自我规划能力等优秀品质。

每个班首先竞选出学生项目负责小组，项目导师指导项目负责小组围绕“毕业，就出发”的主题自主策划毕业旅行项目活动方案。学生设计出四个板块的内容：红色主题教育之旅——重走红军长征路；向往的大学——北京之旅；10后出游记——魔都上海；惊险刺激之旅——最美张家界。整个项目经历了研学旅行策划会、研学旅行招标会、研学旅行在路上这三个节点。学生通过团队合作、自主探究的过程中完整经历以上项目研究的过程，我们相信在学科融通的过程中学生的文化知识、视野情怀、实践能力定会得到一个质的飞跃，从而实现课堂课外育全人类的美好愿景。

以上板块的毕业课程在实施的过程中证明人人都有任务，每个学生在不同的活动和任务中都得到了多方面的锻炼与提升。

---

[1] 国家中长期教育改革和发展规划纲要（2010 — 2020 年）[EB/ OL].(2010-07-29)[2014-04-10].http://www.gov.cn/jrzg /2010 — 07/29 /content_1666937.htm.

三、成果的主要内容

（一）初步形成了毕业课程的研发团队

经过几年的实践，海港小学毕业课程形成了在校长领导下的研发团队，主要由德育处牵头，由年级长统筹，各班主任负责，相关教师参与。各部门之间通力合作，为学生的成长提供一切资源和保障。

（二）构建教学资源包

在毕业课程实施的过程中，我们初步形成了包括教学案例、活动案例、活动录像、学生作品等内容的教学资源包，为后续教学活动的开展提供了有力的保障。

（三）班主任的科研水平能力得到了稳步提升。

本项目激发了班主任和各科任的课程意识。在研究过程中，课程组成员合作开发课程资源，促进了教师教育教学方式的转变和专业素养的提升。

四、效果与反思

（一）总体建设现状

我们立足为学生的未来奠基去设计与实施毕业课程，努力探索打通小学和初中的教育屏障，与初中学校携手联动，初步建立了课程体系，努力让学校教育更符合学生的成长需要。在课程实施的过程中，学生的综合素养得到全面提升。

（二）存在问题

课程的评价体系还不完善。目前更多的是采用反馈式评价方式，即活动之后学生写下感受，心得体会，收获感言。如果能使用成长记录袋的方式，采取个人评、小组评、教师评、家长评等多元评价主体，进行模糊评价和综合评定相结合的评价的方法则会更好。

（三）应对措施

1. 继续完善毕业课程体系。

2. 研究课程相适应的配套评价体系。

第十五节 项目式学习活动案例

——《无人机确定位置》

一、项目概述

《无人机确定位置》是一节以STEAM教育理论为指导、无人机编程为主题的创客教育综合性课例。如何将单一的创客课程与其他学科知识融合，打造具有创客特色的STEAM课程，一直是摆在一线创客教师面前的难题。本节课以现实生活中的具体问题为背景，让学生运用数学和无人机知识，确定动物的精确位置，最后通过编程使无人机飞抵目标动物的位置。本节课的重点在于学生综合运用多学科的知识，自己动手解决实际问题。在培养学生创新思维的同时，全面提升知识综合运用能力、动手能力、问题解决能力。

二、学习目标

本案例的学习目标分为知识与技能、数学思考、问题解决和情感态度与价值观四大类。

（1）知识与技能：

①根据方向（任意方向）和距离能确定物体的位置，并且能描述简单的路线图；

②了解无人机操作相关知识，能够通过 Wi-Fi 连接无人机和电脑。

（2）数学思考：怎样确定物体的位置和路线，学生在自主探究与合作交流中，锻炼观察、分析、比较、总结、归纳等思维。

（3）问题解决：

①在实际测量过程中，掌握使用卷尺测量距离的方法；

②无人机的相关知识和操作流程以及编程。

（4）情感态度与价值观：在解决问题的过程中，感受无人机编程、数学与生活的紧密联系，提高学习兴趣。

三、项目实施过程（见表 7-32）

表 7-32

项目实施过程	（一）教学活动流程设计 本案例中教学活动分为“创设情境，导入课程”“自主探究，学习新知”“小组协作，完成任务”“展示评价”和“课程总结”五个部分。 1. 创设情境，导入课程 播放野生动物园饲养员喂食动物的视频，抛出问题：制定一些合适的动物投喂路线。 2. 自主探究，学习新知 观看微课视频，学习相关知识。 3. 小组协作，完成任务 （1）分工。小组长根据各组成员的能力特点和知识学习情况，进行分工。 （2）分解任务。将任务分解为三个子任务，分别为任务一：制定喂食路线图，任务二：测量距离，编程程序，任务三：组装调试，飞行测试。 4. 展示评价 小组竞赛，最后取各项评分之和排名。 5. 课程总结 总结本节课所学的知识内容和课堂情况。教学活动分为“创设情境，导入课程”“自主探究，学习新知”“小组协作，完成任务”“展示评价”和“课程总结”五个部分 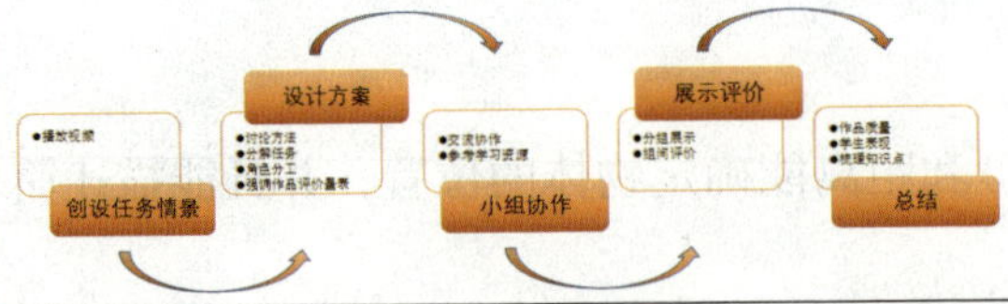

续表

<table>
<tr><td rowspan="2">项目实施过程</td><td>（二）教学实施总体情况
本教学案例以五一劳动节，教师带领同学们到野生动物园帮助动物园饲养员叔叔喂食动物为背景，并将北师大版数学五年级下册《确定位置（一）》的知识融入无人机编程课程中，是对STEAM教育理念的大胆尝试。课程将动物园喂食动物的过程，用无人机飞到野生动物园地图上指定场馆实现，如给大象馆大象喂食，同学先确定好方向、路线，再编写程序，让无人机从出发地飞到大象馆，那么算完成喂食。
课程总体上按照教学设计规划顺利进行。课程导入约5分钟，野生动物园视频比较吸引学生，之后的关于以什么样的路线去投喂动物的小问答效果也很好，很自然地引入数学知识点位置的确定的学习中。在完成任务一以后，不同的小组的路线图出现了很大差别，整体路线还算比较合理。小组协作环节中，学生很清楚自己组的任务，小组长也能够根据每位同学的特点分配任务，并且能够在短时间内完成路线制定、测量距离、编写程序等一系列复杂的任务。而且整个过程中，能够专心致志，小组协作的氛围也很好。课堂纪律、氛围和任务完成时间都大大超出预期。课程整体上完成了我之前设计的意图。
本节课选择的是大疆Tello出品的Tello Edu教育编程无人机，在编程语言方面，该无人机支持包含Scratch、Python、Swift在内的多种编程语言，还可以使用可视化积木编程控制飞行器，实现对飞行器起降、俯仰、横滚、偏航、速度及翻滚多项飞行参数的设定，甚至可以设计飞行器的翻转、弹跳等飞行“特技”。通过本次课程，学生不仅能够熟练掌握Tello Edu教育编程无人机使用方法，还能够学到编程知识</td></tr>
<tr><td>（三）教师授课引导情况
在小组协作阶段，教师能走到不同小组，和组员交流，给出反馈意见，提出引导问题，解决一些技术层面上的难题（比如如何制定合理的动物喂食路线，如何实现无人机上升、前进、后退、转向等），这是保障小组任务能顺利进行下去的关键。对数学知识点融入情况还是很不错的，学生不仅学习会了确定方位，还会使用角度和距离描述路线（斑马场出发，向东偏北30度方向走大约1000米到喷泉广场，然后再向东偏南40度走1300米就可到达猴山）。因为无人机设备的问题，有的小组可能设备不是很好用，需要使用提前准备好的备用机。受教学场地的限制，试飞场地只有一个，所有同学们需要先申请，然后再进行试飞，排队等候的时候有一点混乱。还有一个很重要的地方，无人机有时会出现失控的情况，因此确保学生的安全非常重要。以下是教师引导学生将数学知识整合到无人机编程上的一个教学片段：
师：现在能用同样的方法说说虎狮山的位置吗？
生：狮虎山在喷泉广场的北偏东50度（或东偏北40度）的方向上</td></tr>
</table>

续表

<table>
<tr><td rowspan="3">项目实施过程</td><td>师：如果我们把距离加上，应该怎样描述呢？
生：大象馆在喷泉广场的北偏西 60 度方向上，距离喷泉广场 1000 米。
长颈鹿馆在喷泉广场的北偏西 60 度方向上，距离喷泉广场 500 米。
师：看来要准确地描述物体的位置，需要从方向、角度以及距离三方面来阐述。
师：喂食完斑马后，同学们想去喂食金丝猴，你能说一说他们的行走路线吗？想一想，怎样才能说清去金丝猴馆所走的路线呢？
生：从斑马场出发，向东偏北 30 度方向走大约 1000 米到喷泉广场，然后再向东偏南 40 度走 1300 米就可到金丝猴馆。
师：那么对应无人机应该如何编程，在斑马场无人机起飞（向正北方向），上升 50 厘米，向右旋转 30 度，前进 100 厘米（按比例缩小），向左旋转 30 度（回正方向），向右旋转 130 度，前进 130 厘米，降落（到达金丝猴馆）。</td></tr>
<tr><td>（四）学生学习活动情况
学生对无人机编程还是充满了好奇，拿到无人机后就开始研究，正看看反看看。虽然对课程内容和无人机有兴趣是很好的，但是似乎让学生认真听讲也变得困难起来。小组间能够自发形成协作，既保证了每个同学在过程中都“有事可做”，也要保证小组所有的成员都能掌握本节课的知识点，没有学生觉得无聊或者不公平。学生遇到问题会主动提问，乐于向老师请教和交流，体现了探究式教学的探究性和主动性。如果小组成员间不精诚合作，试飞的过程中就会出现问题。以下是某组学生进行协作学习的片段：
程序员：路线员，我们的投喂路线是老虎山—大象馆—斑马场对吗？
路线员：是的。
程序员：路线员，大象馆在老虎山的什么方位？
路线员：大象馆在老虎山北偏西 45 度方向。
程序员：测距员，大象馆到老虎山的距离是多少？
测距员：120 厘米。
......
程序员：我的程序已经编写完成，可以开始试飞。
调试员：将无人机拿到场地，按要求摆放好，可以起飞了</td></tr>
<tr><td>（五）学习效果描述与分析
和课前预期的差不多，没有小组第一次试飞就成功，但是他们基本可以自己分析问题，并通过不断调试，最终完成任务，只有一个组是在老师的指导下找出问题所在并且完成任务。部分小组同学在试飞的时候，发现老师教授的方法比</td></tr>
</table>

续表

	较繁杂，每次从一个动物馆飞到下一个动物馆后都要将无人机回正到正北方向，这样耗费太多时间，他们不回正方向，而是通过计算得出去下一个馆需要转向的角度，这样大大节约了飞行时间。在最后比赛环节，各个小组表现得也不错，能够完成任务，最短用时也大大超出了预期。唯一欠缺的是，部分小组同学在观看其他组同学比赛时，有一点吵闹。部分小组同学在无人机组装和测距的时候出现了一些小问题，这也暴露出一些同学动手能力较差的问题。综合看来，本节课对无人机编程知识学习取得了很好的效果，学生展示了较好的编程能力，但是在学科知识融合方面的表现还需提升
项目实施过程	无人机飞行路线设计图 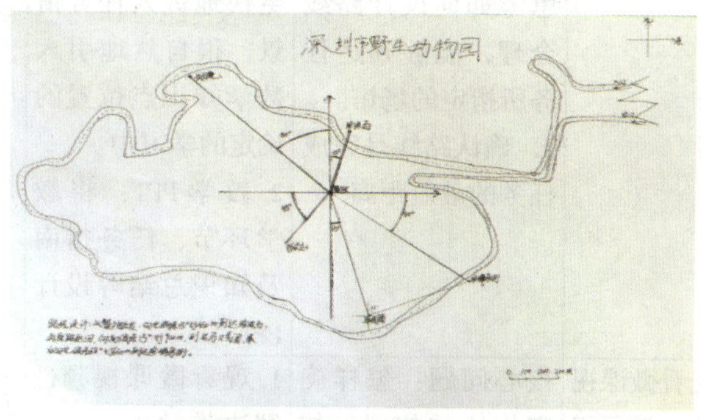 无人机试飞  无人机编程 

续表

<table>
<tr><td rowspan="4">项目实施过程</td><td colspan="6">（六）通过核心问题，指导学生在解决过程中联系具体学科或领域的专业知识与思考，尝试运用工程和设计思维解决问题，引导高阶学习发生</td></tr>
<tr><td>任务名称</td><td>活动目标</td><td>活动内容</td><td>实施要求</td><td>时间安排</td><td>预期成果形式</td></tr>
<tr><td>创设情境，导入课程</td><td>根据方向和距离能确定物体的位置</td><td>核心问题：如何制定一些合适的动物投喂路线。
围绕以下内容：
1. 播放导入视频，思考如何设计路线合理，能够到达任务所指定的场馆。
2. 确认路线是完成任务的最短距离</td><td>1. 导入视频：直观、形象地向学生传达任务，播放动物园饲养员叔叔喂食动物的视频，让学生更快地进入任务情景，很自然地引入数学知识点位置的确定的学习中。
2. 教学 PPT：将教学环节、任务指南及知识总结等设计 PPT</td><td>2—4 课时</td><td>成果形式可以是论文、演示、模型、方案、草图、作品等</td></tr>
<tr><td>自主探究，学习新知</td><td>观看微课视频，学习相关知识</td><td>核心问题：怎样确定物体的位置？如何掌握使用卷尺测量距离的方法？
围绕以下内容：
1. 学习北师大版数学五年级下册《确定位置（一）》一课，能正确用方向、角度、距离来确定动物位置。
2. 掌握使用卷尺测量距离的方法。
3. 了解无人机操作相关知识，能够通过 Wi-Fi 连接无人机和电脑，学习无人机多种编程语言</td><td>1. 观看微课视频，解决教学重难点，照顾不同层次的学生知识水平，学习相关知识。
2. 学习无人机包含 Scratch、Python、Swift 在内的多种编程语言，使用可视化积木编程控制飞行器，实现对飞行器起降、俯仰、横滚、偏航、速度及翻滚多项飞行参数的设定，甚至可以设计飞行器的翻转、弹跳等飞行“特技”</td><td>3 课时</td><td></td></tr>
</table>

续表

	任务名称	活动目标	活动内容	实施要求	时间安排	预期成果形式
项目实施过程	小组协作，完成任务	应用最短飞行时间完成任务	核心问题： 无人机组装调试，飞行测试。 围绕以下内容： 小组分工合作，构建去动物园大象馆喂食路线，应用最短飞行时间完成任务，通过编程，让无人机按制定的路线飞行并降落并精准测量距离	1. 分工：学生以小组为单位，6人一组展开活动。一名同学负责无人机组装，一名同学负责编程，一名同学负责测量，一名同学负责记录，组长负责协调调度和维护秩序。 2. 组装无人机并调试无人机，学习确定位置和无人机编程知识。 3. 小组讨论，通过画图等方式设计去大象馆喂食路线，到场地测量距离，编写好无人机程序并到场地试飞。 4. 同学先确定好方向、路线，再编写程序，让无人机从出发地飞到大象馆，那么算完成喂食。 5. 每组两次机会，取最短时间作为本组的最终成绩	一天	

续表

项目实施过程	展示评价	引导小组成员按照评价标准进行创作，形成方向性指引	核心问题：如何锻炼学生观察、分析、比较、总结、归纳等思维的能力？ 围绕以下内容： 1. 选择的路线、编写的程序、完成任务的时间等，在展示组试飞结束后，其他小组成员可以根据小组飞行的路线、碰到的问题进行提问，由涉及相关部分设计的展示组成员给予解答。 2. 根据展示与解答的情况，其他小组成员结合“小组评价量表”，依照协作学习中的角色分工，对展示组的协作学习效果和创作成果进行评价	1. 确定各项评价标准。各部分评价指标和所占比例如下：路线设计（10%）、无人机试飞成绩（30%）、学习过程评价（20%）、小组互评（20%）、教师评价（20%）。 2. 采用奖励“最佳饲养员”称号的方式激发与保持学生的学习兴趣与动机水平，根据各小组成员表现情况即时奖励“最佳饲养员”称号给对应的小组。 3. 把研究发现用口头和书面形式表达出来，展示对综合信息概括的能力	1课时	成果形式可以是论文、演示、模型、方案、草图、作品等
	课程总结	总结本节课所学的知识内容和课堂情况	核心问题：如何分析无人机编程、数学与生活的紧密联系？ 围绕以下内容： 准确地描述物体的位置，需要以从方向、角度以及距离三方面来阐述	无人机编程教育，不仅仅需要教授学生编程知识，更需要利用先进的无人机技术将编程知识与其他学科知识融合，老师评价总结课堂情况。学生总结本节课所学的知识内容，以报告形式体现		

四、项目学习成果及评价（见表 7–33）

表 7–33

<table>
<tr>
<td>项目学习评价设计</td>
<td>
评价部分，主要包含五方面的内容，各部分评价指标和所占比例如下：路线设计（10%）、无人机试飞成绩（30%）、学习过程评价（20%）、小组互评（20%）、教师评价（20%）。学习过程评价主要是教师评价，小组间评价，可以进一步深化对目标任务的理解，深入学习。在试飞环节，各个小组轮流试飞，包括选择的路线、编写的程序、完成任务的时间等，在展示组试飞结束后，其他小组成员可以根据小组飞行的路线、碰到的问题进行提问，由涉及相关部分设计的展示组成员给予解答。根据展示与解答的情况，其他小组成员结合“小组评价量表”，依照协作学习中的角色分工，对展示组的协作学习效果和创作成果进行评价。小组评价量表如表所示：
小组互评量表
<table>
<tr><th>评价维度</th><th>评价指标</th><th>评分星级</th></tr>
<tr><td rowspan="2">路线设计师</td><td>路线设计合理，能够到达所有任务指定的场馆</td><td>☆ ☆ ☆</td></tr>
<tr><td>路线是完成任务的最短距离</td><td>☆ ☆ ☆</td></tr>
<tr><td>演说家</td><td>语言表达清晰、用词准确，声音洪亮自信大方</td><td>☆ ☆ ☆</td></tr>
<tr><td rowspan="2">测距师</td><td>距离测量精准</td><td>☆ ☆ ☆</td></tr>
<tr><td>形式富有创意、富有观赏性</td><td>☆ ☆ ☆</td></tr>
<tr><td rowspan="2">编程师</td><td>模块选择、参数设置适合</td><td>☆ ☆ ☆</td></tr>
<tr><td>应用最短飞行时间完成任务</td><td>☆ ☆ ☆</td></tr>
</table>
</td>
</tr>
<tr><td></td><td></td></tr>
</table>

续表

<table>
<tr><td rowspan="2">项目
学习
评价
设计</td><td>为了整体把控学习进程和调控课堂秩序，除了应用“小组评价量表”形成方向性指引之外，还采用奖励“最佳饲养员”称号的方式激发与保持学生的学习兴趣与动机水平，教师根据各小组成员表现情况即时奖励“最佳饲养员”称号给对应的小组，课后奖励“最佳饲养员”小组的同学在学校四楼创客室活动（VR游戏、模拟飞行、太空战车），使学生在学习中能处于积极的学习状态

小组互评量表
<table><tr><th>评价维度</th><th>评价指标</th><th>评分（☆代表1分）</th></tr><tr><td rowspan="2">路线设计师</td><td>路线设计合理，能够到达任务指定的场馆</td><td>☆ ☆ ☆</td></tr><tr><td>路线是完成任务的最短距离</td><td>☆ ☆ ☆</td></tr><tr><td>演说家</td><td>语言表达清晰、用词准确，声音洪亮自信大方</td><td>☆ ☆ ☆</td></tr><tr><td rowspan="2">测距师</td><td>距离测量精准</td><td>☆ ☆ ☆</td></tr><tr><td>形式富有创意、富有观赏性</td><td>☆ ☆ ☆</td></tr><tr><td rowspan="2">编程师</td><td>模块选择、参数设置适合</td><td>☆ ☆ ☆</td></tr><tr><td>应用最短飞行时间完成任务</td><td>☆ ☆ ☆</td></tr></table></td></tr>
<tr><td></td></tr>
</table>

续表

<table>
<tr><td rowspan="18">项目学习评价设计</td><td colspan="3">过程性评价量表</td></tr>
<tr><td>评价内容</td><td>评价指标</td><td>评分</td></tr>
<tr><td rowspan="2">路线设计（10分）</td><td>路线设计合理，能够准确到达任务指定的场馆。（5分）</td><td></td></tr>
<tr><td>路线是完成任务的最短距离。（5分）</td><td></td></tr>
<tr><td rowspan="5">无人机试飞成绩（30分）</td><td>了解无人机操作相关知识，能够通过Wi-Fi连接无人机和电脑。（6分）</td><td></td></tr>
<tr><td>正确组装无人机并调试无人机。（6分）</td><td></td></tr>
<tr><td>能够用数学的语音清晰地播述物体的位置，并正确测量距离。（6分）</td><td></td></tr>
<tr><td>根据设计的路线给无人机正确编码。（6分）</td><td></td></tr>
<tr><td>试飞过程中不断总结经验优化试飞方案并顺利试飞。（6分）</td><td></td></tr>
<tr><td rowspan="5">学习过程性评价（30分）</td><td>学生根据教师讲授和微课，自主探究，主动学习相关知识。（5分）</td><td></td></tr>
<tr><td>学生积极参与合作探究，小组分工合理，团结协作，汇报清晰，总结完善。（5分）</td><td></td></tr>
<tr><td>学生能综合运用数学、信息技术、科学、语文等学科知识，综合运动能力强，活动设计有创新性。（5分）</td><td></td></tr>
<tr><td>试飞过程中不断总结经验及时调试优化方案，解决能力强，最终完成任务。（5分）</td><td></td></tr>
<tr><td>在解决问题的过程中，体会到团队精神，感受无人机编程、数学与生活的紧密联系，学习兴趣浓厚。（5分）</td><td></td></tr>
<tr><td>小组互评（20分）</td><td>根据表小组互评量表（每个☆代表1分）</td><td></td></tr>
<tr><td>总结性评价（10分）</td><td>学生听课认真，小组精诚合作，遵守课堂纪律，遇到问题时组内成员沟通或请教老师，顺利完成任务。</td><td></td></tr>
<tr><td>评价总分</td><td></td><td></td></tr>
<tr><td>评价等级</td><td>最佳饲养员　优秀饲养员　合格饲养员（请以√选择）</td><td></td></tr>
<tr><td></td><td colspan="3"></td></tr>
</table>

五、项目成效和反思

很明显,《无人机确定位置》这节课的内容40分钟无法完成,所以课程用的是社团课时间80分钟。不可避免的一个问题是,在分工的时候,同学们都希望自己是无人机编程和调试无人机的那个同学,而不是测量和制定路线的那位同学。最后,在具体实践的过程中,自己还是能体会协作学习的重要性,无论是做什么任务的同学都非常重要,缺一不可,因为无论哪个环节出了问题,最终无人机都不可能按制定的路线飞到终点。

从教学目标来看,我觉得应该是基本完成了本节课之前提出教学目标,尤其是情感目标。通过小组团队协作,小组成员之间相互交流,开拓了学生的思维,启发了他们的灵感。最终任务的完成,一定需要小组同学间的默契配合,让他们明白了什么是团队精神、什么是1+1>2。本节课的重点在于学生综合运用多学科的知识,自己动手解决实际问题,在培养学生创新思维的同时,全面提升知识综合运用能力、动手能力、问题解决能力,同学们这些方面的能力都得到了锻炼。

在学科融合方面,我感觉无人机编程教育能很好地支持语文、科学、数学、信息技术等科目的融合教学。各学科知识并不是独立作用于解决问题,多学科知识融合才能更好地解决问题,这是STEAM教育的基本理念。

确实,本教学案例也存在一些不足之处。总的来说,本节课还算是比较成功的。无人机编程教育,不仅仅需要教授学生编程知识,更需要利用先进的无人机技术将编程知识与其他学科知识融合。学校有很多新的设备和工具,但是大多数时候都是参观用的,如何发挥技术的特性,更好地支持STEAM教育,需要我们大胆地尝试和不断地探索。我觉得这个过程对我来说很有意义,将来的教学中我会继续努力。更重要的是,作为一名年轻教师，将来的职业道路还很漫长，我会不断学习新的知识和理论方法，不断地充实自己，不断尝试新的教学方法和理念，不断地提升自己！

附件:《无人机确定位置》项目式学习小组活动报告

很开心我们小组跟随学校《无人机确定位置》项目组参与了这次项目式学习。《无人机确定位置》是以五一劳动节，教师带领我们到野生动物园帮助动物园饲养员叔叔喂食动物为背景，将我们数学学习的《确定位置（一）》的知识融入无人机编程课程中。两个星期的项目式学习，我们能根据方向和距离来确定物体的位置，并且能描述简单的路线图，学会了一些无人机操作的知识，能够通过 Wi-Fi 连接无人机和电脑，感受到在测量、绘图和试飞等活动中需要发挥团队的力量，运用学过的知识和生活经验去观察、分析、比较、总结、反思，从而解决问题。现从老师设计的学习环节入手来谈谈我们组在学习时遇到的问题和体会吧！

一、贴近生活的问题情境，引起了我们的探究兴趣

“兴趣是最好的老师。”老师设置的活动是到野生动物园帮助动物园饲养员叔叔喂食动物，已经让我们蠢蠢欲动，何况还是用无人机，我们按捺住心里的兴奋与期待投入了五年级下册第一课《确定位置（一）》的学习中。在学习中我们明白了在表示具体的位置时我们要先确定观测点，然后运用方向和距离（如：大象馆在喷泉广场的北偏西 60 度方向上，距离喷泉广场约 1000 米）才能确定具体的位置。这部分内容比较简单，而且有具体的飞行任务在身，我们组的成员都学得很认真。

二、观看微课、交流互学，为我们储备了探究的知识

平时我们的学习大多是在虚拟的情境中进行的，要真操作无人机去投放食物，我们感觉还是有些无从下手，还好老师和我们一起观看了三个视频。三个视频的学习让我们知道了如何用数对确定位置，如何进行投放的编程和如何实地测量以及绘图。视频里有些知识是我们从来没有接触的，我们感到特别新奇，在与老师和别的小组的交流中在观看视频中的一些困惑也得到了解决，我们感觉万事俱备，只欠东风了。

三、小组合作，完成探究任务

终于要行动了，我们小组的成员们个个摩拳擦掌。小组长根据我们 6 个成员的能力特点和知识学习情况，进行分工。老师把任务分成三个子任务，分别为任务一：制定喂食路线图；任务二：测量距离，编程程序；任务三：组装调试，飞行测试。在完成任务一时，我们小组的两个小伙伴各自绘制的路线图开始有一些小问题，后来他们俩商量调整后我们都觉得他们绘制的路线图清晰明了。测量距离，编程程序这一任务既要细心又要电脑水平比较高，这活当然由我们的组长和程序员来完成了。在这一环节时，我们小组成员出现了一些争论，最后在老师的帮助下我们得到了正确的编程程序。

想一想：怎样才能说清去金丝猴馆所走的路线呢？

从路线图我们一致得到：从斑马场出发，向东偏北 30 度方向走大约 1000 米到喷泉广场，然后再向东偏南 40 度走 1300 米就可到金丝猴馆。

那么对应无人机应该如何编程？

在斑马场无人机起飞（向正北方向），上升 50 厘米，向右旋转 30 度，

前进 100 厘米（按比例缩小），向左旋转 30 度（回正方向），向右旋转 130 度，前进 130 厘米，降落（到达金丝猴馆）。

任务三：组装调试、飞行测试，这可是我们的最爱。我们 6 个人屏住呼吸期待着第一次飞行，但很可惜，我们的第一次飞行失败了。失败乃成功之母！我们努力查找原因，发现无人机飞行程序和飞行距离有问题，经过不断调试，最终完成任务，我们高兴坏了。我们组在试飞的时候还发现老师教授的方法比较繁杂，每次从一个动物馆飞到下一个动物馆后都要将无人机回正到正北方向，这样耗费太多时间，我们不回正方向，而是通过计算得出去下一个馆需要转向的角度，这样大大节约了飞行时间。我们的方法得到了老师的肯定，我们觉得很有成就感。

四、小组竞赛，展示评价

有了之前的试飞，我们觉得在分组竞赛时我们肯定没问题，而且还有之前的伟大发现呢！可是真正的比赛还是存在着一些不确定因素的，还好我们组的操作员沉着冷静，几次都逢凶化吉，取得了最后的胜利，耶！反思整个活动，我们给予自己这样的评价（见表 7–34）。

整个项目式学习已经结束，我们感受到科技与生活的密切联系，感受到数学、科学、工程等学科之间的联系，感受到团队合作的重要性，更理解了“世上无难事，只怕有心人”这句话的含义。下一次的项目式学习会是什么……

表 7-34

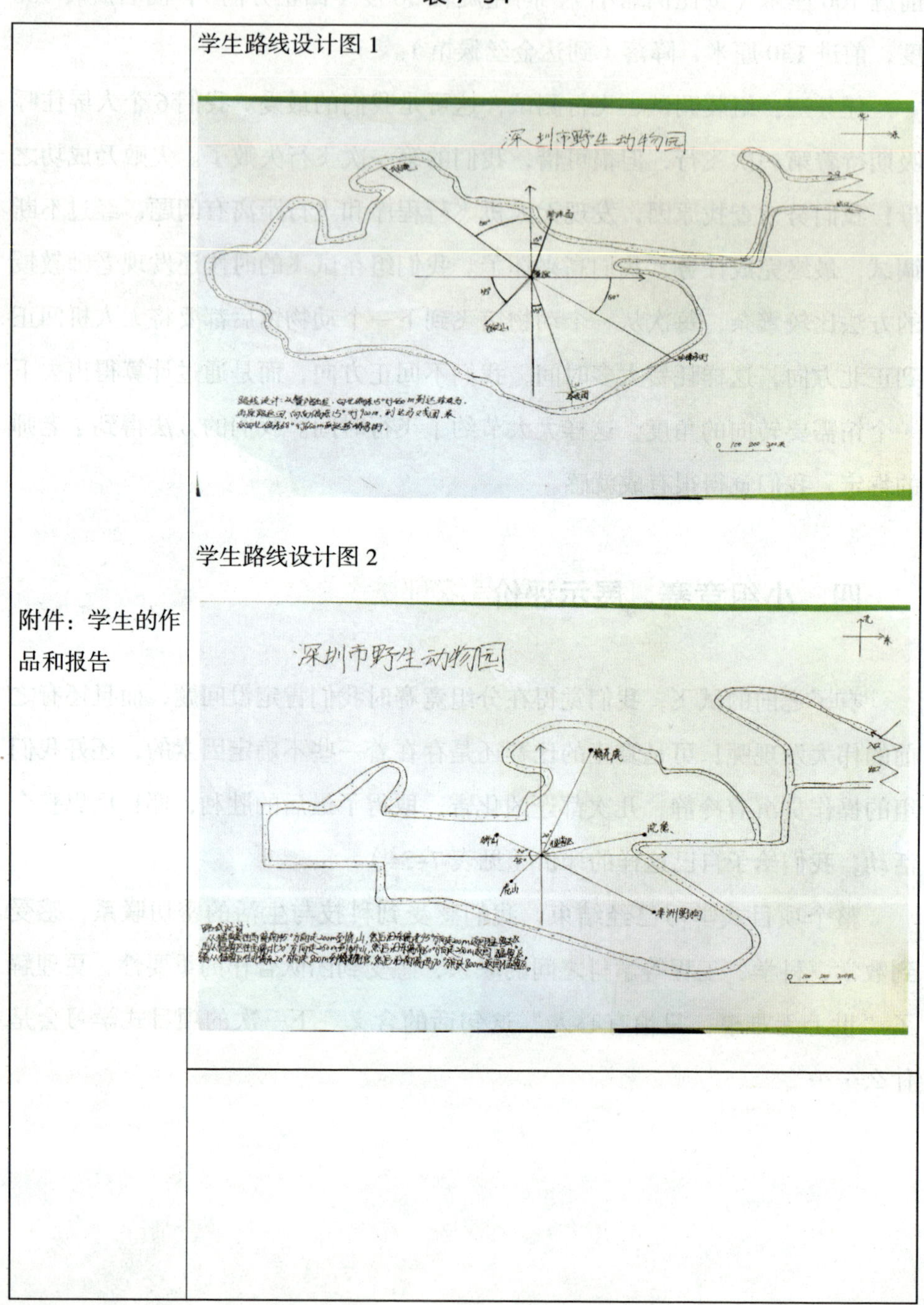

附件：学生的作品和报告	学生路线设计图 1 学生路线设计图 2

第十六节 “全学科阅读”背景下开展跨学科阅读的实践探索

著名教育家苏霍姆林斯基曾经讲过，一个学校可以什么都没有，只要有了为教师和学生精神成长而提供的图书，那就是教育。可见阅读对学校教育的重要性。海港小学全力打造课堂、阅读、社团、家校四大教育生态文化，其中之一为阅读文化，可见学校对书香校园构建的重视。

一、推动全学科阅读，营造浓郁的阅读氛围

海港小学致力于全学科阅读，从硬件设施上创造高品质的全学科阅读环境。学校图书馆近三年采购书籍均为全学科高品质书籍，涉及人文类（语文、英语）、社科类（数学、科学、信息）、艺术类（美术、音乐、体育），供师生阅读。

从软件上，海港小学于学期初公布本学期校园总阅读计划，各学科在校园总阅读计划基础上建立本学科的学期阅读计划。

学校阅读负责人围绕学年阅读工作主题，每学期在夯实学校阅读工作常规基础上，开展一系列师生全学科阅读活动，营造全学科阅读的书香氛围。学校成立以校长为组长的全学科阅读领导小组，在德育处和办公室统筹下营造全学科阅读氛围。各学科成立种子教师先锋团队，率先进行全学科阅读教学实践、全学科阅读研究和交流。在教学处组织下，在种子教师的引领下，各学科制订好本学期科组阅读计划，开展全学科阅读活动。通过全学科阅读

分享、阅读展示、阅读活动落实学生的阅读过程性评价。

二、夯实全学科阅读常规，构建有深度的书香课堂

1. 全学科阅读扎根于常规

学校推行晨间全学科阅读，每一周按照表格轮流开展一个学科的阅读。各年级各备课组于学期初提前确定好阅读内容，并且提前做好阅读准备和沟通工作。当天阅读负责老师做好学生阅读引导和纪律管理工作。让同学们安静阅读各学科书籍，让学生身心静下来，遨游在知识的海洋。

课前读为课前五分钟完成全学科阅读，语文科为中华传统文化经典，英语科为高频词。每周有一节全学科阅读课，单周完成班级共读书目的分享指导，双周完成国学指定内容。每周五午读为阅读分享时间，各班开展主题式的特色班级分享活动，为学生阅读提供展示平台。

2. 深入探究学科整本书阅读

各学科开展整本书阅读活动，以语文学科为例。在刘俊祥教育专家的引领下，语文学科深入开展整本书阅读，在单元共读的基础上选择四本共读书目完成阅读学习单，四次学习单成绩为每月阅读之星的依据，并录入期末阅读成绩。

三、打造项目式学习，实现跨学科的交流融合

美国著名哲学家、教育家、心理学家约翰 · 杜威（John Dewey）的思想至今影响着中国教育界，他是项目式教育的早期支持者之一，他所提出的“边做边学”思想就是建立在项目式教育的基础之上。项目式学习能够激发学生主观能动性在解决任务的过程中习得知识和可迁移技能，提高高阶思维

能力，培养新时代所需的关键品格与核心素养。

在项目化学习的启发下，我们看到全学科阅读与项目式学习的密切联系。海港小学开展“筑梦天宫课堂、点燃科学梦想”项目式学习、“垃圾分类”项目式学习、“探秘红树林”项目化学习，通过设计不同年段独具特色的项目式学习单，在完成项目式学习单任务的过程中运用科学、数学、语文、英语等学科知识进行探究性学习和实践。暑期开展海港小学全学科阅读项目式学习，分别为低年段漫游童话，“暑”你有为——《木偶奇遇记》整本书阅读项目式学习；中年段重读寓言，“暑”你有为——《寓言故事》整本书阅读项目式学习；高年段与经典同行，重走西游之路——《西游记》整本书阅读项目式学习。

海港小学通过“全学科阅读”项目式学习，立足活动情境，兼跨并整合了数学、语文、英语、美术、科学、信息技术等多门类学科，真正聚焦学生核心素养，实现全学科阅读和锻炼学生的综合能力。

四、开展全阅读活动，激发师生的阅读兴趣

海港小学每学期围绕教师和学生均会开展一系列全学科阅读活动。创新性、多样化、跨学科的全学科阅读活动，让学生不断扩大阅读的眼界和产生浓厚的阅读兴趣。

1. 做“全学科阅读”的领路人——海港小学教师“全学科阅读”活动

推动全学科阅读，教师是关键。教师应该成为学生全学科阅读的领路人。每位老师为你同科组的同人推荐一本你喜欢的学科类书籍并完成一篇学科类书籍的推荐文。同时也为您的学生推荐一本学科类书籍以促进学生“全学科阅读”。教师的走心推荐形成海港小学高质量的教师全学科阅读书单和学生全学科阅读书目。

2. 居家战“疫”阅读润心——海港小学学生主题式“全学科阅读”活动

通过全学科阅读的形式，从不同的学科角度让学生对疫情有更深的了解，有更多元化的解读和成果的呈现。

各学科各年级教师带领学生开展以抗疫为主题的全学科阅读并呈现多元化的阅读成果。一年级为抗疫歌曲演唱，二年级为抗疫手抄报，三年级为抗疫 LOGO 设计，四年级为以抗疫为主题的习作，五年级为以抗疫为主题的英文演讲，六年级为以抗疫为主题的数学思维导图。

3.“悦读全学科，打开新世界”——海港小学学生“全学科阅读”好书推荐活动

值 4 月 23 日“世界读书日”，海港小学以“悦读全学科，打开新世界”为主题，开展学生“全学科阅读”好书推荐活动。同学们所推荐的好书涉猎面广，都是不同学科的经典好书，非常值得同学们阅读。另外，为学生提供老师们精心推荐的全学科阅读书单。

4. 亲子共读 书香海港 ——海港小学亲子阅读微视频活动

以海港小学家庭教学宣传周为契机，海港小学开展“亲子共读 · 书香海港”家庭亲子阅读微视频展播活动。家长和孩子自主创意录制亲子阅读微视频，以小学课本及健康向上的课外读物为主要阅读内容，以讲故事、配乐朗读、角色扮演、舞台剧、手偶剧、音乐剧等不同表现方式进行视频展示。

五、展望未来，融合学科的阅读更有生命力

全学科阅读的要旨在于引领学生阅读从“学习阅读”走向“阅读学习”，培育和提升学生的阅读素养。

学校通过以下三方面推动全学科阅读：一是以全学科与教学为重点领域，将学科阅读融入教学。种子教师先锋团队率先示范，语文、数学、英

语、科学、音乐、美术、信息技术、体育、心理种子教师率先开始阅读公开课教学实践，全学科阅读研究和交流，使阅读进入各学科课堂。二是以学科阅读为着力点，促进教与学方式变革，改变学生的学习生态，开展项目式学习和主题式全学科阅读，打破学科壁垒，实现跨学科融合。三是构建全学科阅读课程体系。在教学处组织下，在种子教师的引领下，开展全学科阅读课程建设。通过课程背景、课程内容、课程评价等建构起海港小学特色全学科阅读课程体系。通过全学科阅读分享、阅读展示、阅读活动落实学生的阅读过程性评价。

海港小学通过营造全学科阅读的氛围，不断开展全学科阅读活动，使全学科阅读真正走进校园，走进课堂，走进生活。

第十七节 粽情飘香“说”端午

——以海港小学传统文化教育为例

一、问题的提出

（一）背景

在当今社会，随着现代化进程的加速，传统文化逐渐淡出人们的生活，尤其是在城市地区。端午节作为中国传统节日之一，原本承载着丰富的历史、文化和民俗内涵，但由于种种原因，很多孩子对端午节及其相关传统文化了解不多，甚至陌生。传统文化的流失使得一代又一代的年轻人渐行渐远，缺少对本国文化的认同感和自豪感。

（二）针对的问题

在海港小学这个具体背景下，发现学生们对端午节及相关传统文化了解有限，无法深刻体验端午节的文化内涵，缺少对传统文化的认同和兴趣。这种情况可能导致传统文化在学生心中逐渐淡化，影响到他们的文化素养和传统价值观的建立。

为了弘扬传统文化，增强学生对端午节及传统文化的认知和理解，海港小学决定开展传统文化教育的改革与实践探索。通过深入浅出、形式多样的传统文化教育活动，让学生在轻松愉快的氛围中感受传统文化的魅力，从而激发他们对传统文化的兴趣，增强文化自信。

二、解决问题的过程与方法

为了弘扬传统文化，增强学生对端午节及传统文化的认知和理解，海港小学开展了一系列针对不同年级学生的改革与实践探索活动：

（一）一年级：粽情飘香“说”端午

在一年级的情景式传统文化教育中，老师选取了生动有趣的端午节故事，通过讲故事的方式向学生讲述了端午节的来历和相关的风俗习惯。学生们聚精会神地听着，好奇心被激发，不时发出热烈的掌声和赞叹。通过这样的讲故事活动，学生不仅了解了传统节日的意义，而且增加了对传统文化的兴趣和向往。

（二）二年级：浓彩重抹“画”端午

在二年级的活动中，学生们拿起了五颜六色的画笔，充满激情地用绘画的方式表达对端午节的喜爱。他们画出了传统的龙舟竞渡、端午节的习俗、挂粽子等图画，充满童真的作品展现了他们对传统文化的热爱和想象力。通过亲手画画，学生们更深刻地感受到传统文化的美妙，同时也培养了他们的绘画技能和创造力。

（三）三年级：粽叶飘香“品”端午

三年级的学生在这个活动中有机会亲手制作粽子，品尝端午节传统美食。孩子们兴奋地动手操作，认真地包裹着粽子，然后品尝着自己亲手制作的美味。通过亲身参与制作和品尝传统美食，学生不仅感受到了传统文化的魅力，还深入了解了端午节的习俗和文化内涵，培养了他们的文化自信。

（四）四年级：龙舟竞渡“迎”端午

针对四年级学生，学校组织了精彩的龙舟竞渡活动。学生们在欢呼声中划桨竞赛，感受到传统龙舟竞渡的独特魅力。这样的活动不仅让孩子们玩得开心，还让他们更深入地了解了端午节的传统庆祝方式和体育精神。在这样的活动中，学生们体会到了合作与团结的重要性，也激发了他们对传统文化的热爱和自豪感。

（五）五年级：研屈原“悟”端午精神

通过对屈原生平和与端午节的关系进行探究，五年级的学生对端午节的历史意义和文化内涵有了更深刻的认识。学生们在老师的指导下，积极查阅资料，认真学习，从不同角度了解了端午节的由来和屈原的精神。在这个过程中，学生们深受启发，对传统文化产生了更深的认同感和自豪感。

（六）六年级：情系文化“报”端午

六年级学生通过查阅资料，用手绘手抄报的方式展示他们对端午节的研究成果。他们用心绘制图画，用文字和图片展示了对端午节的深入探究。这样的活动不仅培养了学生的研究能力和表达能力，还激发了他们对传统文化的兴趣和探索精神。通过自主学习和展示，学生们对传统文化的认知更加全面和深入。

总体而言，海港小学在不同年级开展的情景式传统文化教育活动取得了良好的效果。学生们在实践中不仅了解和感受了传统文化的魅力，而且培养了对传统文化的兴趣和热爱。通过这样的实践探索，学校发现情景式传统文化教育法是一种有效的教学方法，它能够激发学生的学习兴趣和主动性，增强他们对传统文化的认知和理解。

三、成果的主要内容

经过实践检验后，海港小学采取的改革与实践探索方案在解决问题上取得了显著的成效，抽象出一个解决问题的理论——“情景式传统文化教育法”。

（一）情景式传统文化教育法的基本含义

情景式传统文化教育法是一种基于学生实际情境、融入情感体验和亲身参与的教学方法。它以传统文化为核心内容，将学习与实践相结合，将教育融入生活，通过创造具体的情景和体验式活动，激发学生的兴趣和好奇心，达到深入理解和传承传统文化的目的。

（二）情景式传统文化教育法的核心原则

1. 情境导入：根据学生的实际情况和年龄特点，设计生动有趣的情景导入，让学生在情境中感受传统文化的魅力，激发学习兴趣。

2. 体验式学习：通过亲身参与、实践体验等方式，让学生深入感受传统文化的内涵和精髓，使知识在实践中得到巩固与应用。

3. 融入情感教育：注重培养学生对传统文化的情感认同和情感体验，让学生在情感的感染下，更深刻地理解和传承传统文化。

4. 多元化教学形式：采用多种教学手段，如讲故事、手工制作、竞赛活动等，使学生在多样性的教学形式中感受传统文化的多样性和包容性。

5. 教育与生活融合：将传统文化教育与学生的日常生活紧密结合，使传统文化成为他们生活的一部分，增强对传统文化的认同感和自豪感。

情景式传统文化教育法的优势在于它强调学生的参与体验，让学习变得生动有趣，激发学生的学习兴趣和主动性。通过创设情境和体验式活动，学生能更加深入地了解传统文化，增强对传统文化的认知和理解。同时，情感教育的融入也使学生对传统文化产生情感共鸣，更容易形成对传统文化的情感认同，从而更加自觉地传承和弘扬传统文化。

综上所述，情景式传统文化教育法是一种有效地解决问题的理论，在传统文化教育中具有广泛的应用前景。通过这种教育方法，可以有效提升学生对传统文化的认知水平，增强文化自信，培养优秀传统价值观，从而在当代社会中传承和弘扬中华优秀传统文化。

四、效果与反思

（一）效果

经过海港小学采取的情景式传统文化教育法的实践探索，取得了显著的效果：

1. 学生对传统文化的认知和理解得到提升：通过丰富多样的情景式活动，学生对端午节及传统文化的来历、习俗、历史意义等方面有了更深入的了解和认知。

2. 学生的文化兴趣和自信增强：通过亲身参与传统文化活动，学生对传统文化产生了浓厚的兴趣，表现出对传统文化的自豪感和认同感。

3. 学校校园文化得到丰富：传统文化教育活动丰富了学校校园文化生活，增添了节日氛围，让学校更具传统文化特色。

4. 促进师生互动和交流：情景式传统文化教育法需要学生与老师共同参与，促进了师生之间的积极互动和交流，增进了师生之间的感情。

（二）反思

尽管采用情景式传统文化教育法取得了较好的效果，但在实践中仍然存在一些值得反思和改进的地方：

1. 年级差异化：不同年级的学生对传统文化的理解和接受程度有所不同，因此在设计活动时需要充分考虑学生的年龄特点和认知水平，制定差异化的教学方案。

2. 持续性和深入性：情景式传统文化教育法注重学生的体验和亲身参与，但有时可能只停留在表面的体验，难以达到深入学习的目的。需要加强对传统文化知识的系统性教学，让学生能够更全面地了解传统文化的内涵。

3. 老师专业能力：情景式传统文化教育法要求老师具备丰富的传统文化知识和教学经验，并且善于创设情境和设计活动。因此，学校需要加强对老师的专业培训和支持，提高他们的教学水平和能力。

4. 教育与生活融合：虽然情景式传统文化教育法注重将传统文化教育与学生的日常生活融合，但在实践中可能存在难以将学习内容与学生生活紧密结合的问题。需要进一步深入学生生活，寻找更多与传统文化相关的实际情境，使教育更加贴近学生的生活。

通过反思和改进，可以进一步提升情景式传统文化教育法的效果，使传统文化教育在学生中发挥更加深远的影响。同时，学校还应与家庭、社区等各方面合作，共同推动传统文化教育的持续发展，为学生传承和弘扬优秀的传统文化提供更加坚实的基础。